Global Competitive
Strategies for
Cities and Regions

都市・地域のグローバル競争戦略

立命館アジア太平洋大学准教授
久保隆行
Takayuki Kubo

時事通信社

はじめに

日本の首都である東京では、グローバルな都市間競争を意識した戦略にもとづく政策が進められてきた。その一方で、地方圏の都市・地域は、グローバルな都市間競争から取り残されてきたといっても過言ではない。近年、東京のグローバルな都市政策を検討するツールとして、世界都市ランキングが活用されている。しかし、世界都市ランキングに掲載される地方都市はきわめて少ない。日本の地方圏の都市には、自身のグローバルなポジションを知る手がかりはほとんどなく、グローバルな課題設定のしようもないのが現状である。

筆者は、２００９年から２０１２年にかけて、森記念財団都市戦略研究所において「世界の都市総合力ランキング」の作成に携わった。この当時、東京の世界総合順位はニューヨーク、ロンドン、パリに次ぐ4位にこう着し、万年4位を如何に脱却する政策を提言するかが筆者らの関心事項であった。2度目のオリンピックを控える東京はいまでは、羽田空港を国際線ハブ空港に復帰させ、東京ヘッドクオーター特区でのさまざまな規制緩和を実現するなど、国際競争力の飛躍的な向上を果たしたと実感している。

森記念財団都市戦略研究所を退職したあと、筆者は海外の企業に勤務し、日本を国外から俯瞰することとなった。この間、バブル期以降なりを潜めていた東京一極集中というキーワードは復活し、地方圏の相対的な地盤沈下は明らかに顕在化してきた。国内的な処方だけでは、地方圏を再生することは不可能であり、日本の地方圏でも適用可能な世界都市ランキングを作成し、各地域が独自のグローバル競争戦略を構想するしか方法はないと考えるようになった。

2014年、筆者は帰国先に東京ではなく、福岡を選んだ。この段階で日本の地方圏で唯一、グローバルな競争戦略を打って出られる都市こそが、福岡であると考えた。帰国後縁あって勤務を開始した福岡アジア都市研究所では、東京やニューヨークのような世界最上層の都市ではなく、福岡の身の丈に合った都市による世界都市ランキングの作成を試みた。

本書は、筆者が森記念財団都市戦略研究所ならびに、福岡アジア都市研究所において蓄積した研究成果によって成り立っている。本書は、世界都市ランキングの調査・分析手法を明らかにしたうえで、日本の地方都市・福岡をケースにこの手法を活用し、日本各地で適用が可能なグローバルな都市戦略に関する方法論の提示を試みるものである。

本書は、以下の3部によって構成している。

第1部「日本の都市・地域のグローバルな政策課題」では、第1章において、日本の都市・地域政策の現状を俯瞰しつつ、地方圏の都市・地域の国際競争力向上にかかわる競争戦略の必要性を提起する。

第2章では、国際競争力の原点となる都市・地域の階層性・序列にかかわる既存研究について、世界都市論をはじめとして時系列的に整理し、本書の位置づけを明確にする。

第2部「都市・地域の国際競争力の評価とランキング」では、第3章でまず、都市の階層性・序列にかかわる研究として、日本の経済地理学において進展してきた、都市システム研究に着目する。国内の都市システムでの都市の階層・序列を分析するための計量的な評価手法を明らかにする。そのうえで、日本国内の都市システムにおける地方都市の位置づけを明らかにする。

第4章では、世界都市論における世界都市の階層・序列の計量的な評価手法を明らかにするとともに、世界都市の序列の変化とその背景について分析する。

第5章では、世界都市研究の進化形としての、世界都市ランキングに着目し、都市の競争力の計量的な評価手法を検証するとともに、そのなかでの日本の地方都市の位置づけを明らかにする。そのうえで、日本の地方都市を、世界都市システムに位置づける方法論について検討する。

第6章では、世界の都市の国際競争力を計量的に評価し、ランクづけをする世界都市ランキングを分析し、ランキング作成に至る国際競争力の評価に関する技術的手法について検討する。ここでは、世界において普及している3つのランキングを取り上げ、それぞれの序列づけ手法の構造と特性を明らかにする。さらに、3つのランキングの結果の相関性を検証し、ランキングの評価手法の有効性について分析する。

第3部「都市・地域のグローバル競争戦略の構想」では、まず第7章にて、日本の都市システムにおいて、地方圏で最も高い階層に位置する4つの地方中枢都市について、1980年代から近年まで各種指標の変動を比較検証する。さらに、世界都市ランキングの評価手法を踏まえ、指標のスコア化によって各都市の計量評価による競争力の試算を行う。各スコアから、各都市の地方中枢都市としての相対的なレベルと、各都市のグローバル都市としての相対的なレベルを明らかにすることによって、次章以降福岡をケーススタディに選定する根拠を提示する。

第8章では、日本の地方都市として、福岡について、世界都市ランキングの手法を活用し、グローバルな観点から国際競争力の計量評価を行う。その結果をもとに、福岡の相対的な優位性と劣位性を明らかにするとともに、ベンチマーキング都市との比較による福岡の競争戦略の方向性を探る。

第9章では、世界都市ランキングの手法にもとづく福岡の国際競争力の評価結果を用いて、福岡が今後とるべき競争戦略を導き出していく。まず、各評価項目をベンチマーク都市と個別に比較することによって、福岡の優位性と課題を抽出する。次に、福岡におけるグローバル化指標のさらなる向上による競争力強化の可能性について検討する。本研究で構築した、世界都市ランキングの手法にもとづく都市の国際競争力の評価システムを用いて、競争戦略に応じた将来的な競争力をシミュレーションする。福岡の国際競争力を向上させるうえでの、競争戦略上のKPIを設定するための参考値としての活用を視野に入れて検討する。最後に、国家戦略特区指定後の福岡の「都市の成長」についてのモニタリング結果を示しながらその要因を探る。

第10章では、本書で進めた検討を総括し、日本の都市・地域の国際競争力の上昇に向けた示唆を提示する。

本書は、日本の地方圏の都市・地域を世界都市論のなかに位置づける研究にとどまらず、世界都市ランキングの手法を援用しつつ、地方圏の都市・地域におけるグローバル戦略の重要性を明らかにする研究としての意義を求める。

さらに、筆者がかつて策定を担当した「世界の都市総合力ランキング」(森記念財団都市戦略研究所)での東京の世界ランキング順位は、日本の成長戦略におけるＫＰＩに採択されている。にもかかわらず、世界都市ランキングについて、学術的に検証した研究はきわめて少ない。本書は、世界都市論のフレームワークと世界都市ランキングの成果を接合する理論を提示する研究としての価値をも求めるものである。

日本では、国家的な観点からの東京一極集中の是正を主眼とした「地方創生」にかかわる政策が進められている。しかし、その成果はほとんど見えていない。東京に集中するヒト・企業・カネ・モノ・情報を地方に分散させるという発想から、グローバルな観点から日本の都市・地域の多極集中構造を目指すという発想に転換していかなければ、真の「地方創生」は実現しないであろう。そのためには、日本のそれぞれの都市・地域がグローバルな競争戦略にもとづく政策を立案・実行していかなければならない。

本書は、学術的な仕様となっているが、研究者のみならず、政策立案者やＮＰＯ主宰者、実務家など、都市・地域の課題と向き合う多くの方々に活用していただけることを願っている。

目次

第8章　世界都市ランキングの手法にもとづく福岡の国際競争力の評価

第1部

日本の都市・地域のグローバルな政策課題

第1章　グローバルな競争戦略不在の日本の都市

世界都市とは？

輸送・通信技術の飛躍的発展は、国境を超えた資本・労働力・商品・情報の移動を促進し、世界の都市間の結合を強めた。そのなかでもとくに、多国籍企業の本社、国際金融センター、国際機関などのグローバルな中枢管理機能の集中する都市は、世界都市（World City）として位置づけられるようになった。

世界都市という言葉は、１９８０年代に造られた用語ではない。フランスの地理学者で、『メガロポリス』の著者であるジャン・ゴットマンは、１７８７年にゲーテが、ローマに対してドイツ語のWeltstadt（世界都市）という用語を使用したとしている（Gottmann, 1989）。また、成田によると、ゲーテはそののちパリに対しても、Weltstadtという用語を適用した（成田，１９９２）。

ホールは、イギリスの都市計画家ゲデスが１９１５年『進化する都市』のなかで、産業革命後のロンドンを世界都市と名づけたと指摘している（Hall, 1966）。

また、哲学者シュペングラーは、1922年『西洋の没落』(村松訳，2001)において、世界都市は、「世界史の進路がついに完全に集中される中心点」であり、「成熟した文明のきわめて少数の巨大都市」として、「自己の文化のすべての母土を、地方という概念によって破門し、低く評価する。[1]」と論じている。シュペングラーは、すでに20世紀初頭において、世界の都市間に存在する階層性とその特質を見抜いていた。

ここで紹介したように、200年以上前から、世界都市は政治的・文化的・軍事的に特別な都市、他の都市とは区別されるべき存在として認識されていた。だが、これらの世界都市の概念は、本書で使用している、グローバリゼーションの進展した時代における世界都市の概念とは異なっている。

東京の世界都市化

厳密に時期を特定することは難しいが、1980年代に多国籍企業の本社が集中し、3大国際金融センターのあるニューヨーク、ロンドン、東京を頂点とする世界都市システムが形成されはじめる。それは同時に、グローバルな中枢管理機能をめぐる国際都市間競争を顕在化させることとなった。

急激な円高が進んだ1980年代には、日本においても、国土の均衡ある発展や多極分散型国土構造の形成を目指してきた国土計画すら、東京の世界都市化の促進へと政策のシフトを余儀なくされる。1992年のバブル崩壊とともに、東京の世界都市化政策は下火となった。だが、21世紀に入ると、アジア諸国・地域の急速な経済発展を基盤としたアジアの都市の世界都市化および世界都市間競争の激化を背景として、東京の世界都市化に対する関心は再び高まった。具体的には、羽田空港におけるＤ滑走路の建設と羽田空港の再国際化、羽田空港や成田空港へのアクセス改善、東京港と横浜港のスーパー中枢港湾（現・国際戦略港湾）への指定、都心部特区での規制緩和によるグレードＡオフィスの供給促進、法人税の実効税率の低減、外資系企業の誘致促進、高度外国人人材に対するＶＩＳＡの緩和策などの政策が実施された。

ランクづけされる世界都市

２００８年、森記念財団都市戦略研究所「世界の都市総合力ランキング」（Global Power City Index）は、日本の研究機関として初めて、グローバル都市[2]としての東京のランキングを明らかにした。筆者は、２００９年から２０１２年まで、この「世界の都市総合力ランキング」の作成に携わった。「世界の都市総合力ランキング」は、東京を世界4位の世界都市に位置づけた。「世界の都市総合力ランキング」は、単に世界都市のランキングの作成・公表にとどまらず、69の指標をもとに、世界都市東京の優位性や弱点・課題を具体的に明らかにした。メディアでは、4位という総合順位に関心が集まった。だが、「世界の都市総合力ランキング」の作成・公表の意義は、グローバル都市の総合的な比較によって、東京の優位性や弱点・課題を浮き彫りにした点にある。そのため、「世界の都市総合力ランキング」は、東京のグローバル都市としての機能強化にかかわるステークホルダーである、国・東京都・民間企業（とくに不動産業・建設業や運輸業）の意思決定に強い影響を与えたのである。「世界の都市総合力ランキング」は、グローバル都市の競争戦略立案のツールとして、新しい機能と役割を担うようになったと考えられる。[3]

日本各地で進展するグローバル化

それに対して、日本の地方都市では、グローバルな観点からの都市の評価や、ランキングにもとづくグローバル化施策は、積極的には進められてこなかった。[4] しかし、近年、大企業のみならず、地方に本社を置く中堅・中小企業においても、海外進出や海外企業との取引が増大している。産業別にみても、製造業だけでなく、対消費者サービス業においても、多国籍企業化が進展している。インバウンドの急増により、地方のサービス業もグローバル化への対応を迫られている。労働力においても、グローバル人材の国際的流動化にともなう人材獲得競争という段階に移行した。地方にある専門学校や大学においても留学生数は増加している。外国人居住者、外国人労働者の増加とともに、地方都市や地方企業においても、ダイバーシティマネジメントの必要性は高まっている。

繰り返しになるが、資本・労働力・商品・情報の国境を超えた流動の活発化・多様化は、直接結びつきのない都市や地域間においても、多国籍企業、高度外国人人材、国際会議、国際的イベント・スポーツ大会、外国人観光客の誘致などにおいて、競争関係を生じさせている。上位の世界都市と競争している東京とは次元は異なるものの、日本の地方都市もまた、すでに国際都市間競争に組み込まれている。残念なことに、地方都市の自治体には、その認識はまだ乏しい。しかし、地方都市においても、グローバルという観点から都市政策を再構築し、グローバルな都市政策を具体的に実施すべき段階に入っているのである。

日本の地方都市に光を照射

本書では、他の地方都市よりもいち早く、１９８７年に国際化推進を基本構想[5]にかかげ、グローバリゼーションへの対応を政策課題としてきた、福岡市に焦点をあてる。歴史的にもアジアへの玄関口として発展してきた福岡は、のちほど明らかにするように、日本の地方都市のなかでは、最もグローバル化の進んだ都市である。それでも、「世界の都市総合力ランキング」の対象都市のなかでは、福岡市は下位に位置している[6]。

筆者は、福岡市について、「世界の都市総合力ランキング」を活用した分析を試みた（久保，２０１３）。分析の結果、居住分野を除くと、海外の他の都市と比較して、グローバル水準の低さが明らかとなった。

ただし、主要国家の首都も含まれている「世界の都市総合力ランキング」を使用するのでは、福岡のような地方都市の優位性や弱点・課題を抽出することは難しい。日本の地方都市を、第1級世界都市である東京、ニューヨーク、ロンドン、パリと同列に取り扱うことは適切ではない。福岡のような日本の地方都市は、都市の地理的特性、人口・経済規模が似通っており、国内の都市システムのポジションにおいても共通性のある海外の地方都市と比較するべきである。

本書では、都市・地域をグローバルに比較・評価し、日本の地方都市にも適用可能な競争戦略を導くフレームワークの構築を目指す。本書で進める検討は、グローバル化の遅れた（グローバル化が今後急速に進展すると思われる）日本の地方都市のグローバル競争戦略のビジョンや政策立案・実行にとって、有益な情報となることを期待したい。

第2章　都市・地域のグローバル競争戦略理論の構築に向けて

世界都市論の系譜

世界都市論の研究においては、当時ＵＣＬＡの都市地域計画学部教授であった、Ｊ．フリードマン(Friedmann, 1986)の功績をまず挙げなければならない。Ｊ．フリードマンは、「世界都市仮説」として、グローバル時代における都市の階層性・序列および世界都市間のネットワークについての基本コンセプトを提示した[1]。とくに、多国籍企業の中枢管理機能の観点をもとにして、世界の主要都市を第1級世界都市、第2級世界都市、それ以下の階層の都市に区分し、それらのヒエラルキー形成のメカニズムを明らかにしようと試みた。

さらにＪ．フリードマンは、世界都市の発展にともない、世界都市内部において新しい「階級闘争(Class Conflict)」[2]が生じる可能性についても指摘している。Ｊ．フリードマンの関心は、階層的な世界都市システムの形成よりも、むしろ世界都市化にともなう都市政策の変容や多国籍エリートとその他の人たちとの「階級闘争」の激化にあったと考えられる。

世界都市論は、多国籍企業論や都市論の研究に大きな影響を与えたのみならず、都市政策に対しても、影響をもたらした。日本の国土計画は、第3次全国総合開発計画までは、「国土の均衡ある発展」を理念としてきた。だが、1987年に策定された第4次全国総合開発計画では、東京圏への世界都市機能の集積をかかげた。経済企画庁総合企画局（1989）も、東京の世界都市化のための国際金融センターの強化を主眼とした都市機能向上の必要性を強調した。1980年代後半になると、ニューヨークやロンドンに対峙するための世界都市化政策の必要性が認識・強調されるようになったのである。

21世紀に入ると、世界都市に関する研究はさらに活発に行われるようになる。その背景には、コンテナ化の進展、インターネットの普及、LCCの台頭、貿易の自由化、国際労働力の移動などによる、さらなるグローバリゼーションの進展がある。それに加え、NIES（Newly Industrialized Economies）などの発展途上国の急速な経済発展にともなうシンガポールや香港、バンコク、上海、台北、ジャカルタなどのアジアの都市の成長とグローバル都市化がある。

多国籍企業の立地と国際都市間競争

J.フリードマンは、とくに半周辺国家（Semi-periphery Countries）の第2級世界都市において、外資系企業の地域統括拠点誘致をめぐる競争が激化し、インフラ投資が首都である第2級世界都市に集中され、その結果として国内の都市システムの歪みが増幅される可能性を指摘していた。外資系企業の地域統括拠点誘致をめぐる東アジアの都市間競争について具体的に明らかにしたのは、鈴木（2005）である。鈴木も、グローバリゼーションのプロモーターは、多国籍企業であるとし、グローバリゼーションと都市間競争との関係を明らかにするためには、多国籍企業のグローバルな立地分析が必要であると論じた。鈴木は、日系多国籍企業を、大手電機メーカー、大手商社、大手銀行に分類し、東アジア諸都市での立地状況を調査している。その調査によると、いずれの業種においても、地域統括拠点や研究開発拠点は、香港やシンガポールのような特定のグローバル都市に集中していることが明らかとなった。

小森（2008）は、SWOT（Strengths, Weaknesses, Opportunities, Threats）分析にもとづき、シンガポール、香港、東京の金融センターを比較し、シンガポール、香港と東京との格差縮小を明らかにした。東京証券取引所の時価総額は、2015年において世界3位であるが、国際決済銀行（BIS）によると、国別の2016年4月の1日当たり為替取引額ランキングでは、1位イギリス、2位アメリカ、3位シンガポール、4位香港、5位日本となっており、東京は為替取引額ではシンガポール、香港に抜かれている。

都市のグローバル化の重要性が高まるにつれて、マーケティング論の大家であるP.コトラー（Kotler, P. and Kotler, M., 2014）でさえも、国際都市間競争をマーケティングの研究テーマとして取り上げるようになった。世界都市についての研究は、多国籍企業論や都市論の分野から社会学やマーケティングの分野にまで拡大している。

世界都市論への反動

社会学者である町村（1994，2002b，2016）は、世界都市論によって示された都市のヒエラルキーを根拠として、国際競争とは無関係の一般市民を巻き込んで都市政策を展開するべきではないとの立場をとる。町村は、「都市や地域はそれ自体が互いに競争し合うことは決してない[3]」とし、国際都市間競争の概念は、政治経済的な主体の自己利害を達成するために利用されているにすぎないと主張している。筆者は、一般市民は国際競争とは無関係であり、都市や地域は互いに競争しないとする町村の主張には同意できない。これから明らかにするように、都市や地域はグローバルに競争しており、また、国・地域の今後の発展のためには、一般市民もまたグローバル社会に適応していかなければならないと考えるからである。

佐々木（2001）も、町村と同様、世界都市化に対しては批判的である。東京については、1987年10月に勃発したブラックマンデーに端を発し、ウォール街からの投機マネーが東京市場に移ったことを契機として、東京の世界都市化は加速したとしている。日本のバブル経済の形成と崩壊は、東京の世界都市化を原因としていると主張している。確かに、金融のグローバル化と世界都市化は密接な関係にあるが、後述するように、世界都市化を金融の観点からのみ論じることは適切とはいえない。

Ｊ．フリードマンは、「世界都市仮説」の論文の第６仮説において、世界都市の台頭によって、世界、国家・地域、都市内部の３つのレベルの空間において分極化が進むと論じている。山﨑は、Ｊ．フリードマンの第６仮説は、仮説というよりもむしろ事実の演繹だと指摘している（山﨑，１９９２）。この点については、筆者も同意見である。

２０００年代に入ると、ランドリー（Landry, 2000）による創造的都市、スロスビー（Throsby, 2001）による文化経済都市、フロリダ（Florida, 2002）によるクリエイティブ都市など、世界都市とは異なる価値観の都市像を目標とする理論が提示されるようになった。いずれの理論も、都市は人間の創造性を形成するための空間として活かされる点に着目し、グローバリゼーションのなかにあっても、都市・地域は独自のアイデンティティのもとに、文化・芸術を重視した創造産業を育成すべきと主張している。

世界都市論に対するこれらのオルタナティブモデルは、都市の創造性に着目している。だが、都市の創造性もまた、世界都市のグローバルな結節機能（グローバル評価の高い大学、国際空港、国際港湾など）に依拠している。その意味では、完全なオルタナティブモデルとはいえない。

グローバリゼーションがもたらす創造的都市

J．フリードマンが指摘した世界都市内部における格差拡大や「階級対立」だけでなく、東京の世界都市化にともなう国土構造への負のインパクトを指摘した論者も存在する。岡田（2005）や中村（2005）は、グローバリゼーションの進展や東京の世界都市化は、地方経済の衰退や地域間格差の拡大をもたらしたとし、都市への投資よりも農業部門への投資を優先させるべきだと主張する。また、五石編（2006）も、日本を含む東アジアを事例として、世界都市化された都市内部での2極分化という世界都市化の負の側面について取り上げている。

確かに、五石編で取り上げられた中国本土と香港は、日本よりも1人当たり所得の格差を示すジニ係数が高く、格差は拡大傾向にある。中国の大都市や香港における都市内部では、貧困層の増加によって格差は拡大してきた。その主要要因は、大都市への人口集中をともなう都市化率の上昇にある。日本でも、東京圏のみならず、地方圏においても大都市への人口集中は進んでいる。

高田（2015）は、日本で生じている格差拡大の本質は、貧困層の拡大と中間層の衰退だとしている。その主要要因は、非正社員の増加、高齢化、IT化の進展による「仕事の2極化」であると高田は説明する。グローバル化のみが、格差拡大の要因であるとはいえない。

すべてではないが、主要な国際金融センターや国際ハブ空港、国際ハブ港湾は、第1級世界都市に立地している。そのため、グローバリゼーションの進行は、国土の均衡ある発展に対する阻害要素となる。しかし、工業化の初期段階と異なり、経済のサービス化や情報通信産業の発展により、都市で生み出されるイノベーションの比率は高まりつつある。ランドリーやフロリダも、クリエイティブ・クラスによる創造的活動は、都市の多様性に依拠している点に着目している。グローバリゼーションの潮流を活かしつつ、イノベーション創出を可能とする創造的都市への移行は、都市の大小にかかわらず、政策目標となりえよう。

産業クラスター論としての世界都市論の再構築

筆者は、世界都市論をベースとした都市の階層性にもとづく都市の序列づけや、世界都市化政策に対して否定的見解が存在することは認識している。しかし、筆者は、国際都市間競争は今後、J.フリードマンが規定した第1級・第2級世界都市の下の階層の都市にまで波及し、あらゆる都市がそれぞれの階層に応じたグローバル性を帯びざるを得なくなると考える。グローバリゼーションや世界都市化についての問題点を指摘するだけでなく、グローバルな観点から都市の競争力を評価・分析し、グローバルな都市政策について検討することは、都市経営の観点からもきわめて重要である。

世界的に著名な経営学者であるポーター（Porter, 1990）は、『国の競争優位』において、国という地域的枠組みにおける競争優位と競争劣位というテーマを取り上げた。ポーターは、国の競争力の源泉は、企業の競争力にあるとし、生産性の高い企業の集積する国の競争力は高いと論じた。ポーターの考えでは、企業の生産性は、その企業の立地するビジネス環境に強い影響を受ける。そのため、高質なビジネス環境を提供できる国の競争力は、高くなるとする。ポーターは、高質なビジネス環境を、産業の生態系ともいえる産業クラスターの存在として捉えた。

　ヒト・モノ・カネ・情報のグローバルな流動化により、世界はフラット化するという考え方もある[4]。だが、換言すると、J.フリードマンは、多国籍企業の本社・支社の集積地や国際金融センターの立地点を、空間障壁の低下したグローバル空間におけるスパイキー[5]な不動点[6]として捉えたと理解できる。企業は、企業組織の配置を「自由」に決定できる。だが、その「自由」は、きわめて「制限付きの自由」であるにすぎない。

　ポーターは、世界都市については言及していない。しかし、ポーターもまた、産業クラスターというイノベイティブな産業集積を、賃金や輸送・通信コストの低減というグローバルメカニズムによっては簡単には解体しない、グローバル空間における別種の不動点として位置づけている。国際都市間競争や産業クラスター間の競争は、グローバルな不動点としてのポジション争いと捉えなおすこともできよう。

　そのことを明確に論じたのは、カマーニ（Camagni, 2001）である。田坂（2005）によると、カマーニは、都市はグローバルな舞台における「競争的行為者」であり、企業から立地選択に一方的にさらされるだけでなく、自らの利益のために、企業を誘致・確保しようとする経済主体によって構成された社会であると規定した。カマーニの主張は、都市は空間を移動することはできないものの、企業立地の受容者としての能力を高めることができ、また高める必要性が高まっていることを意味している。これはつまり、グローバルな観点からの都市政策の重要性に対する指摘にほかならない。

ローカルな地域のグローバル経済との結合に向けて

グローバルな競争環境を意識せざるを得ないのは、世界都市やイノベイティブな産業クラスターだけではない。「『サードイタリー』など国際競争力のある経済地域は、国民経済を介することなく直接世界経済との関係を構築している」[7]と松原（２０１４）は指摘する。地域産業のグローバル市場への展開が進めば、地域産業の競争空間は、地域や国内からグローバルへと広がる。ローカルな地域においても、産業の国際競争力という視点を欠くことはできなくなっているのである。

確かに、グローバリゼーションの進展や世界都市化は、世界都市内での新しい格差の形成や、世界都市間における階層性の形成[8]という問題を生じさせている。しかし、インターネットの普及による新しい情報社会の出現が避けられないように、グローバリゼーションのさらなる進展、都市のグローバル化もまた避けられない。したがって、グローバリゼーションにともなう都市問題を回避する、あるいはその弊害を極小化するためも、都市をグローバルな観点から評価・分析し、これまで地方都市では採択されてこなかったグローバルな都市戦略を検討するべきであると考える。

世界都市の評価指標の特性

１９８０年代に世界都市を規定する最も重要な要因としてＪ．フリードマンが着目した多国籍企業の本社・支社の集積は、現代においてもグローバルな都市を規定する主要因子である。

山崎（１９８９）は、世界都市化のメカニズムには「６段階の連鎖反応」があると論じている。「６段階の連鎖反応」とは、①多国籍企業の本社・支店の増加は、②法務、会計、情報処理、貿易などの関連する高度事業所サービス業の増殖をもたらし、③さらに、これらの高度事業所サービス業もまた多国籍企業化していく。④また、多国籍企業にサービスを提供する清掃や警備などの低次の事業所関連サービス業も増殖し、⑤高給を得る多国籍エリートのための高度消費者サービス業も集積することにより、世界都市の経済は拡大する。さらに、⑥多国籍企業のための国際空港、国際港湾整備によるインフラの高度化も進む。⑥の点は、世界都市への社会資本整備の集中として、批判の対象となった。日本においても、国際空港の整備は、羽田空港と成田空港に集中するようになっている。

Ｊ．フリードマンは、統計的数値を示していないが、多国籍企業の本社数によって、世界都市の階層・序列を規定したと考えられる。[9] だが、実質的には上記の連鎖反応によって、世界都市の機能は、多様かつ高度に集積し、世界都市とその他都市との機能格差を拡大した。

サッセン（Sassen, 1991）は、「グローバル・シティ」を、多国籍企業の本社だけでなく、金融、法律、会計、経営などの高度事業所サービス企業が集中し、世界中の経済活動を支配・管理している都市と定義した。

サッセンの主張を具体的に世界都市ランキングとして定量化したのは、英国ラフバラ大学のＧａＷＣである。ＧａＷＣは、１９９９年に、多国籍に展開する会計、広告、銀行、法律の４つの分野の高度事業所サービス企業を選定し、各企業の本社・支社の集積数を指標として、世界都市を序列づける「ＧａＷＣ世界都市一覧」を公表した。ＧａＷＣは、その後も「ＧａＷＣ世界都市一覧」を改定している。[10]

Ｊ．フリードマン（Friedmann, 1986）以降蓄積された、多国籍企業の本社・地域統括拠点や高度事業所サービス企業の集積を指標とした計量的な評価手法は、都市の国際競争力を測るための一次的なアプローチとして有効である。

一方、先述したように、世界都市と対照的に提起された創造的都市や、持続可能都市としての評価手法についての研究も進展している。

世界都市定義の多様化と世界都市ランキングの出現

スティグリッツら（Stiglitz *et al.*, 2010）やＯＥＣＤ（２０１１）は、ＧＤＰでは測れない地域の幸福度を定量化する研究を開始しており、地域や都市についての評価手法の多様化も進んでいる。都市の競争力を形成する要素として、世界都市論では取り上げられてこなかった文化や生活の質といった指標についての関心も高まっている。

国連によれば都市に居住する人口は、２００７年に世界人口の50％を上回った。世界規模での都市化の進行は、大都市の増加をもたらしている。都市は、世界経済の成長率を上回る速度で成長しているため、世界的な投資先として、都市への関心が高まったのである。[11] 企業の国際展開や投資は、国から都市の単位へと移行し、都市を指標によって評価するニーズも高まった。多国籍企業や、国際金融センター「シティ」を擁するCity of Londonは、世界の都市のグローバル都市度を、世界都市ランキング（Global City Index）として公表しはじめた。[12] これらランキングの特徴は、世界都市の評価に用いられてきた多国籍企業や高度事業所サービス企業だけでなく、フロリダ（Florida, 2002）が重視した、クリエイティブ・クラスを集積させる要因という観点を加えて、都市を評価している点にある。いずれの世界都市ランキングにおいても、ニューヨークとロンドンが1位、2位に選ばれている。３位以下の都市は、パリ、東京、シンガポール、香港などで占められる傾向にある。

都市を序列づけする手法は、阿部（１９７５）らによる中枢管理機能の集積にもとづく都市システムの分析に原点がある。阿部は、高次機能の最も集中する都市は、序列の最も高い都市であると規定した。都市の代表的な高次機能として、大企業の本社と支所の集積を都市別に計量し、東京を頂点とする日本の都市の序列を提示した。

都市システム論とは異なる手法で都市の序列づけを行ったのは、佐貫（１９８３）である。佐貫は、各都市を複数の共通の経済指標をもとに評価し、都市の序列づけを行った。その結果は、東京を頂点とし、大阪、名古屋、地方中枢都市と続き、都市システム論での序列と同じ結果であった。

さらに、経済指標以外の指標をもとに日本の都市を序列づけした研究も存在する（北九州都市協会編，２００４：千田，２０１２）。だが、経済指標と非経済指標を組み合わせて総合的に日本の都市を世界の都市とともに評価し、序列づけした研究は、日本では筆者が所属した森記念財団都市戦略研究所のほかにはない。筆者の調査では、２０１６年8月現在、世界の都市・地域を対象としたランキングは、国内外で１００を超えている。しかし、これらのランキングのなかで、世界の都市を対象として、そのスコアや算定方法まで開示しているランキングは、３点しかない。筆者らが森記念財団都市戦略研究所にて作成した「世界の都市総合力ランキング」も、その一つである。筆者らは、ホール、サッセン、スコットらのアドバイスのもと、都市を総合的に評価するために、69指標を設定し、世界の主要35都市を序列づけした。その結果をもとに、総合的な観点による東京のグローバルな優位性と劣位性を分析し、政策課題を提言した。

世界都市ランキング「論」構築の必要性

世界都市ランキングは、先述のように、現在では、政府の成長戦略のＫＰＩの一つとして採用されている。また、近年、世界都市ランキングは、学会誌や雑誌の特集[13]にて取り上げられるようになった。

地域経済や地域政策の教科書にも、世界都市ランキングは引用されるようになっている。[14]

しかしながら、ランキングの作成手法や結果に関する学術的な比較検証は十分であるとはいえない。学術的な比較検証を行った数少ない研究の一つが山崎（２０１０）である。山崎は、森記念財団都市戦略研究所「世界の都市総合力ランキング」を含む世界の５つの世界都市ランキングを比較した。５つのランキングのすべてにおいて、ロンドン、ニューヨークが1位と2位を占め、パリ、東京、香港、シンガポールが続く傾向を示し、上位都市の評価結果の類似性を指摘している。

大木（２０１０）は、世界の都市の競争力ランキングの多くは、ビジネス関係者によって作成されており、ランキング作成に使用される指標は、企業が投資したり拠点を置いたりする適地を選ぶといった、企業活動にかかわる指標に偏りがちであると指摘している。筆者は、久保（２０１３）において、資本や企業、人材に関する指標の評価の高い都市は、世界都市ランキングにおいて上位に位置する傾向があることを見い出した。

本書では、森記念財団都市戦略研究所「世界の都市総合力ランキング」を、米国A.T.カーニー「Global Cities Index」および、英国エコノミスト・インテリジェンス・ユニット「Global Cities Competitiveness Index」の2つの世界的なランキングと比較し、これらの評価手法と結果について検証をする。3つのランキングの結果の相関性の検証をもとに、これら3つの都市ランキングの評価手法を、本書での日本の地方都市のグローバルな評価において活用する。

ベンチマーキングによる都市分析

これまでは、ランキング上位の世界都市を対象とした調査・研究が主流であったが、パーキンソンら（Parkinson *et al.*, 2013）は、ヨーロッパの31か国を対象として、31の首都および首都に該当しない124の都市を分析した。パーキンソンらは、GDP上位28都市のなかで、12都市は首都に該当しない都市であることを指摘した。さらに、２０００年から２００７年にかけて、16か国において、首都に該当しない都市のほうが、首都よりも高い経済成長率を示したことを明らかにしたうえで、ヨーロッパでの首都に該当しない都市への人口分散や投資分散は、それぞれの国の経済発展のみならず、ヨーロッパの経済発展にも貢献していると結論づけた。

パーキンソンら（Parkinson *et al.*, 2014）はさらに、英国の46都市を首都、Second Tier Cities、Third Tier Citiesに分類し、それぞれのグループの英国および世界における経済的シェアや成長について分析し、下位の階層の都市群の経済的機能を明らかにした。本書では、パーキンソンらの成果を踏まえ、首都などの上位都市とは区分して、Second Tier Cities、Third Tier Citiesといった都市を評価する。

本書では、属性の異なる多数の都市を一括して評価する世界都市ランキングの手法を踏襲しつつ、企業がライバル企業をベンチマーキングしてグローバル競争戦略を立案する手法を、都市に応用する。

米国では、ベンチマーキングによって、地方自治体のサービスを評価する試みもはじまっている（大住，2003）。日本においても、自治体でのベンチマーキングの活用についての議論が開始された（田中，2011）。しかし、あくまでも地方自治体のサービスに対する評価にとどまっており、ベンチマーキングは、都市の競争戦略の立案にはまだ活用されてはいない。

世界都市研究から取り残されてきた日本の都市の復権に向けて

繰り返し論じてきたように、21世紀に入るまで、東京以外の日本の都市は、世界都市論の研究対象としてほとんど取り上げられなかった。[15]日本国内においては、地方都市の世界都市化をかかげた調査や研究は、札幌市、仙台市、広島市、北九州市、福岡市、および環日本海圏の都市を対象とした、国土庁地方振興局編（1992）『地方都市の世界都市化戦略』、金沢市を対象とした中村（2002）や浜松市を対象とした北脇（2002）などがある。しかし、いずれの調査や研究においても、個別都市の調査にとどまっており、世界都市システムにおける地方都市の位置づけを明らかにしてはいない。

本書では、人口・経済規模や国内都市システムにおいて類似する海外の都市と、日本の地方都市を世界都市ランキングの手法によって、比較・分析し、世界都市システムでの日本の地方都市の位置づけをより明確にすることを目指す。さらに、その結果にもとづき、政策の方向性を導出し、地方都市におけるグローバル競争戦略について論じる。本書は、世界都市論に日本の地方都市を位置づける研究であるにとどまらず、地方都市におけるグローバル戦略の重要性を明らかにする点に意義を求める。

さらに、筆者が策定に参画した「世界の都市総合力ランキング」は、日本の成長戦略におけるＫＰＩに設定されている。にもかかわらず、学術的に検証した研究は少ない。本書は、世界都市論のフレームワークと、世界都市ランキングの成果とを接合する研究としても、学術的な貢献を目指すものである。

第2部

都市・地域の国際競争力の評価とランキング

第3章　階層的都市システム研究における日本の都市の位置づけ

日本の地方都市のグローバルな階層を把握する

前章に記したとおり、日本の地方都市は、20世紀末までは世界都市研究の対象とはなっていない。札幌、福岡のように都市圏人口で２００万人を超える都市ですら、世界都市研究の対象としては選ばれてこなかった。日本の地方都市には、多国籍企業の本社や国際金融市場がなく、人流・物流面におけるグローバル化水準も、海外の同規模の都市と比較して、きわめて低い水準にとどまっていたからである。要するに、21世紀に入るまで、日本の地方都市は、日本国内の都市システムのなかで位置づけられるにとどまったのである。

そこで本章では、日本国内の都市システム研究における地方都市の位置づけを明らかにする。さらに、国内の都市システムと世界都市システムとの接点についても考察する。

都市システム研究の関心は、都市システムの構造解明とともに、都市間に存在する階層性の解明にあった。[1] 既存研究は、国内の都市システムにおいて、最も高い階層に位置する地方都市は、地方中枢都市と定義される札幌、仙台、広島、福岡の4都市であることを明らかにしてきた。地方中枢都市の国内の都市システムにおける位置づけを明確にできれば、日本の都市システムと世界都市システムの関係性から、世界都市システムにおける地方中枢都市の位置づけを検討することも可能となろう。

都市システムとは何か?

都市システムは、複数の都市の結合（Linkage）によって形成される。都市はお互いに補完、あるいは競争しつつ、都市の機能に応じた階層（Hierarchy）を構成するため、都市は序列（Rank）づけされる。

森川は、クリスタラー（Christaller, 1933）の中心地理論は、都市システム研究の基礎理論となったと捉えている（森川，１９９８）。中心地理論は、財の到達範囲の差異をもとにして、中心地の分布、およびそれらの中心地の階層性の形成メカニズムを説明している。高次の財を供給する中心地は、低次の財を供給する中心地を包摂する。したがって、最も高次の財を供給する中心地では、あらゆる財が供給される。藤田ら（２０００）のいうように、中心地を都市と考えた場合、「高次の都市は低次の都市のなすことはすべてなし、なおかつそれ以上のことをなす[2]」のである。

クリスタラーが念頭に置いたのは、平野の広がる南ドイツの都市群であり、日本にはあてはまらないという見解もある。いうまでもなく、クリスタラーが念頭に置いたのは、ドイツ国内の都市システムであり、世界都市システムではない。ただ、「高次の財」を高次なグローバル機能（国際機関、国際金融市場、多国籍企業の中枢管理機能など）と置き換えれば、中心地論を世界都市システムの形成原理にまで拡張できないわけではないように思われる。なぜなら、「第１級世界都市は低次の都市のなすことはすべてなし、なおかつそれ以上のことをなす」からである。

都市システム研究における都市の階層性・序列は、個々の都市の持つ機能の高次・低次の度合いによって規定されている側面が強い。本章ではまず、階層的都市システムを検討してきた既存研究に着目し、日本国内の都市の高次・低次にかかわる機能を分析することによって、日本の地方都市の位置づけを確認する。

東京を頂点とする国内都市システムと地方中枢都市の形成

阿部（１９９１）は、旧経済企画庁の報告書[3]を引用しつつ、高次都市機能とは中枢管理機能であると定義した。阿部によると、中枢管理機能は、経済的、行政的、文化社会的の３つに分類される。阿部は、経済的中枢管理機能に着目し、主要民間企業の本社と支所（支社・支店・営業所・出張所・事務所）の立地分析にもとづき、日本の都市システムの特質と階層性を明らかにしようと試みてきた[4]。

阿部（２００４）によると、大企業の支所を経済的中枢管理機能とした日本の都市システムは、東京を筆頭に、大阪、名古屋の大都市、および地方中枢都市[5]（福岡、仙台、広島、札幌）、県庁所在都市、県内の主要都市という階層を形成し、序列づけされる（表3-1：左列に都市の順位を記載）。表3-1に示されている都市の順位は、福岡市より人口の多い札幌市、横浜市、神戸市（2000年時点）が福岡市の下に記載されていることからわかるように、必ずしも市域の人口規模順に並んではいない。

各都市における本社・支所の従業者数および3大都市（東京、大阪、名古屋）の本社から各都市への支所配置率の分析からわかるように、日本の都市システムは、東京を頂点とした垂直的階層構造のシステムを形成している。同時に、地方圏の都市においては、地方中枢都市の階層の高さを確認できる（図3-1）。

中枢管理機能によってランクづけされる日本の都市

矢田（1995）は、企業の本社・支社に、国の出先機関を加え、中枢管理機能にもとづく都市の階層性を分析し、都市を序列化している。さらに、都市ごとの金融機能（銀行預金）、取引機能（卸売販売額）、消費機能（小売額）などの都市機能の集積水準を比較し、階層的な都市システムの特質をより具体的に明らかにしようと試みた。また、地方中枢都市における人口増加率と中枢管理機能の集積度との関連についても指摘している。

地方中枢都市間の序列についての研究としては、北川（1995）がある。北川は、地方中枢都市の比較を行った。北川も、中枢管理機能を、経済的、文化的、行政的の3つに分け、これらを構成す

表3-1　主要都市における経済的中枢管理機能の状況（1950年～2000年）

年次	1950		1960		1970		1975		1980		1985		1990		1995		2000	
対象企業数	780		1,216		1,576		1,709		1,721		1,817		2,037		2,241		2,500	
都市	本社	支所	本社	支所	本社	支所	本社	支所	本社	支所	本社	支所	本社	支所	本社	支所	本社	支所
1 東京	413	401	595	645	765	944	783	1,090	786	1,091	823	1,165	894	1,355	919	1,514	1,001	1,627
	(52.9)		(48.9)		(48.5)		(45.8)		(45.7)		(45.3)		(43.9)		(41.0)		(40.0)	
2 大阪	113	390	185	668	237	1,012	249	1,108	249	1,069	256	1,115	291	1,266	314	1,377	361	1,484
	(14.5)		(15.2)		(15.0)		(14.6)		(14.5)		(14.1)		(14.3)		(14.0)		(14.4)	
3 名古屋	24	221	45	511	65	870	63	967	63	974	71	1,034	81	1,192	88	1,348	98	1,457
4 福岡	11	192	11	368	19	614	19	736	20	772	19	846	21	1,018	33	1,182	39	1,241
5 仙台	2	101	7	223	4	478	7	614	6	685	6	727	8	913	9	1,035	10	1,129
6 広島	4	87	6	209	10	511	13	626	14	656	18	718	19	854	21	967	23	1,028
7 札幌	5	150	7	348	12	568	15	656	18	703	17	738	20	847	24	961	28	1,010
8 横浜	19	96	24	141	33	263	32	308	35	343	35	397	40	587	50	657	58	757
9 高松	2	42	2	132	4	262	7	320	6	346	6	374	7	501	10	491	12	597
10 神戸	28	111	43	160	33	234	40	268	39	282	44	317	46	460	57	506	59	550
11 静岡	2	33	2	63	1	189	1	259	2	284	6	320	3	456	4	494	6	550
12 金沢	3	49	6	85	7	169	6	203	9	220	10	280	10	417	11	485	13	539
13 岡山	1	28	1	74	1	169	2	216	2	241	1	275	4	425	7	466	10	537
14 千葉	1	6	2	36	1	163	4	229	4	244	5	276	6	445	9	481	9	522
15 新潟	2	53	5	103	8	219	7	276	8	320	7	347	8	457	9	481	8	512
16 京都	16	66	21	101	31	152	35	198	38	229	39	251	41	419	48	458	55	511
17 大宮				15	1	49	2	73	3	96	3	230	5	317	5	402	4	461
18 北九州					9	244	10	244	9	261	12	255	13	373	16	377	17	446
19 熊本	1	34	3	56		91	2	114	4	122	4	251	6	318	6	350	6	420
20 鹿児島		14	1	49		74	2	111	2	132	2	267	3	315	5	350	5	415

注１：対象企業数は各年次の日本経済新聞社刊『会社年鑑』掲載の株式会社とダイヤモンド社刊『会社職員録』（1995年と2000年）の株式会社
注２：上掲の都市の順位は2000年の支所数による
注３：集計の原則は１企業１都市１支所（支所は支社・支店・営業所・出張所・事務所）
資料：日本経済新聞社刊『会社年鑑』，日本金融通信社刊『金融名鑑』，ダイヤモンド社刊『会社職員録』，電話帳，アンケート調査

出所：阿部・山﨑（2004）p.56。

図3-1　主要企業本社・支所の配置に基づく日本の都市システム（2000年）

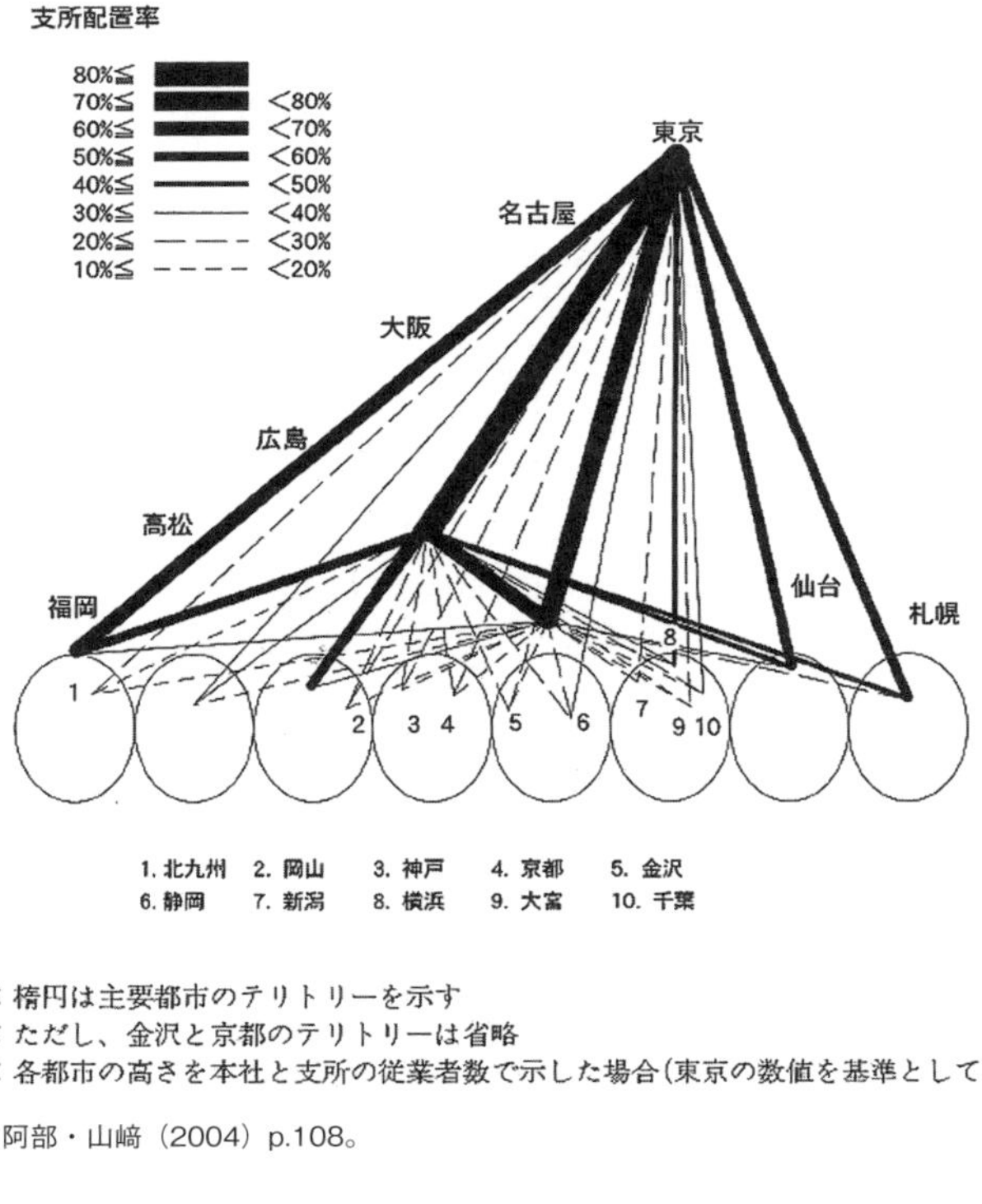

注1：楕円は主要都市のテリトリーを示す
注2：ただし、金沢と京都のテリトリーは省略
注3：各都市の高さを本社と支所の従業者数で示した場合(東京の数値を基準としている)

出所：阿部・山﨑（2004）p.108。

る12の指標（表3-2）を設定し、相対評価によって各指標のスコアを算出している。３つの分野のスコアの平均値を、総合的中枢管理機能のスコアとして計測した結果、１９８５年時点では、札幌、福岡、仙台、広島という順位となったと結論づけた（表3-3）。

中枢管理機能（高次機能）の集積度を測定するため、中枢管理機能を複数の分野に分類し、それぞれの分野において複数の指標を設定・スコア化することによって、都市の順位を決定するという北川の手法は、近年各種機関で作成されている世界都市ランキングにおいて採用されている手法の原型といえる。

中枢管理機能をどのように定義しようとも、また、中枢管理機能の指標としてどのような指標を採択したとしても、日本の都市システムは、東京を頂点とし、大阪、名古屋がその次に位置し、地方中枢都市がさらにその下位の階層に位置すると認められる。

ただし、１９９０年代以降、東京と大阪、名古屋の間における中枢管理機能の集積度水準の格差拡大、および地方中枢都市間での順位の入れ替えという変化が生じていることは見逃せない。この背景の一つには、おそらく経済活動のグローバル化の進展があり、都市のグローバル化への対応力によって、都市の相対的位置に変動が生じた可能性は否定できない。つまり、これまでの都市システム研究のような日本企業、日本政府および政府系機関の立地・配置という国内的視点だけでは、90年代以降の都市システムの変動を説明できなくなってきたと考えられる。

表3-2　中枢管理機能

分野	指標
①経済的中枢機能	東証1・2部上場企業数、卸売販売額、銀行預金残高、情報サービス・調査・広告業従業者数、専門サービス・その他の事業サービス業従業者数
②文化的中枢機能	大学・短期大学生数、研究機関従業員数、ホール数（1,000席以上）、美術館・博物館数
③行政的中枢機能	国の出先機関数、公務管理的職業就業者数、政治・経済・文化団体従業者数

出所：北川（1995）p.49。

表3-3　地方中枢都市の比較

	単位・年次	札幌市	仙台市	広島市	福岡市
総面積	km^2	1,221.12	788.05	740.18	336.50
人口数（90年）	1,000人	1,672	918	1,086	1,237
人口増加率（85-90年）	%	8.3	7.1	4.0	6.6
県内シェア	%	29.6	40.8	38.1	25.7
昼間人口指数	1990年	102.0	108.5	104.2	114.6
産業別　第1次産業	%	0.7	1.9	1.9	1.3
人口　第2次産業	%	21.1	20.5	28.7	20.2
比率　第3次産業	%	77.3	77.0	68.7	77.5
中枢管理機能					
総合的	1975年	121.8	82.1	85.4	109.6
中枢性	85年	115.6	92.3	85.4	109.8
経済的	1975年	111.7	74.2	89.6	124.5
中枢性	85年	110.4	77.2	84.5	138.5
文化的	1975年	136.6	86.9	72.7	100.6
中枢性	85年	122.5	101.7	82.9	92.6
行政的	1975年	117.1	85.1	94.0	103.8
中枢性	85年	113.8	97.9	88.7	98.4
情報サービス業売上高（1993年）	（100万円）	113,216	77,335	78,203	145,567

出所：北川（1995）p.49。

国内的都市システムから国際的都市システム研究への移行

都市システムの研究は、日本のみならず、海外の研究においても、その国内におけるシステムとして研究されてきた。その一方で、グローバリゼーションの進展にともない、国境を超えた都市間のつながりが認識されるようになり、20世紀末にはグローバルなスケールでの研究も試みられるようになった（埴淵，２００８）。

松原（１９９８）は、ボーン（Bourne, 1975）の理論を援用しつつ、国内を対象とした国家的都市システムおよび地域的都市システムの上位に、国際的都市システムを位置づけている（図３-２）。図３-２の０．国際的都市システムでは、国内の国家的大都市が国際的都市システム＝世界都市システムに組み込まれている。だが、図３-２の１．国家的都市システムおよび２．地域的都市システムの図からわかるように、国内の他の大都市および地方中枢都市の世界都市システムへの直接的な関係は示されていない。図３-２のなかで世界都市システムに組み込まれた日本の都市は、東京と大阪だけであった。

図3-2　都市システムの階層性

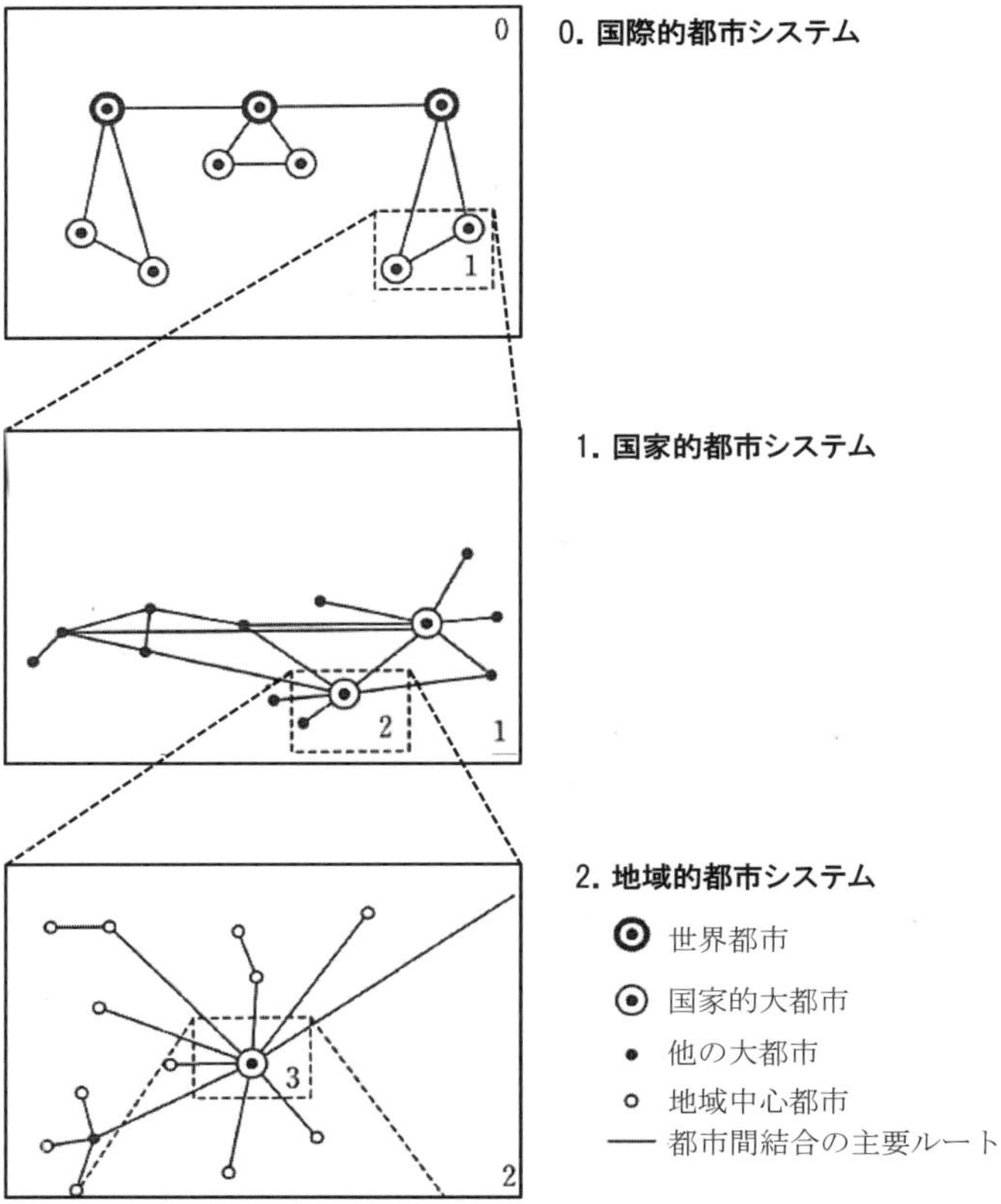

（注）Bourne, L. S.（1975, p.13）の図に国際的都市システムの部分を加筆
出所：松原（1998）p.5。

アジア都市システムへの関心の高まり

松原編（１９９８）では、松原らのいう国際的都市システム＝世界都市システムの一部を形成するサブシステムとして、アジアの都市システムについての検討も行われている。そのなかで、宮町（１９９８）は、世界都市研究において重視されてきた多国籍企業の本社・支社の立地のみならず、国際機関の立地、直接投資額、金融市場の規模、海上貨物、航空貨物、航空旅客、国際通話量などの指標にもとづいて、アジアの都市システムを提示した（図3-3）。宮町の研究でも、日本の都市は、東京と大阪の2都市のみ、アジアのサブシステムに組み込まれている。中国からは北京と上海、その他の国・地域からは、香港、シンガポール、ソウル、台北、クアラルンプール、バンコク、ジャカルタ、マニラといった首都あるいは首都級の都市のみ選定されている。

表3-4にあるように、アジア都市システムで最も高い階層であるＡＡの都市は、東京のみである。ＡＡに次ぐ階層Ａの都市は、香港とシンガポールである。[6] 宮町の東京の位置づけは、Ｊ．フリードマン（Friedmann, 1986）、リマー（Rimmer, 1996）と同様の結果であった。

大阪は評価対象都市となっているものの、表3-4からわかるように、データ不足の指標が多く、大阪の階層は不明である。札幌、仙台、福岡については、地図に都市名の記載はあるものの、評価対象都市とはなっていない。広島については、地図にも記載されていない。

図3-3　アジアの都市システム

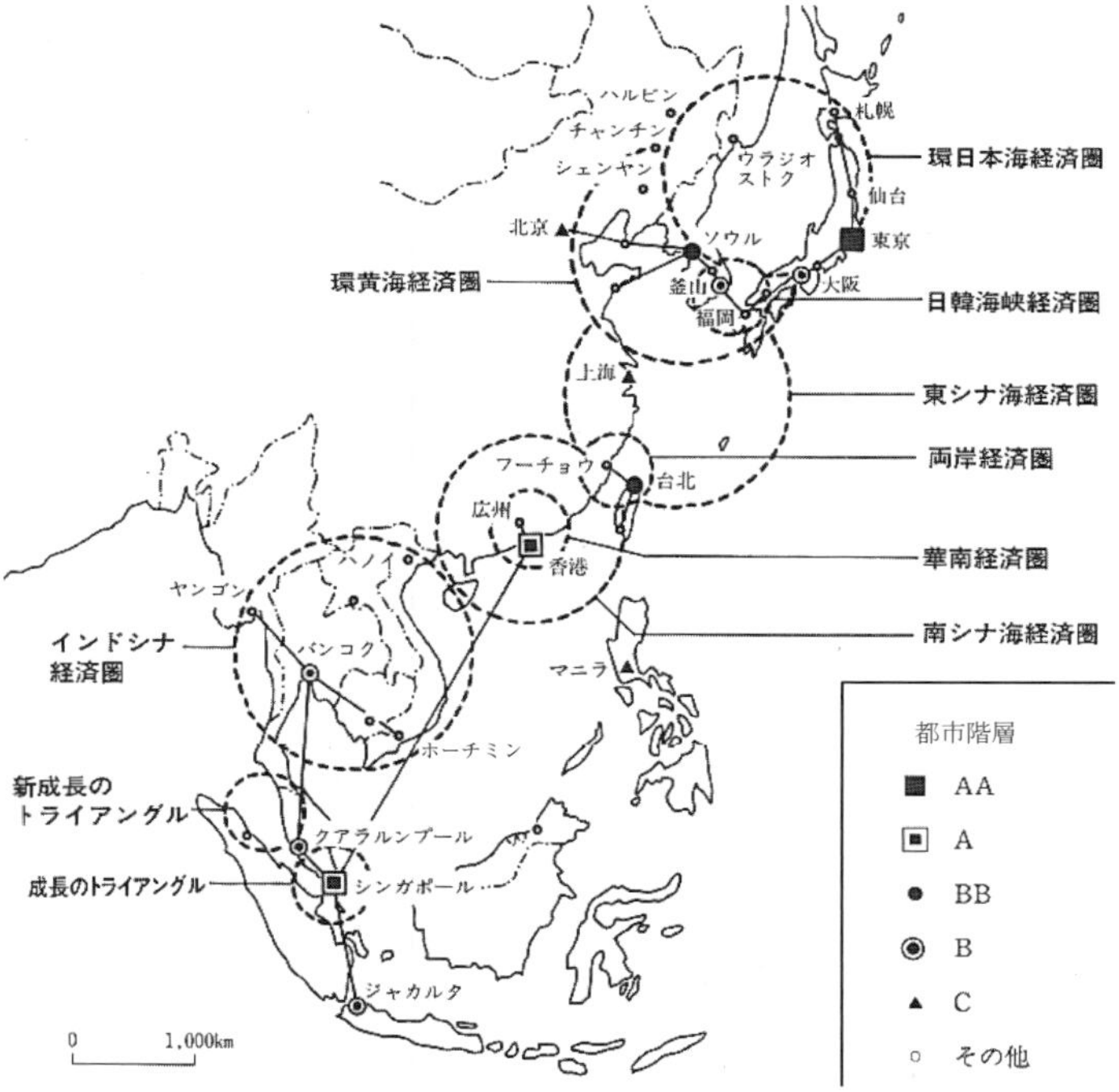

出所：宮町（1998）p.57。

表3-4　さまざまな指標にみるアジアの都市システム

都市名	Friedmann (1986)	Rimmer (1996)	企業本社	企業支社	直接投資	国際機関
東京	AA	AA	AA	A	AA	BB
大阪			A	C		
香港	B	A	B	A	A	C
シンガポール	A	A	BB	A	A	B
ソウル	B	A	BB	BB	A	B
台北	B	A	B	BB	A	C
クアラルンプール		B	B	BB	B	B
バンコク	B	B	B	BB	B	A
ジャカルタ		B	C	B	B	B
マニラ	B	B	C	B	B	BB
上海		C	C	C	C	C
北京		C	B	C	C	C
都市名	**金融市場**	**海上貨物**	**航空貨物**	**航空旅客**	**電話通信**	**総合**
東京	AA	A	A	A	A	AA
大阪		A		B		
香港	A	AA	A	A	A	A
シンガポール	BB	AA	BB	A	A	A
ソウル	B	A	A	BB	BB	BB
台北	B	A	BB	BB	BB	BB
クアラルンプール	B	C	B	B	B	B
バンコク	C	B	BB	BB	C	B
ジャカルタ	C	C	B	B	C	B
マニラ	C	B	B	B	C	C
上海	C	C	C	C	C	C
北京	C	C	C	C	C	C

（注）記号の目安　AA：世界レベル
A：アジア第1次レベル
BB：アジア第2次レベル
B：国内レベル
C：ローカルレベル
海上貨物に関しては、表中の都市の最寄りの港湾を外港としてとらえる。
出所：宮町（1998）p.56。

以上みてきたように、1990年代後半の時点では、世界都市システムはおろか、アジアの都市システムにおいてさえも、日本の地方中枢都市を位置づけることは困難だったのである。

福岡のアジア都市システムへの編入

しかし、円高が進行した1980年代以降、地方空港や地方企業のグローバル化も進展するようになり、韓国、中国、台湾に近い福岡は、アジアの都市システムに組み込まれていく。

朴(1995)は、グローバル化が加速しはじめた福岡に着目し、アジア都市システムにおける福岡の位置づけについて解明を試みている。朴が指標として採用したのは、多国籍企業の本社や支社ではなく、国際航空旅客流動である。東京、大阪、名古屋、福岡を含むアジア26都市を対象に、国際航空旅客流動を指標として、都市間の結合関係を分析した。その結果、アジア内での福岡の国際航空旅客流動は、東京と大阪よりは少ないものの、名古屋よりは多く、さらに、3大都市はソウルと強いつながりがあるのに対して、福岡は釜山との結合が強いという特性を明らかにした。

朴は、福岡と釜山の関係性を、クリスタラー型の階層的結合とは異なる、プレッド型の「非階層的結合関係」と位置づけた[7](図3-4)。1990年代には日本国内の都市システムの関係性を超越して、それぞれの国家的都市システムの端末部の都市間の、強い結合とはいえないものの、国境を超えたグローバルな結合が生じるようになっていた。

図3-4　国際的都市システムにおけるプレッド型の非階層的結合関係

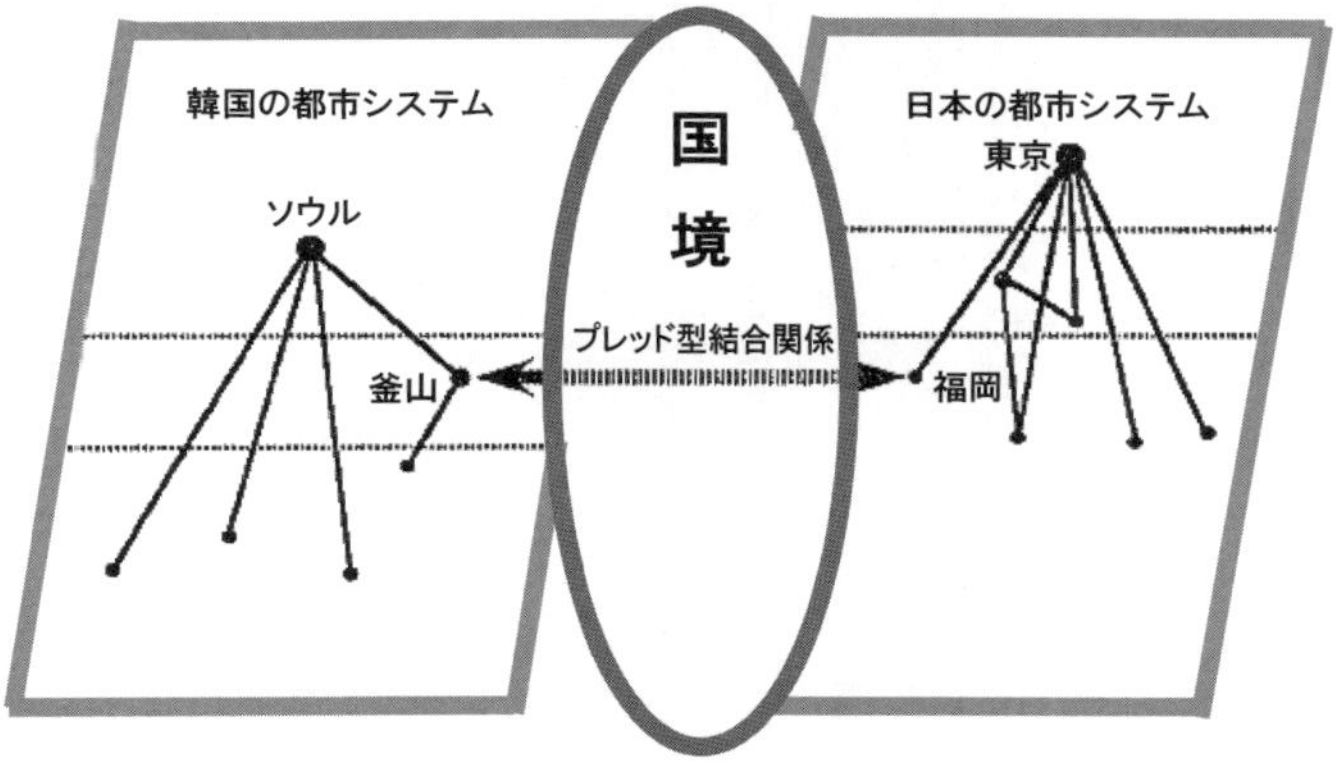

出所：朴（1995）p.59。

注意しなければならないことは、国際航空流動だけでみると、福岡－釜山の都市結合を過小評価する可能性がある点である。福岡－釜山は、福岡－広島、福岡－鹿児島とほぼ同じ約２００㎞の距離にあり、運賃の安い高速船にも一定の競争力がある。博多港－釜山間で高速船ビートルⅡ世が運航開始されたのは、１９９１年である。高速船に、フェリー、コンテナ船による人流、物流を加えると、福岡－釜山の結合は、朴の分析結果以上に強い結合であるといえる。

松原（１９９８）は、福岡のアジア方面への航空ネットワークの相対的な多さ、シリコンアイランド九州[8]からの半導体の輸出基地としての地位、博多港からの国際航路の多様さ、アジア方面からの観光客や投資の多さなどを掲げながら、「アジアに近い地方中枢都市として、アジアスケールの都市システムのなかでも重要なポジションにある[9]」と指摘している。

伊藤（１９９６）は、国内的都市システムの観点から、福岡の相対的な階層の上昇を指摘している。1960年代と1980年代の日本の地域間システムの比較（図3-5）において、福岡について、「西南経済圏の首都[10]」と表現し、「経済社会の国際化・ボーダーレス化の進展とともに、韓国・中国・台湾等と連帯した東アジアのブロック化」にともなう「東アジアに対する日本の窓口として中枢管理機能の集積の強化[11]」の可能性を論じている。

グローバル化がもたらす国内都市システムの変動

阿部（2004）によって示された主要民間企業の支所数の経年変化をみると、1975年から1980年にかけて、東京の支所数は、大阪を上回り、その後も大阪との差を広げながら、東京の支所数は増加している（図3-6）。東京の支所数の増加は、人口、産業、経済活動の東京一極集中にともなう企業組織の再編成の一環として捉えることも可能である。だが、世界経済や日本経済のグローバル化が進展しはじめた時期でもあり、東京の世界都市化の影響がなかったとはいえない。なお、大阪と名古屋の支所数格差は1950年代、60年代、70年代を比較すると、1980年代以降縮まっている。

また、図3-6には、1980年以降の札幌の相対的な地位低下と、福岡と仙台の地位上昇傾向も示されている。これらの都市の地位変動の要因として、阿部は、それぞれの都市の後背地にあたる広域圏の人口変動と広域交通網の整備にともなう各中枢都市の管轄圏（テリトリー[12]）の変動を主たる要

図3-5　1960年代（上）と1980年代（下）の日本の地域間システム

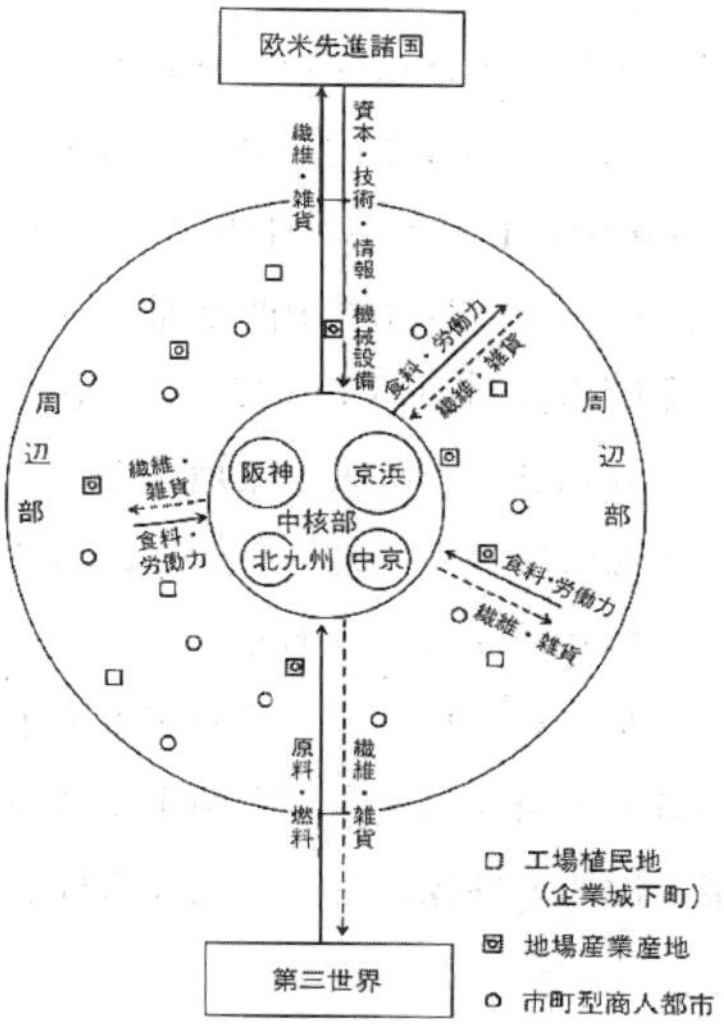

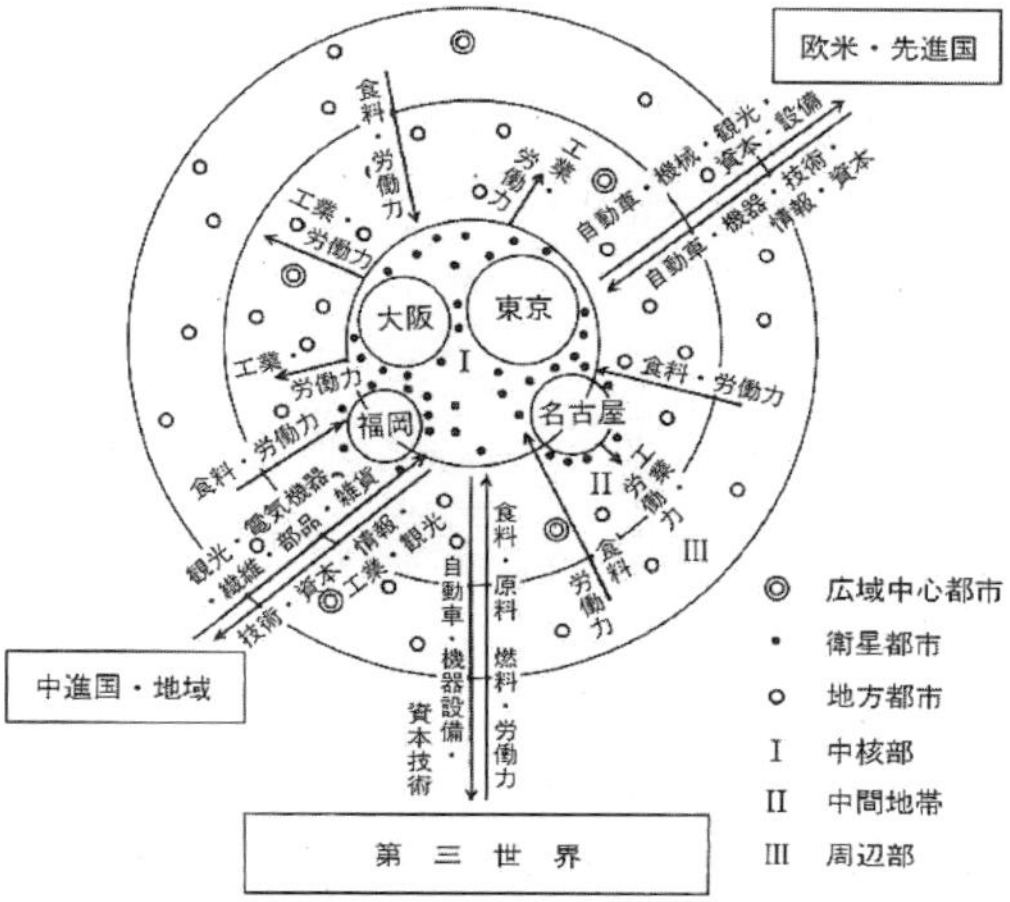

出所：伊藤（1996）p.190、p.192。

図3-6　支所数による主要都市の順位規模曲線

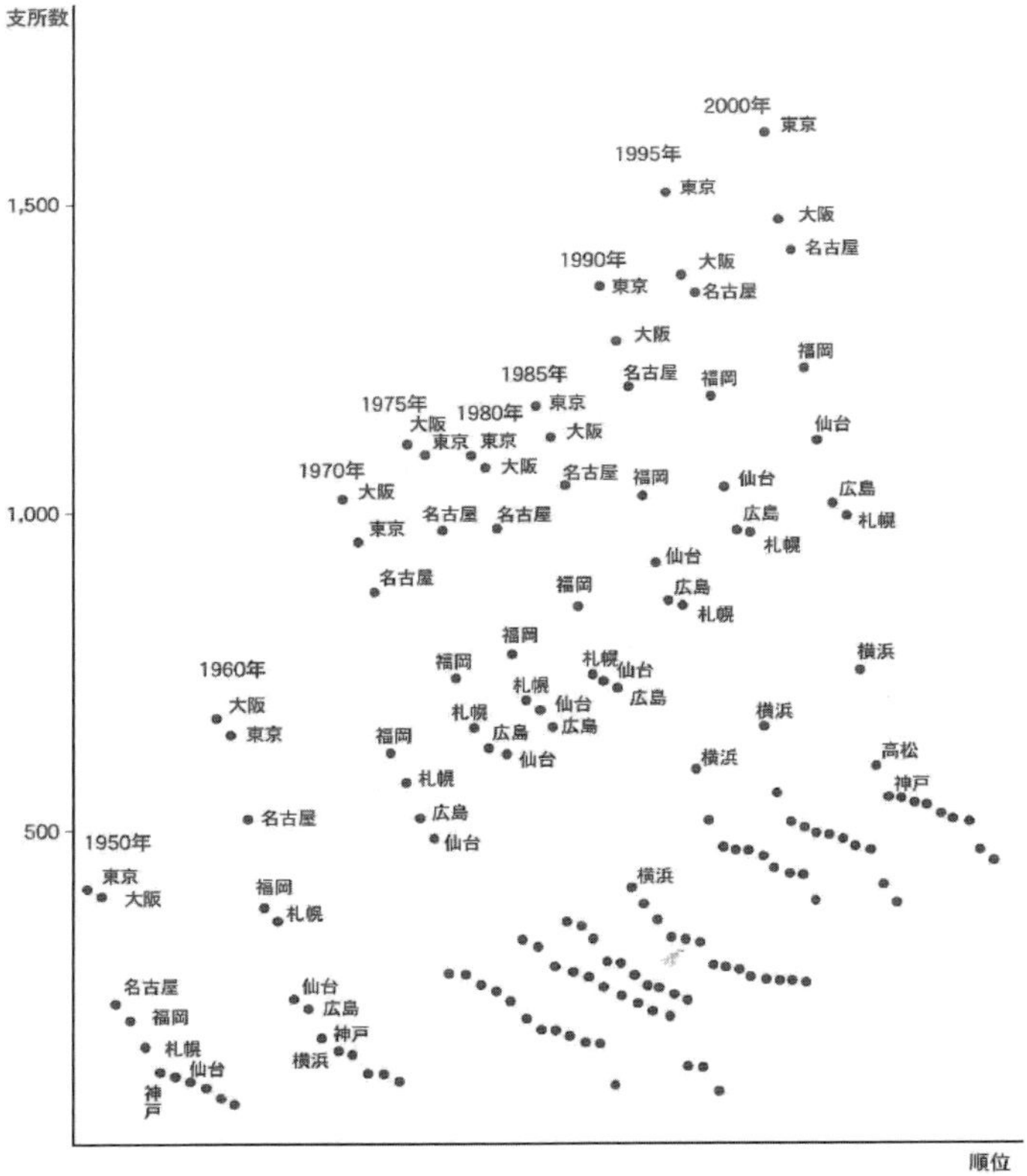

出所：阿部・山﨑（2004）p.67。

因と説明している。

確かに、札幌市が地方中枢都市で2位の位置から4位にまで下落した背景には、札幌市が北海道という管轄圏の制約を強く受けたことが考えられる。逆に、福岡市は、高速道路の整備や新幹線の博多駅乗り入れなどによって、博多駅や天神地区に立地した一部支店の管轄圏が、九州地方だけに限定されず、中国地方や沖縄県、さらには四国地方にまで拡大したことも影響していると考えられる。

支所の管轄圏の拡大は、支所数よりも、支所の従業員数に反映されているはずであるが、支所の従業員数のデータは近年取れなくなっている。阿部は、有価証券報告書に記載のあった企業をサンプルとして、支所の従業員数の平均値を算出している。それによると、支所従業員数の平均値（２０１０年）は、福岡市61人、広島市47人、仙台市43人、札幌市34人[13]であり、支所数の格差よりも支所従業員数の格差のほうがより大きくなっている。この支所従業員数格差が、管轄圏だけで説明できるものであるかどうか、福岡のグローバル化と関連しているかどうかについては、支所数、支所の従業員数だけからは判明しない。貿易や観光などの国際業務を行っている支所がどの程度あるのかについても明らかにする必要があろう。

地方中枢都市のグローバル化にともなう格差拡大

九州経済調査協会（１９９９）は、４つの地方中枢都市の高次機能について、１９８６年からの10

年間の変化を分析している（表3-5）。7項目の高次都市機能を設定しており、その一つは国際機能である。国際機能は、入国外国人数、貿易額、国際航空貨物取扱量の3つの指標によって構成されている。すべての指標において、指標の全国値÷日本の人口を100とし、各都市の数値÷各都市の人口を特化係数としてスコア化している。この結果、1996年時点での福岡の国際機能のスコアは393・8であり、4つの地方中枢都市のなかで最も高くなっている。

他の6つの項目においても福岡のスコアが最も高いが、国際機能は最も高いスコアとなっている。スコアの算出にあたっては、各都市の人口を採用しているため、市域が狭く、都市圏人口に対して市域人口の少ない福岡に有利に作用している点は否定できない。ただし、1999年時点において、4つの地方中枢都市のなかで、福岡の国際機能の高さを指摘した論考はほかにはみられない。

新境地に入った国内都市システム論

2000年代に入ると、日本国内の都市システムや地域政策に対するグローバリゼーションの影響についての研究も増加しはじめる。杉浦（2003）は、「越境する都市システム」[14]と題して、日本の地域は、今後はグローバルなネットワークに組み込まれ、ネットワーク型の産業集積の外部経済効果を享受することができるかどうかが、「発展する地域」と「取り残される地域」を峻別する試金石になるとした。

表3-5　「札仙広福」の高次機能の集積変化

		全　国	札幌市	仙台市	広島市	福岡市
総合（1～7）	1986	100.0	120.6	124.4	129.1	225.1
	1991	100.0	118.4	145.7	131.3	236.1
	1996	100.0	116.0	145.3	123.2	249.5
1. 経済管理機能	1986	100.0	149.3	198.1	170.2	247.0
	1991	100.0	146.4	200.8	170.0	255.0
	1996	100.0	145.3	197.0	160.2	238.9
2. 情報機能	1986	100.0	146.4	159.6	131.7	197.0
	1991	100.0	135.3	164.7	135.3	206.7
	1996	100.0	140.6	163.2	133.8	205.5
3. 専門サービス機能	1986	100.0	150.5	164.9	154.8	189.1
	1991	100.0	159.1	163.8	161.4	194.9
	1996	100.0	158.2	166.6	162.2	213.2
4. ネットワーク機能	1986	100.0	87.3	106.7	87.9	200.4
	1991	100.0	82.9	113.7	99.5	195.5
	1996	100.0	76.1	110.7	97.8	232.3
5. 余暇機能	1986	100.0	157.9	116.7	116.7	179.7
	1991	100.0	151.0	119.9	119.2	165.1
	1996	100.0	139.8	123.0	113.2	164.5
6. 学術機能	1986	100.0	151.5	－	175.1	335.5
	1991	100.0	139.7	245.0	163.8	318.8
	1996	100.0	132.8	222.5	133.3	298.1
7. 国際機能	1986	100.0	1.2	0.1	67.6	227.0
	1991	100.0	14.3	12.2	70.0	316.9
	1996	100.0	19.1	33.9	61.5	393.8

（注）各都市相対値=(基本データ/ 都市別人口) / (全国値/ 総人口)×100
1. 経済管理（卸売業、金融・保険業、政治・経済・文化団体の合計）
2. 情報（出版・印刷・同関連、放送業、情報サービス・調査・広告業の合計）
3. 専門サービス（物品賃貸業、その他事業サービス、専門サービス業の合計）
4. ネットワーク（航空運輸業、倉庫業、運輸付帯サービス業の合計）
5. 余暇（映画、ビデオ、娯楽業、その他飲食業の合計）
6. 学術（大学生数）
7. 国際（入国外国人数、貿易額、国際航空貨物取扱量の合計）
（資料）総務省「事業所・企業統計調査報告」、法務省「出入国管理統計年報」、運輸省「空港管理状況調書」、函館税関・横浜税関・神戸税関・門司税関「外国貿易年表」
出所：九州経済調査協会（1999）p.97。

杉浦の指摘で注目すべきは、グローバル化に直接関連している港湾や空港整備だけ注力するのでなく、グローバルな人材を育成する教育制度や、グローバル化に対応した金融や会計の制度、司法制度などの制度設計の必要性について指摘している点である。

松原（２００６）は、「グローバル競争の進展は、日本の地域構造・地域政策の再検討を迫っている」[15]とし、集積力を削ぐ可能性のある旧来の分散政策ではなく、むしろ国際競争力のある産業集積、都市集積への政策転換の必要性が高まったと主張した。さらに、その8年後の研究である松原編（２０１４）では、地域経済政策の今後の展望として、「国際競争力のある拠点の重点整備と、地域資源を活かした地域に密着した産業集積地域の整備をあわせて進めていくことが重要であろう」[16]と結論づけた。松原は、その実現のために、広域経済圏内において、グローバルな競争力のある地域拠点を育成しつつ、広域圏内での経済循環を強化する戦略を提示した。

日本の都市システム研究は、１９８０年代まで国内における都市システムというフレームワークのもとで分析されてきた。この手法は、他の国の都市システムとの比較においては有効であった。だが、都市システム論においても、グローバルな観点からのシステム変容についての研究が求められるようになっている。グローバル空間における日本の都市の位置づけについて、東京のみならず、日本の都市システムの下位の階層に位置する都市を含め、明らかにしていかなければならない段階に入っている。

第4章　世界都市研究におけるグローバルな都市の階層性・序列

世界都市のグローバルな階層の発生要因を探る

本章では、世界都市論の研究成果をもとに、世界都市を規定する要件、および世界都市として規定される都市数の増加傾向とその背景について考察する。グローバリゼーションの進展とともに、世界都市に認定される都市数は増加している。世界都市として認定される都市数の増加に伴って、日本の地方都市がいつ頃から、どのような階層の世界都市に位置づけられるようになったのかについて、確認する。

世界都市システムの概念形成

１９８０年代に日本の都市地理学者の研究成果として、『日本の都市システム』（田辺編，１９８２）と『世界の都市システム』（山口編，１９８５）が刊行された。『世界の都市システム』は、世界の都市を研究対象としているものの、それぞれの国家の都市システムの研究にとどまっており、世界都市システムの研究は含まれていない。

『世界の都市システム』には、「世界の都市システム」というタイトルの章が最終章に配置されている。その章を執筆した田辺（１９８５）は、「世界都市システムを考えるのはかなり遠い将来なのであろうか。それ故、現段階では各国の都市システムの解明が最も重要な課題[1]」であると述べるにとどまった。

一方、J．フリードマンは１９８２年に「世界都市形成（World City Formation）」（Friedmann and Wolff, 1982）を、１９８５年の翌年には「世界都市仮説（The World City Hypothesis）」（Friedmann, 1986）を公表している。つまり、１９８０年代に、都市地理学的都市システム研究と、世界都市の観点からの世界都市システム研究の間に齟齬が生じはじめたのである。

埴淵（２００８）のいうように、「世界都市システム研究は、必ずしも都市地理学研究の流れ（つまり、局地的、国家的、国際的な都市システムの延長線上にあるものとしての世界都市システム）に位置づけられてきたわけではない。むしろ、グローバル化に関連する広範な関心にもとづき、さまざまな理論的背景から出発して研究が進められてきた[2]」のである。

すでにみてきたように、世界都市システム論は、都市地理学的都市システム研究とは異なる動機によって進められた。しかし、両者には、共通点もある。それは、都市の高次機能の集積とネットワークという観点から、都市の階層性を分析するという手法である。

都市地理学が明らかにしてきたように、都市における高次機能の集積度は、基本的には高次機能の管轄圏の広さに一致する。日本国内では、東京の高次機能の管轄圏は全国・国外におよぶ。地方中枢都市の管轄圏は、原則としてそれぞれの広域圏に限定される。日本の都市の階層・序列は、管轄する圏域の規模によって測定できる。

それに対して、世界都市に立地したグローバルな中枢管理機能が管轄する範囲は、国境を超える。そのため、国際機関の集中したジュネーブのように、都市人口や都市の経済規模はもとより、国の人口や経済規模も大きくなくとも、世界都市としての階層が高くなることもありうる。

ピーター・ホールの世界都市

世界都市研究の先駆者であるホールは、*The World Cities*（Hall, 1966）において、世界的中枢機能が過度に集中している都市の存在を明らかにした。ホールは、ロンドン、パリ、ランドスタット（オランダ）、ライン・ルール（ドイツ）、ニューヨーク、東京の７つの都市・地域を「世界都市」と規定し、それらの世界都市の特徴や問題について論じている。

ホールのいう世界都市は、単に人口や経済規模の大きな都市ではなく、世界に影響力のある国家の中心地である。具体的にいえば、国際的に影響力のある政府と国際機関が集積したグローバルな政治・行政機能を備えた都市である。

国際政治に影響力を有する世界都市は、ビジネス、貿易、金融などの経済活動においても、世界的な中枢機能を担う。これらのグローバルな中枢管理機能を支えるため、港湾や道路、鉄道が発達しており、いうまでもなく大規模な国際空港も立地している。また、世界都市には大学や研究機関も集積している。そのため、多岐の分野における専門人材が育成・輩出される。多国籍エリートに対して、多彩な消費や娯楽サービスを提供するため、文化的機能も充実する。要するに、ホールの規定する世界都市は、これらの多様な高次機能が集積した都市である。

成田(1992)は、ホールによる世界都市のリストはあまりにも限定的であり、覇権国家の首都のイメージを超えるものではないと批判している。確かに、ホールは、国際政治にかかわる政治的機能を重視している。それは、1966年時点においては、国際石油資本を例外として、多国籍企業化はまだ十分に進展していなかったからにほかならない。しかし、ビーバーストックら(Beaverstock, Smith, and Taylor, 1999)が指摘するように、グローバル空間における世界都市システムでの都市の階層性・序列を規定するクライテリアを示したという意味において、世界都市研究におけるホールの功績は大きい。

ビーバーストックらは、ホールの画期的な業績[3]以降、世界都市文献で中心となっていたのは、世界システムのなかで都市の不均衡な地理経済力(Geoeconomic Power)の序列づけであったと記述している。[4]サッセンは、「世界都市」は元を辿ればゲーテに行き着く言葉であるが、再び用いたのはホール(Hall, 1966)であり、その後J.フリードマン(Friedmann and Wolff, 1982)が再定義して使用したとしている（Sassen, 1991）。

加茂（2005a）は、「グローバル化・高度情報化時代における都市システムは、国内的な都市間関係からグローバルな都市間関係に変わり、とくにこうした都市システムの頂点をなす少数の都市（ニューヨーク、ロンドン、東京、パリなど）は、世界経済のコマンド・ポスト（管理中枢拠点）としての『世界都市』になるというのが、1970-80年代の世界都市論であった。[5]」と記している。加茂は、ホールの『世界都市』を、歴史的世界都市と現代的世界都市の橋渡しとなる業績として称賛している。

ステファン・ハイマーの地球都市

多国籍企業論研究の新星として世界的な注目を集めたハーバード大学（当時）のハイマー（Hymer, 1976）は、多国籍企業のグローバルな立地分析をもとに、不均衡な世界都市システムの形成メカニズムを提示した。山﨑（1990）によると、多国籍企業を分析する空間単位は国家ではなく、都市でならなければならないと最初に指摘したのはハイマーである。さらに、多国籍企業論のなかで、多国籍企業と空間との関わりについて本格的に論じたのはハイマー以外に見当たらないとしている。

ハイマーは、「国際的レベルから見ると、多国籍資本の集中化傾向は都市の世界的ヒエラルキー化を意味している。高度の意思決定は、いくつかの主要都市――たとえば、ほぼ北緯40度から50度の範囲で環を形成しているニューヨーク、東京、ロンドン、フランクフルト、パリなど―に集中されるであろう」[6]とし、これらの都市を「グローバル・シティ（地球都市）」[7]と命名した。さらに、「世界中に散在するより小さな都市は、特定の地域的問題に関する日常的な事業活動を担当するであろう。これらの都市もまた、ヒエラルキー的形態で配置されるであろう。」[8]とし、企業の多国籍企業化にともない、都市は国内の都市システムの枠組みを超えた階層性・序列に組み込まれると想定した。

ジョン・フリードマンの世界都市

J.フリードマン（Friedmann, 1986）は、多国籍企業の中枢管理機能の立地分析をもとに、以下の7つの仮説[9]からなる「世界都市仮説」を提唱している。①都市の果たすべき機能は、多国籍企業によって付与される。②世界都市は、多国籍企業の戦略基地である。③世界都市の成長は、企業本社、国際金融、地球規模の運輸・通信サービス、高度事業所サービス業などの高次機能によってもたらされつつ、低次労働者との分極化が進む。④世界都市に国際資本は集中し、資本の集積が進む。⑤世界都市には、国内外からの労働力が移動し、人口集中が進む。⑥世界都市内部における多国籍エリート階層とその他の階層との格差は拡大する。⑦世界都市への社会資本投資の集中および世界都市化にともない、社会的費用は増大する。

J.フリードマンは、グローバルな配置を展開する多国籍企業によって規定される世界都市の機能と、国際労働力移動の増大にともなう新しい都市問題の発生の可能性を指摘した。さらに、多国籍企業の本社・地域統括本部や国際金融センターの集積度をもとに、第1級世界都市（Primary World City）と第2級世界都市（Secondary World City）を規定した。J. フリードマンはさらに、世界都市の属する国家が「中心国家（Core Countries）」か「半周辺国家（Semi-periphery Countries）」かによって世界都市を分類している。4つの階層に分類した世界都市の間の結合の強さを2つのレベル（直線と破線）で示し、グローバル空間における世界都市システムを素描した（図4-1）。

サスキア・サッセンのグローバル・シティ

すでに記したように、サッセン（Sassen, 1991）は、金融業と高度事業所サービス業のグローバル展開に焦点をあて、世界都市の階層性とネットワークを分析した。サッセンは、①世界経済を組み立てるうえでの司令塔が密集する場、②製造業にかわって経済の中心となった金融セクターと専門・サービスセクターにとり、重要な場、③金融や専門サービスという主導産業における生産（イノベーションの創造も含む）の場、④生み出された製品とイノベーションが売買される市場、の4つの従来になかった新しいタイプの都市の機能が高度に集積された都市をグローバル都市[10]と規定した。グローバル都市の代表例として、ニューヨーク、ロンドン、東京をクローズアップし、フランクフルトとパリも一例として提示している。

図4-1　フリードマンによる世界都市の階層とネットワーク（1986年）

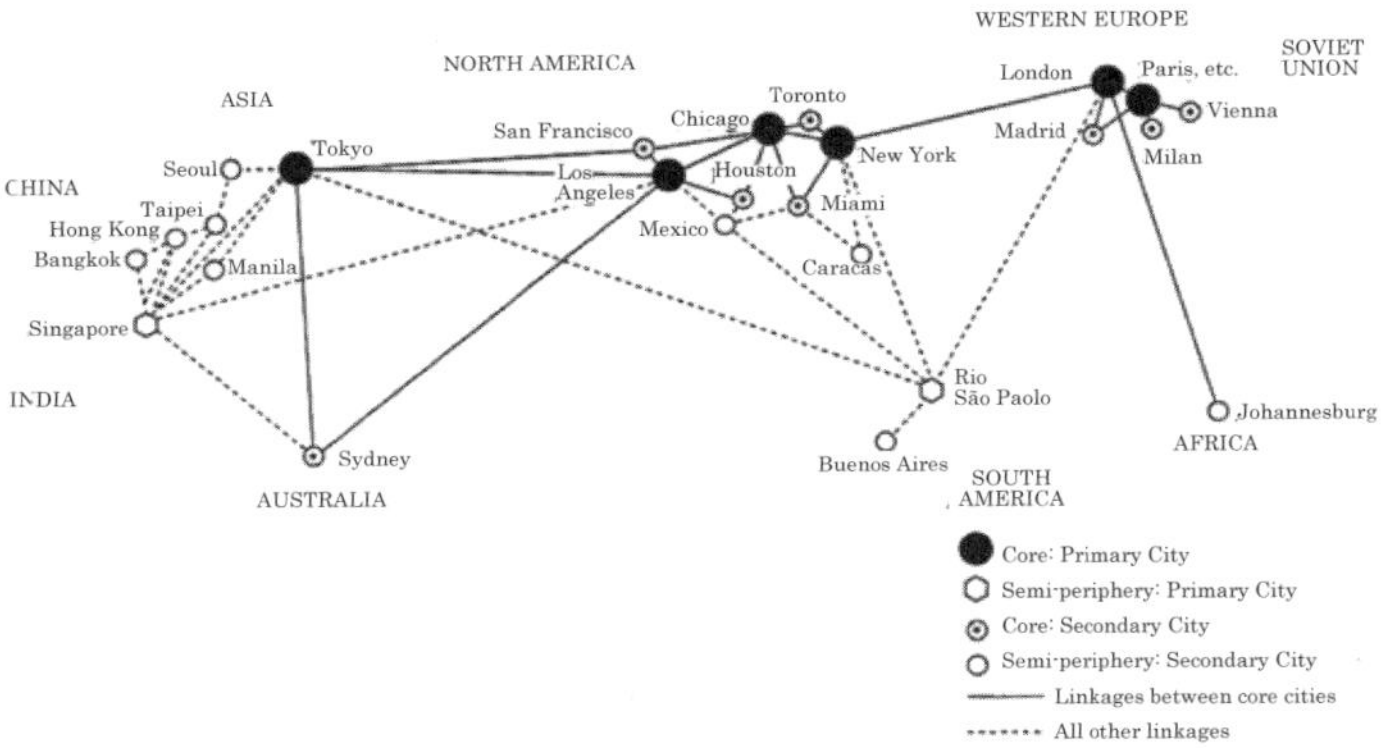

出所：Friedmann（1986）p.71。

サッセンの規定するグローバル都市は、グローバル空間における都市の高次機能の過度な集積と増殖によって規定される。ニューヨーク、ロンドン、東京といった、最上位の階層の世界都市が出現するメカニズムは、J．フリードマンの世界都市の形成理論と共通している。

一方、サッセンは、あらゆる多国籍企業本社の集積をもとに規定された世界都市と、金融や専門サービスの集積とネットワークをもとに選定されたサッセンのグローバル都市とは、質的な差異があると主張している。サッセンは、企業本社の中枢管理機能のなかでも、最も複雑で規格化されていない機能は外部に委託されており、本社に残っている業務は必ずしもイノベイティブであるとは限らないと指摘している。高度事業所サービス企業は、同一空間に集積・集中することによって、集積のメリットを享受しながら高い生産性を生み出している。そのため、グローバル都市の持つイノベーション創出機能を重視するサッセンは、世界都市とは違う言葉を使用したのである。

世界都市システムの多様化

J．フリードマンは、１９８６年の「世界都市仮説」公表以降、約10年間に蓄積された世界都市研究を総括する論考（Friedmann, 1995）を公表した。その論考には、研究の蓄積から認められる世界都市の定義に関する次の５つの「合意事項」が記されている。

①世界都市は、地域経済、国家経済、国際経済をグローバル経済と結びつける。

②グローバル資本が蓄積されている空間は、世界全体のほんのわずかである。
③世界都市は、経済・社会活動が高度に集中する大きな都市空間である。
④世界都市は、世界都市システムの管理上の結節点であり、グローバルに行使する経済力に応じて階層が存在する。その頂点にはグローバル経済の司令塔であるニューヨーク、ロンドン、東京がおかれる。世界都市は、世界での司令塔機能、管理機能の獲得を競うことで階層が決まるが、階層は変動する。
⑤世界都市は、多国籍資本家階級によって支配され、支配階級とその下の階級にはしばしば深刻な衝突が発生する。

J．フリードマンは、第4の「合意事項」の説明のために、グローバル経済と都市の結節点となった30の世界都市を提示した（表4-1）。J．フリードマンによると、世界都市は、世界都市の立地するドメスティックな圏域をグローバル経済と結節（articulate）する地点である。世界都市の立地するドメスティックな圏域が地域レベルなのか、国家レベルなのか、あるいは複数の国家にまたがる圏域であるのかによって、グローバルに行使される経済力が規定され、その力に応じて、世界都市は階層に分化する。

表4-1にある第1級から第3級までの階層は、新たに加えられたチューリッヒ以外は、1986年に公表された「世界都市仮説」で示された世界都市である。しかし、第4級の階層の世界都市には、新しく加えられた都市がある。それらは、大阪・神戸（関西地域）、シアトル、ヒューストン、ボス

表4-1　フリードマンによる世界都市の階層（1995年）

1　Global financial articulations
- # London* A（also national articulation）
- # New York A
- # Tokyo* A（also multinational articulation: SE Asia）

2　Multinational articulations
- # Miami C（Caribbean, Latin America）
- # Los Angeles A*（Pacific Rim）
- # Frankfurt C（western Europe）
- # Amsterdam C or Randstad B
- Singapore* C（SE Asia）

3　Important national articulations（1989 GDP>$200 billion）
- # Paris* B
- # Zurich C
- Madrid* C
- Mexico City* A
- São Paulo A
- Seoul* A
- # Sydney B

4　Subnational／regional articulations
- Osaka-Kobe（Kansai region）B
- # San Francisco C
- # Seattle C
- # Houston C
- # Chicago B
- # Boston C
- # Vancouver C
- # Toronto C
- Montreal C
- Hong Kong（Pearl river delta）B
- # Milano C
- Lyon C
- Barcelona C
- # Munich C
- # Düsseldorf-Cologne-Essen-Dortmund（Rhine-Ruhr region）B

Population（1980s）:
A 10–20 million
B 5-10 million
C 1-5 million
* national capital
# major immigration target

出所：Friedmann（1995）p.24。

トン、バンクーバー、モントリオール、リヨン、バルセロナ、ミュンヘン、デュッセルドルフ・ケルン・エッセン・ドルトムント（ライン・ルール地域）[11]である。

つまり、「世界都市仮説」が公表された１９８６年からわずか約10年の間に、それまではローカルな国内的都市と考えられていた都市群が、世界都市として新たに認定されたのである。リヨン、バルセロナ、ミュンヘン、ライン・ルール地域のヨーロッパの都市・地域では１９９３年のＥＵ発足にともなう移動・金融のボーダーレス化、バンクーバーでは１９９７年の香港中国返還を見据えた移民の増加、シアトル、ヒューストン、ボストンでは、これら都市を拠点とする米国テック系企業のグローバル展開の加速、などによるグローバリゼーションの進展があった。１９８０年代にはローカル都市とみなされていた都市群も、グローバル化の進展によって、世界都市というリーグに参画するようになったのである。

ＧａＷＣによる世界都市の格付け

テイラーら（Taylor *et al.* 2002）は、Ｊ．フリードマンが１９８６年および１９９５年に提示した世界都市は、定量的あるいは体系的な根拠にもとづいておらず、世界都市研究において、ロンドンやニューヨークなどの最上位の階層の世界都市の存在については一定の合意はあったものの、より低い階層にある世界都市についての合意はなかったと批判している。

テイラーらは、英国ラフバラ大学を拠点とするＧａＷＣ（Globalization and World Cities）グループを主体に、データ分析にもとづく世界都市のリストの作成を進めた。ここでは、サッセンがグローバル都市を検討するうえで重視した高度事業所サービス企業のグローバル配置とネットワークを分析し、“World City-ness”[12]「世界都市度」の評価にもとづき世界都市の指定と序列づけを行った。ここで分析対象とされた高度事業所サービス企業は、会計、広告、銀行、法律の４つの業種においてグローバルに展開する多国籍企業[13]である。グローバル・サービス・センターとしての世界都市とは、これらの企業が最も多く進出している都市であると定義している。

ＧａＷＣは、世界におけるこれら企業の都市への進出数を、４つの業種別に集計することによって、「世界都市度」の数値化を試みた。企業の進出数に応じて、各都市に業種ごとに1から3までのスコアを付与し、最大スコアが４×３＝12となる評価手法を採用している。各都市のスコアにもとづいて、12段階の序列からなる「ＧａＷＣ世界都市一覧」を１９９９年に公表した（図4-2）。

ＧａＷＣは、世界都市をアルファ、ベータ、ガンマ、および、世界都市形成の兆候を示す都市（Evidence of World City Formation）からなる４つの階層に分類している。アルファ世界都市のなかで最も高い序列にあるのは、ロンドン、パリ、ニューヨーク、東京の４都市であり、α12というナンバーが付与された。これら４都市は、４つの業種すべてにおいてグローバルな高度事業所サービス企業の進出割合が最も高い都市である。α12都市は、Ｊ．フリードマン、サッセン、森記念財団都市戦略研究所の評価結果と一致している。評価手法において、企業の集積度合いを３段階しか設定して

図4-2　GaWC世界都市一覧（1999年）

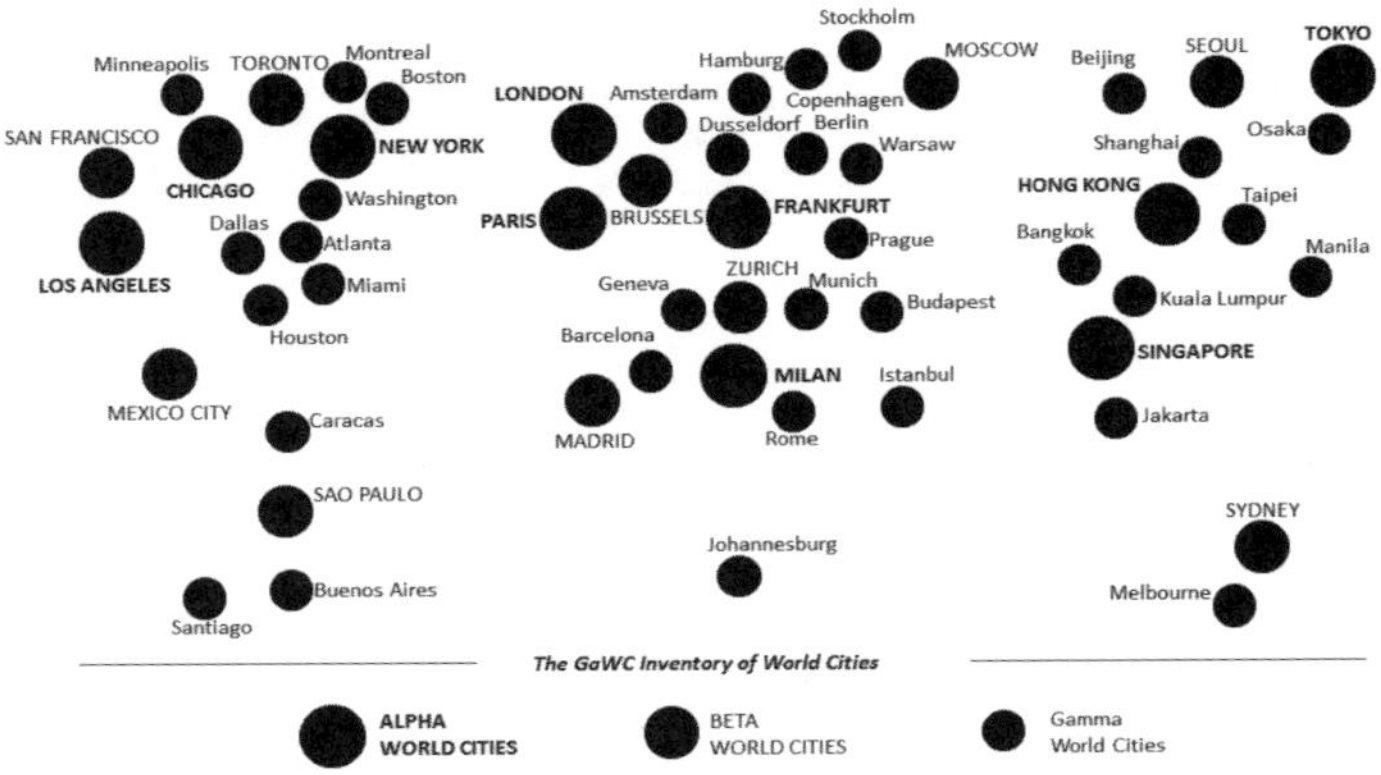

A. ALPHA WORLD CITIES
12: London, Paris, New York, Tokyo
10: Chicago, Frankfurt, Hong Kong, Los Angeles, Milan, Singapore
B. BETA WORLD CITIES
9: San Francisco, Sydney, Toronto, Zurich
8: Brussels, Madrid, Mexico City, Sao Paulo
7: Moscow, Seoul
C. GAMMA WORLD CITIES
6: Amsterdam, Boston, Caracas, Dallas, Dusseldorf, Geneva, Houston, Jakarta, Johannesburg, Melbourne, Osaka, Prague, Santiago, Taipei, Washington
5: Bangkok, Beijing, Montreal, Rome, Stockholm, Warsaw
4: Atlanta, Barcelona, Berlin, Buenos Aires, Budapest, Copenhagen, Hamburg, Istanbul, Kuala Lumpur, Manila, Miami, Minneapolis, Munich, Shanghai
D. EVIDENCE OF WORLD CITY FORMATION
Di Relatively strong evidence
3: Athens, Auckland, Dublin, Helsinki, Luxembourg, Lyon, Mumbai, New Delhi, Philadelphia, Rio de Janeiro, Tel Aviv, Vienna
Dii Some evidence
2: Abu Dhabi, Almaty, Birmingham, Bogota, Bratislava, Brisbane, Bucharest, Cairo, Cleveland, Cologne, Detroit, Dubai, Ho Chi Minh City, Kiev, Lima, Lisbon, Manchester, Montevideo, Oslo, Rotterdam, Riyadh, Seattle, Stuttgart, The Hague, Vancouver
Diii Minimal evidence
1: Adelaide, Antwerp, Arhus, Baltimore, Bangalore, Bologna, Brazilia, Calgary, Cape Town, Colombo, Columbus, Dresden, Edinburgh, Genoa, Glasgow, Gothenburg, Guangzhou, Hanoi, Kansas City, Leeds, Lille, Marseille, Richmond, St Petersburg, Tashkent, Tehran, Tijuana, Turin, Utrecht, Wellington

出所：Taylor *et al.*（2002）pp.100-101。

いないことや、業種の区別方法に疑問は残る。それでもなお、より低い階層の都市まで世界都市をランキングに採択したこの研究は、ここまでの世界都市研究に再検討を促す注目すべき研究となった(Hall, 2001b)。

その後、ＧａＷＣは、４つの業種に保険と経営コンサルティングを新たに加え、ＧａＷＣ１００と称するグローバル・サービス企業のリストをもとに分析した。その結果、３１６都市が世界都市としての評価対象都市[14]としてリストアップされ、企業の集積に応じて12段階の階層の世界都市リストを２０００年に公表した。その後、２００４年、２００８年に改定を行い、２０１２年にはグローバル・サービス企業を１７５社[15]にまで拡大し、５２６都市を世界都市として評価[16]した。

グローバル化とともに増加する世界都市

ＧａＷＣが作成する世界都市一覧は、調査年次によって調査対象企業数が変化しているため、調査結果を厳密に比較できない。基本的な傾向としては、世界都市に認定されるアジアの都市数の増加と、アジアの都市の階層上昇がみられる。１９９９年には、ロンドン、パリ、ニューヨーク、東京が最上のα12に位置していた。２０１２年では、ロンドンとニューヨークの2都市のみが最上位（α＋＋）に位置するとされた。また、次の階層（α＋）には、パリと東京に加え、香港、シンガポール、上海、北京、シドニー、ドバイの6都市が入っている[17]。日本の都市については、１９９９年時点では、東京と大阪の2都市のみ、世界都市として認定されていた。2004年には名古屋、横浜、京都が、2010年には福岡がCities with sufficiency of services（十分なサービス業を備える都市）[18]として、世界都市の階層別のリストに掲載された。世界都市一覧において、日本の地方都市では福岡が初めて認定されたのであった。さらに、GaWCが世界都市としての評価対象都市として選定した526都市のリストには、日本の地方都市では福岡以外にも、札幌、仙台、広島および富山が入っている。[19]

GaWCの研究は、世界都市一覧の都市の順位に注目が集まるが、これ以外にも、都市間ネットワーク分析、高度事業所サービス企業以外のNGOや国際機関の指標分析による世界都市システムの研究など、その研究内容は多岐にわたっている。[20] GaWCの研究から、世界都市数の増加と多様化、世界都市間のネットワークの増加・多様化や結合度の強化を見いだせる。

世界都市の持つネットワーク機能の重要性

加茂（2005a）は、GaWCの世界都市研究を参考にしつつ、「個々の都市がどれだけの人口や経済活動の集積を持っているかということだけでなく、規模の大小にかかわらず、どれだけ世界の多くの都市との多彩なネットワークを持っているかを問われることになろう」[21]と述べている。さらに、「1980年代、1990年代とは『世界都市』の意味が少なからず変化し、しだいに多数の世界都市による多極的なグローバル都市システムがその姿をあらわしていくのではないだろうか」[22]と総括した。

ＧａＷＣによって、東京、大阪以外の日本の地方都市も、世界都市として認定されるようになってきた。世界都市システムに組み込まれる都市数の増加は、グローバルな都市間ネットワークが濃密かつ緊密になってきていることを意味している。グローバル経済の拡大にともない、過去と比較して世界都市によるグローバル資本の取り込みも拡大している。

日野（２００３）は、経済的に外部資本への依存度の高い地方中枢都市にとって、世界都市の都市政策は、参考になる施策が含まれている可能性が高いと指摘している。世界都市化戦略は、日本の地方都市にとって、今後より重要な政策課題になるはずである。

第5章　国際都市間競争の勃興と世界都市ランキングの誕生

世界都市研究の基盤を引き継ぐ世界都市ランキング

本章では、世界都市ランキングについて考察する。世界において、都市の競争力を評価し、都市に序列をつける世界都市ランキング調査は、世界都市研究を基盤としている。多国籍企業の本社や国際金融センターを重視した当初の世界都市研究と比較すると、世界都市ランキングは都市の多様な指標を評価している。ここでは世界都市ランキングの特性および、序列づけされる都市について考察するとともに、世界都市ランキングにおける日本の地方都市の評価を明らかにする。

最後に、都市システムにおける階層性と序列づけに端を発する都市間競争の概念と照らし合わせながら、日本の地方都市のグローバルな位置づけについて総括する。

国際競争力の概念形成

前章でみてきたように、世界都市として認定される都市数が増加し、世界都市システムのネットワークは複雑化、濃密化してきた。国内の都市システムにのみ位置づけられていた都市の一部は、世界都市システムを構成する都市へと移行してきている。

世界都市システムに組み込まれている都市群は、相互に海運、航空、鉄道、道路などで結合していなくとも、互いに機能を補完する場合もあるし、もちろん競争関係にもなりうる。ある都市に立地していた工場が、交通網でつながっていない海外の他の都市に移転し、工場のあった都市の雇用が失われるといった現象は、立地をめぐるグローバルな地域間競争の典型例である。もちろん、工場といった生産機能だけではなく、国際機関や国際会議、国際イベント、高度外国人や留学生の誘致における、都市間競争も激化している。

国家間、地域間、都市間における国際競争および国、地域、都市の国際競争力という用語は、今では一般的に使用されるようになっている。だが、これらの用語の歴史は比較的新しく、１９６０年代以降に生まれた用語である。

学術的コンセンサスを得ていない「国際競争力」

原（２００２）は、建元・他（１９６６）を引用し、「国際競争力という言葉が、わが国において一般的に使われるようになったのは、貿易と資本が自由化に向かう１９６０年代以降だと考えられる」[1]としている。

さらに、１９８０年代に入ると、貿易赤字が増大しはじめたアメリカにおいて、国際競争力についての議論が経済学者、経営学者のみならず政策担当者の間でも活発化する。ＭＩＴ産業生産性調査委員会が『Made in America－アメリカ再生のための米日欧産業比較』をまとめたのは、１９８９年であった。ＭＩＴ産業生産性調査委員会は、アメリカの国際競争力衰退の分析に着手し、アメリカ産業のパフォーマンスに問題があることを明らかにした。

原によれば、国際競争力の構成要素は、①ある産業の国際市場における競争力の程度、②産業の国際競争力を支える国の環境要件が持っている能力の2点である。国際競争力の概念については、ポーター（Porter, 1990 : Porter, 1998）の研究が強い影響を与えたと指摘している。

その後、②の国際競争力を具体的に明らかにするために、世界経済フォーラム（ＷＥＦ：World Economic Forum）や国際経営開発研究所（ＩＭＤ：International Institute for Management Development）による国の競争力ランキングの作成が行われるようになる。ＷＥＦのランキング

（The Global Competitiveness Report）では、競争力を、「国の生産性のレベルを決定する諸要素」と定義している。ＩＭＤのランキング（World Competitiveness Yearbook）の競争力の定義は、「企業の力（競争力）を保つ環境を創出・維持する力」である（小針，２０１３）。都市や地域に対して、これらの「国の競争力」という考えを援用できると考えることは自然である。

大木（２０１０）は、「国の競争力という概念は、一見、経済学用語のように見られるが、実は伝統的な経済学の教科書には登場せず、国際競争力の論議は経済学者からしばしば否定的に扱われてきた。」[2]と指摘している。しかし、大木は、国際競争力という概念には一定の有効性があると考えており、大木は、国や都市の競争力を「企業を受け入れる側としての国や都市の持つ力」と位置づけた。

それに対して、竹村（２０１４）は、「『国際競争力』や『競争力』をわれわれはよく見聞きしているものではあるが、実はバズワードであることが知られている。」[3]と断じた。その理由として竹村は、国の国際競争力ですら、多様な定義が存在しており、さらに国際競争力の測定法についても確定した方法がないという点をあげてある。竹村は、ランキングを鵜呑みにするのではなく、国際競争力の定義の違いを正しく認識し、測定法の特色を周知したうえで、ランキングを利用すべきであると主張している。

ここまで論じてきたように、国や都市の国際競争力という概念は、学術的には歴史が浅く、また学術的なコンセンサスを得ていない。[4]

マイケル・ポーターの産業クラスター論

ポーター（Porter, 1998）は、国の競争力の基盤には、産業クラスターの競争力があるというアイデアを着想する。ポーターは、「クラスターとは、ある特定の分野に属し、相互に関連した、企業と機関からなる地理的に近接した集団である。これらの企業と機関は、共通性や補完性によって結ばれている。クラスターの地理的な広がりは、一都市のみの小さなものから、国全体、あるいは隣接数か国のネットワークにまで及ぶ場合がある。[5]」と論じている。１９９９年以降の産業クラスター論の隆盛とともに、国際競争力に関する議論は、その対象となる単位を国家から都市へと移行していくことになる。

スコット編（Scott, 2001）では、世界都市研究の観点から、ポーターとともに、ホール、サッセン、カマーニらが「グローバル都市地域（グローバル・シティ・リージョンズ）」における都市間競争について論じている。

世界都市の頂点を目指す東京

都市や地域の国境を超えた競争は、当初は、ロンドン、ニューヨーク、東京のような、少数の都市間で行われるものであると理解されていた。世界都市間の国際競争は、換言すると、国際金融センターとしての覇権争いにほかならなかった。J．フリードマンがあえて中心国家と半周辺国家に二分したうえで世界都市を規定した理由の一つは、中心国家に存在していた国際金融センターの存在にあったと考えられる。

町村（2002b）は、1970年代末、ニューヨークとロンドンはともに、財政危機や産業構造転換にともなう経済危機に直面し、その打開策として打ち出された政策が、国際金融センター機能の強化策であったとしている。町村は、国際金融センター機能強化政策の成功によって、ニューヨークとロンドンは、名実ともに世界都市になったと説明する。ロンドンやニューヨークさえも、都市の活力を維持するために、国際金融センター機能の強化を図る必要があったのである。表5-1a・bに示したように、東京においても、ロンドン、ニューヨークとの競争を意識した世界都市化政策が提言・実施されるようになる。

1987年に公表された第4次全国総合開発計画は、「特に、東京圏は、環太平洋地域の拠点として、また世界の中枢都市の一つとして、国際金融、国際情報をはじめとして、世界的規模、水準の都市機能（世界都市機能）の大きな集積が予想され、世界的な交流の場としての役割が増大する」[6]と世界都市としての東京の機能強化を謳っている。1989年、東京都はニューヨーク行政研究所に調査を委託し、東京の国際金融センターとしての強化を目論んでいた[7]。『世界都市東京の創造』（総合研究開発機構，1989）では、東京をニューヨークとロンドンと比較し、東京の国際金融センターとしての機能向上を提言した。

さらに、同年、経済企画庁は『東京の世界都市化と地域の活性化』において、「我が国及び東京の経済ポテンシャルと比較して、東京の世界都市化のための条件整備は十分であるとはいいがたく[8]」、①国際金融センターの強化、②インテリジェントオフィスの供給、③高度情報通信網の整備、国際ネットワークの機能向上等の必要性を訴えた。

ここでは、東京についての「世界都市化」という言葉は頻出しているが、「国際競争」、「国際競争力」という言葉は使用されていない。国際競争の相手となる都市は、ロンドンとニューヨークに限定されていた。つまり、政策の主眼は、ロンドン・ニューヨークとの競争を意識した世界都市機能の強化策であった。多くの世界都市が競争する国際都市間競争の概念は、1980年代においては少なくとも東京にはまだ芽生えていなかった。

しかし、1990年代に入り、日本経済のバブル崩壊とともに、外資系金融機関の多くはアジアでの金融取引の中心を、東京から香港やシンガポールに移し、世界都市としての東京の位置づけは大きく低下していった（大木，2010）。そもそも東京は世界都市仮説の第1級世界都市の基準に合致していなかったと町村（2002b）は指摘している。東京は国際金融センターとしては、ロンドン・ニューヨークと比較して、外国為替市場の取引高、外国銀行の進出数、証券取引所に上場する外国企業数は少なく、国際金融センターとしては未成熟である実態が明らかとなった（松原，1995）。1995年、青島幸男・東京都知事は、「世界都市博覧会」の中止を決定する。世界都市化をキーワー

表5-1a　世界都市化・国際競争力強化にかかわる事象

年次	主な施策とメインフレーズ	主な世界都市 関連研究・報告	グローバルな動向
1986	東京オフショア市場開設	フリードマン「世界都市仮説」	
1987	『第４次全国総合開発計画』		
	東京圏の世界都市機能を強化		
1988			
1989	ニューヨーク行政研究所		
	『世界都市東京の創造』		天安門事件
	経済企画庁『東京の世界都市化と地域の活性化』		ベルリン壁崩壊
1990		ポーター『国の競争優位』	
1991		サッセン『グローバル・シティ』	ソ連崩壊
1992			
1993			
1994			
1995	東京都「世界都市博覧会」中止決定	フリードマン「世界都市研究10年間の展望」	シェンゲン協定施行 Windows95発売
1996	『第７次空港整備五箇年計画』		
	羽田空港・成田空港の機能強化		
1997			アジア通貨危機
			香港中国返還
1998	『21世紀の国土のグランドデザイン』	ポーター『競争戦略論』（クラスター理論）	
	地域の自立の促進と美しい国土の創造		
1999		GaWC「世界都市一覧」	香港、上海に新国際空港開設

表5-1b　世界都市化・国際競争力強化にかかわる事象

年次	主な施策とメインフレーズ	主な世界都市 関連研究・報告	グローバルな動向
2000	東京都 『東京構想2000：千客万来の世界都市』		
2001	都市再生本部設置	スコット編 『グローバル・シティ・リージョンズ』	ニューヨーク911テロ 中国WTO加盟
2002	『都市再生基本方針』 都市の国際競争力の強化	フロリダ『クリエイティブ資本論』	ユーロ通貨流通 日韓ワールドカップ
2003			
2004			
2005			
2006			
2007		マスターカード『世界ビジネス都市度ランキング』など	世界の都市化人口過半突破
2008	『都市と暮らしの発展プラン』 国際競争力の強化と国際交流の推進	森記念財団都市戦略研究所『世界の都市総合力ランキング』など	北京オリンピック リーマンショック
2009	『新成長戦略（基本方針）』 大都市の再生としての国際競争力向上	ナイトフランク 『World Cities Survey』	
2010	『国土交通省成長戦略』 大都市の国際競争力の強化		シンガポール マリーナベイサンズ開業
2011	「国際戦略総合特区」 世界的に競争力の高い区域の整備	グレイザー 『都市は人類最高の発明である』	世界人口70億人突破
2012		EIU『Global Cities Competitiveness Index』	
2013			
2014	「国家戦略特区」 産業の国際競争力の強化		
2015	『大都市戦略』 都市再生による国際競争力の強化		

出所：筆者作成。

ドとした政策はここで一旦中断を余儀なくされた。[9]

国際都市間競争の概念形成

1997年にはアジア通貨危機が発生したが、香港とシンガポールは、2000年頃になると国際金融センターとして、東京の位置を脅かす存在として認識されるようになる。また、1990年代後半から、学術論文においても、国際都市間競争や都市の国際競争力といったキーワードが多用されるようになる。アジアの国際的都市システムの解明を試みた宮町（1998）では、「近年の経済のグローバル化、国際競争の激化にともない、世界の諸都市は『大競争時代』に突入したといわれる。[10]」と記述している。しかし、宮町は、「大競争時代」を「大ネットワーク時代」と換言し、今後の都市機能の国際的分担について、楽観的結論を導き出していた。1998年時点では、日本の都市の国際競争力低下に対する危機意識は、高くなかったことがうかがえる。

国際都市間競争の激化は、地方空港整備を優先してきた日本の空港政策の転換を促すことになった。1996年に策定された第7次空港整備五箇年計画では、「大都市圏における拠点空港の整備を最優先課題として推進[11]」をかかげ、羽田空港におけるD滑走路の増設が決定された。さらに、2002年の日韓共催ワールドカップを契機に、羽田空港－金浦空港間にチャーター便が開設され、羽田空港の再国際化も実現した。成田空港でも2002年ワールドカップに対応して、2,180mの平行滑走路が暫定的に増設されている。[12] 首都圏空港の整備は、首都圏空港の容量限界への対応策であったが、シンガポール・チャンギ国際空港の大規模な拡張（１９９１年）、香港国際空港（１９９９年）、上海・浦東国際空港（１９９９年）、仁川国際空港（２００１年）の新設にともなう、アジアの国際ハブ空港をめぐる競争を意識した政策でもあった。

２０００年、石原知事のもと東京都は『東京構想２０００：千客万来の世界都市』を公表し、「激化する都市間競争を勝ち抜き、日本経済を力強く牽引する世界に冠たる国際都市」を目標にかかげ、世界都市化政策を復活させた。

国家プロジェクトとしての国際競争力強化

２００１年、小泉内閣は都市再生本部を設置し、２００２年に示された「都市再生基本方針」において、「都市について、急速な情報化、国際化、少子高齢化等の社会経済情勢の変化に対応して、その魅力と国際競争力を高めることが、都市再生の基本的な意義である。」と明記し、国際競争力という用語を公式文書において初めて使用した。[13] これを機に、都市の国際競争力強化は、東京のみならず、大都市政策の主要なキーワードとして定着していくこととなる。

２００８年に統合発足した地域活性化統合本部による「都市と暮らしの発展プラン」は、重点的に取り組むべき3分野として、「安全・安心で豊かな都市生活の実現」、「地球環境問題への対応」、「国際競争力の強化と国際交流の推進」をかかげた。

２００8年のリーマンショックを経て、自民党から民主党への政権交代以降、東京の国際競争力強化政策はさらに進展する。２００9年「新成長戦略（基本方針）」では、「大都市の再生」としての国際競争力向上、２０１０年「国土交通省成長戦略」では、「世界都市東京をはじめとする大都市の国際競争力の強化」、２０１０年「新成長戦略」では、国際的な都市間競争を勝ち抜くためのまちづくりを推進するため、世界的に競争力の高い区域の整備を目的とした「国際戦略総合特区」の設置、などが明記された。自民党の政権復帰とともに発足した第２次安倍内閣は、２０１4年に「産業の国際競争力の強化及び国際的な経済活動の拠点の形成」を目的とした「国家戦略特区」を創設した。

以上みてきたように、２０００年代に入ると日本政府や東京都の政策は、都市の国際競争力強化政策へと重点を移した。１９８０年代に、第１級世界都市とされていた東京は、ニューヨーク、ロンドンとの競争は意識していたものの、半周辺国家の第２級世界都市との競争に対する意識は乏しかった。しかし、アジアの急成長にともなうアジア都市の世界都市化によって、世界都市・東京のプレゼンスは徐々に低下し、２０００年代に入ると東京といえども、世界の多数の都市間での国際都市間競争という新しいフェーズに組み込まれる。

世界都市ランキングの誕生

２０００年代以降、ポーターのような経営学者も加わり、都市の国際競争力の研究は活発化する。国内においても、田坂ら（２００５）は、「東アジア比較都市研究会」を組織し、東アジア地域における都市間競争および地域ガバナンスに関する論考をとりまとめた。松原（２００６）も、「世界都市間競争の激化」について論じており、国際都市間競争は、学術的な関心事となった。

小森（２００８）は、シンガポールと香港をベンチマーキングすることによって、東京の国際競争力強化の課題を明らかにしようとした。東京ではないが、細川（２００８）は、名古屋を核としたグレーター・ナゴヤ経済圏の国際競争力を強化することを目標に、世界各地域の競争戦略を分析し、グレーター・ナゴヤの今後の政策の在り方について問題提起を行った。

国内外における国際都市間競争への関心の高まりは、研究者のみならず、企業や行政にも波及した。都市の国際競争力の評価や、都市の国際競争力強化は、ビジネス関係者からも注目を集めるようになる。

世界都市や都市の国際競争力への関心の高まりを受けて、世界の主要都市の国際競争力を評価しランクづけする、世界都市ランキング（Global City Index）[14]が次々と作成されるようになる。主なランキングを表５-２ａｂｃｄにまとめた。

表5-2a　グローバル都市ランキングの比較 1

発行機関	マスターカード	プライスウォーターハウスクーパース
名称	Worldwide Centers of Commerce Index 世界ビジネス都市度ランキング	Cities of Opportunity 世界都市力比較
発行国	米国	米国
発行年	2007年・2008年	2007年～
対象都市数	50都市（2008年は75都市）	11都市（2014年時点で30都市）
評価分野 （発行当初）	①法律・政治上の枠組 ②経済安定性 ③ビジネスの容易さ ④金融 ⑤ビジネスセンター度 ⑥知的財産・情報 ⑦住みやすさ（2008年に追加）	①知的資本 ②テクノロジー・IQ・イノベーション ③交通インフラ ④人的優位性 ⑤金融影響力 ⑥コスト ⑦ライフスタイル資産 ⑧安全性 ⑨ビジネスの容易さ
世界都市研究者	P.J.テイラー S.サッセン（2008年）	なし
上位5都市 （発行当初）	①ロンドン ②ニューヨーク ③東京 ④シカゴ ⑤香港	総合順位の掲載なし
日本の都市 （発行当初順位）	東京（3位）	東京

表5-2b　グローバル都市ランキングの比較 2

発行機関	City of London （2010年10月以降Long Finance）	A. T. カーニー
名称	Global Financial Centres Index 邦訳：国際金融センターランキング	Global Cities Index 邦訳：グローバル都市ランキング
発行国	英国	米国
発行年	2007年～	2008年～
対象都市数	46都市（2015年時点で82都市）	60都市（2015年時点で84都市）
評価分野 （発行当初）	①人的要素 ②ビジネス環境 ③マーケットアクセス ④インフラ ⑤一般的な競争力	①ビジネス活動 ②人的資源 ③情報交換 ④文化体験 ⑤政治参加
世界都市研究者	なし	P.J.テイラー S.サッセン
上位5都市 （発行当初）	①ロンドン ②ニューヨーク ③香港 ④シンガポール ⑤チューリッヒ	①ニューヨーク ②ロンドン ③パリ ④東京 ⑤香港
日本の都市 （発行当初順位）	東京（9位）	東京（4位）、大阪（45位）

出所：筆者作成。

表5-2c　グローバル都市ランキングの比較 3

発行機関	森記念財団都市戦略研究所	ナイトフランク シティプライベートバンク
名称	Global Power City Index 世界の都市総合力ランキング	World Cities Survey （現在はGlobal Cities Survey） 邦訳：世界（グローバル）都市調査
発行国	日本	英国
発行年	2008年〜	2009年〜
対象都市数	30都市（2015年時点で40都市）	40都市
評価分野 （発行当初）	①経済 ②研究・開発 ③交流・文化 ④居住・環境 ⑤空間・交通 （2008年以降居住と環境が独立）	①経済活動 ②政治力 ③生活水準 ④知識と影響力
世界都市研究者	P.ホール S.サッセン A.J.スコット P.ネイカンプ	なし
上位5都市 （発行当初）	①ニューヨーク ②ロンドン ③パリ ④東京 ⑤ウィーン	①ニューヨーク ②ロンドン ③パリ ④東京 ⑤ロサンゼルス
日本の都市 （発行当初順位）	東京（4位）、大阪（25位：2009年）福岡（30位：2009年）	東京（4位）

表5-2d　グローバル都市ランキングの比較 4

発行機関	エコノミスト・インテリジェンス・ユニット (シティバンクグループによる委託)
名称	Global Cities Competitiveness Index 邦訳：グローバル都市競争力ランキング
発行国	英国
発行年	2012年
対象都市数	120都市
評価分野 (発行当初)	①経済力 ②人的資源 ③機関の影響力 ④金融成熟度 ⑤グローバル訴求性 ⑥物的資本 ⑦環境・自然災害 ⑧社会的・文化的個性
世界都市研究者	なし
上位5都市 (発行当初)	①ニューヨーク ②ロンドン ③シンガポール ④香港 ⑤パリ
日本の都市 (発行当初順位)	東京（6位)、大阪（47位) 名古屋（50位)、福岡（63位)

出所：筆者作成。

２００７年、世界的なクレジットカード会社として知られるマスターカードは、民間企業として初めてWorldwide Centers of Commerce Index（公式日本語名：世界ビジネス都市度ランキング）を公表した。さらに、国際会計事務所であるプライスウォーターハウスクーパースが、Cities of Opportunity（公式日本語名：世界都市力比較）を発行する。また同時期に、大ロンドン市の中心に位置し、ロンドンの金融センター「シティ」を擁する行政区City of Londonも、Global Financial Centres Index（邦訳：国際金融センターランキング）を公表している。翌年２００８年には、多国籍コンサルティングファームのA. T. カーニーは、Global Cities Index（邦訳：グローバル都市ランキング）を作成した。これらに続き、日本大手ディベロッパーである森ビルが出資する森記念財団都市戦略研究所は、日本で初めてのGlobal Power City Index（公式日本語名：世界の都市総合力ランキング）を発表した。２００９年には、英国大手不動産サービス業のナイトフランクは、シティバンクグループのシティプライベートバンクとともに、World Cities Survey（２０１１年よりGlobal Cities Survey）（邦訳：世界（グローバル）都市調査）を発行した。そして、２０１２年には英国エコノミストの調査部エコノミスト・インテリジェンス・ユニット（ＥＩＵ）は、シティバンクグループの委託によってGlobal Cities Competitiveness Index（邦訳：グローバル都市競争力ランキング）を作成している。

なぜ世界都市ランキングは誕生したのか？

この時期になぜ、世界都市ランキングは多くの異なる主体によって、多数作成されるようになったのであろうか。最も早く公表されたマスターカードのWorldwide Centers of Commerce Index（Mastercard, 2007）は、２００６年に、国連によって都市に居住する人口が世界人口の半分を上回ることが報道されたことと、近年の新興国における大都市数の増加をランキング作成の背景であると説明している。マスターカードは、世界のグローバル都市の「ビジネス都市（Center of Commerce）」情報は、企業の多国籍化や多国籍企業のさらなるグローバル展開にとって有用であるとしている。

２００７年のWorldwide Centers of Commerce Index（以降、ＷＣＣＩ）は、８名のナレッジパネルと呼ばれる専門家によって作成された。このパネルには、ＧａＷＣ世界都市一覧を作成したテイラーも含まれている。２００８年のＷＣＣＩの作成には、サッセンも参画している。ＷＣＣＩを作成するために使用したデータは、ＧａＷＣのデータを主要なデータソースとしている。だが、データそのものは公開されていない。ＷＣＣＩの作成手法は公開されており、ビジネス都市としての実力を評価するために、異なる６つ（２００８年は７つ）の分野を設定し、各分野を構成する指標をスコア化し、総合スコアにもとづき都市をランクづけした。２００８年には、「住みやすさ」の分野も加えられた。都市を高度事業所サービス企業の集積度のみで評価しているＧａＷＣ世界都市一覧と比較すると、WCCIは、より多様な指標にもとづいてグローバル都市を評価している。

マスターカードと同様、その他の世界都市ランキングについても、世界都市研究で重視されてきた多国籍企業や高度事業所サービス企業の集積といった経済的中枢管理機能だけでなく、それら以外の評価指標についても設定している。具体的には、「健康・安全・治安」（PwC）、「文化・交流」および「居住・環境」（森記念財団都市戦略研究所）、「文化体験」（A.T.カーニー）、「社会的・文化的個性」（EIU）などが含まれている。このような評価指標の拡大は、世界都市における多様な機能への関心の高まりを示しているといえる。

現代のグローバル都市は、1990年代の世界都市と比較して、経済的中枢管理機能以外の機能においても、グローバルな機能とネットワークを形成している。多国籍企業のみならず、NPO、NGOといった組織や、個人による直接的な交流や取引が増大し、グローバルなヒト・モノ・カネ・情報の流動も多様化してきている。インターネットやLCCの普及とともに、ネットワークの手段そのものも多様化しており、より多様な要素を指標として「グローバル都市度」=「都市の国際競争力」を評価することが求められてきたと思われる。リアル・バーチャルの両面において、多様なネットワークを介したグローバルな交流水準の高い都市ほど、イノベーションを創出し、ベンチャー企業を生み出す可能性が高いと考えられるようになっている。つまり、ポーターが重視する産業クラスターの競争力もまた、産業クラスターの存在する世界都市の機能に依存している。世界都市ランキングでは、生産性の高いクラスターを有する都市は、高い国際競争力を有しているという論理をもとに作成されている。

世界都市ランキングの真の狙いとは？

世界都市ランキングを作成している主体の多くは、マスターカードを含め、ＧａＷＣ世界都市一覧のデータソースである高度事業所サービス企業１７５社に該当している。[15] これら高度事業所サービス企業は、企業の多国籍展開をビジネスとして支援しており、世界都市ランキングは、ランキング発行主体のビジネスを推進するうえでの営業的ツールとしての役割を果たしていると思われる。

City of Londonは、自ら作成する国際金融センターランキングでロンドンを1位に位置づけた。ロンドン・シティの国際金融センターとしての絶対的な優位性を示す投資家へのメッセージを含んでいる。

森記念財団都市戦略研究所のランキングは、東京の都市総合力を世界4位[16]とし、法人税率の高さ、国際空港機能の低さ、外国人向け高級ホテルの少なさなどについて、上位3都市のニューヨーク・ロンドン・パリとの格差を強調することによって、政府による規制緩和、公共、民間による東京への投資を促そうとしている。

世界都市ランキングを作成する動機にはビジネスや、近年P. コトラーも興味を示す都市マーケティングが含まれている。その発端は、２００６年頃に世界の都市化率が50％を超え、都市の成長力についての認識の広がりにある。さらに、グローバリゼーションにともなう交流や取引の増加と多様化によって、グローバル都市と呼ばれる都市は、それまでの多国籍企業の拠点、あるいは国際金融センターとしての世界都市のイメージを超えて、広く認識されたためである。グローバル経済における成長拠点である都市を、グローバルな観点から評価し、ランクづける世界都市ランキングは、企業や行政にとって重要な営業ツールであるといえる。

それでも世界都市ランキングに意義はある

このように、世界都市ランキングは、ビジネスや都市のマーケティングのツールとして作成された側面が強いことは否めない。だが、先述のようにテイラーなど世界都市研究者が参画して作成されている世界都市ランキングも３つ存在する。[17] 森記念財団都市戦略研究所「世界の都市総合力ランキング」の作成には、ホール、サッセン、スコット、ネイカンプらが参画した。世界都市ランキングは、世界都市研究の成果を基盤として作成されてきたこともまた事実である。

本章に記した７つの世界都市ランキングのいずれかにおいて、グローバル都市としてランクづけされている日本の都市は、東京、大阪、名古屋、福岡の４都市しかない。４都市のなかで、福岡は唯一の地方都市である。森記念財団都市戦略研究所のGlobal Power City Index（２０１４年）では、福岡は40都市中36位、ＥＩＵのGlobal Cities Competitiveness Index（２０１２年）では、１２０都市中63位にランクされている。

このように、これまでの世界都市論の当初の枠組みを超えた、都市の国際競争力という観点からの多様な評価指標にもとづく、グローバル都市としての都市ランキングにおいて、日本の地方都市も評価対象となったのである。

国際競争力評価ツールとしての世界都市ランキング

都市の階層性および序列は、都市の機能分化と都市間結合によって都市システムが形成され、システム内で発生する力学の結果である。都市システムは当初は、国内において完結するシステムであった。だが、グローバリゼーションの進展にともない、国境を超えた国際的都市システム＝世界都市システムへと変容した。

世界都市システムの形成は、グローバリゼーションが本格化した１９８０年代後半頃より進展した。日本の都市では、東京は世界都市システムの頂上である第１級世界都市に位置づけられるとされた一方、地方都市については、世界都市システムとの関係性は研究者から示されていなかった。

１９９０年代以降、世界都市研究では、日本国外の多くの都市は、世界都市システムを構成する世界都市として認識されたが、日本の地方圏では、福岡に限定的な国際的都市システム（アジア都市システム）の形成が認められるにとどまった。

2000年頃より、世界的な都市化の進行とともに、国際都市間競争という概念が世界に急速に普及し、日本では東京の世界都市化政策が国際競争力向上政策として推進された。都市の国際競争力は、世界都市ランキングという評価指標によって示されるようになった。多国籍企業の本社、国際機関、国際金融市場の存在する世界都市というコンセプトは、総合的な国際競争力を有するグローバル都市というコンセプトに変化し、その結果、世界都市ランキングに採択される都市数も増加していったのである。

グローバル都市は、従来の世界都市が多国籍企業の本社・支社といった中枢管理機能の集積地であったのに対して、それ以外の多様な機能の集積をともなう、イノベーション創出やクラスター形成による国際競争力を備える都市という意味合いが強くなった。そして、日本の地方圏からは、福岡が世界都市ランキングに位置づけられるようになった。

世界都市ランキングによる都市の序列は、世界都市システムにおける都市の階層性を示している。世界都市システムでは、国境を超えて結合する都市の数は増加し、結合そのものも多様化している。その結果、直接結合していない都市どうしでも、競争は生じやすくなっている。複数の都市について、国際競争力を形成する指標を相対的に評価することによって、個別の都市の競争力を測定することは可能である。グローバル空間においては、国際競争力の力学によって、都市の階層と序列は明らかとなる。

したがって、日本の地方都市であっても、グローバル空間での理論上の国際競争力を把握することは可能である。世界都市ランキングの評価手法を用いて、日本の地方都市の国際競争力を評価し、グローバルな序列を把握することによって、競争戦略を立案することは、有効であろう。

第6章　世界都市ランキングの評価手法

世界都市ランキングを解剖する

世界都市システムを構成する都市の階層・序列は、都市の国際競争力によって規定される。グローバル化水準の低い日本の地方都市であっても、世界都市ランキングの手法を応用し国際競争力を評価することによって、都市のグローバルな位置づけを把握できる。

世界の都市・地域を対象としたランキングは、国内外で１００を超えている。これらの多くは、特定の分野のみを対象にしたランキングとなっており、ほとんどが結果である順位の情報のみを公表している。順位の根拠となるデータを提示していないランキングの分析は困難であり、その意義も見いだせない。

本章では、総合的な分野を対象とした世界都市ランキングのなかで、分析手法とデータが公開されているランキングを選出し、それらの評価手法の特徴と課題を明らかにする。

分析対象とする世界都市ランキングの選定

２００７年にマスターカードが作成したＷＣＣＩは、前章で指摘したように、世界で初めて公表された世界都市ランキングである。ＷＣＣＩの作成には、世界都市の著名な研究者であるテイラーやサッセンも参画している。その意味では学術的にも価値のあるランキングであると考えられる。ＷＣＩは、ランキングだけでなく、分野別のランキングおよび評価スコアについても公表している。ＷＣＣＩは、翌年の２００８年に再度公表された。しかし、それ以降ＷＣＣＩは、公表されていない。

プライスウォーターハウスクーパースによるCities of Opportunity（世界都市力比較）は、２００７年に作成された。その後、２０１４年に至るまでに5回公表されている。２００７年に行われた第1回目の調査対象都市は、わずか11都市にすぎなかった。２０１４年には対象都市は30都市にまで拡大されている。しかし、２０１１年までは分野別のランキングのみが公開され、２０１２年になり総合ランキングが公開されるようになった。各都市のスコアは２０１４年に公開されたが、スコアの算定方法は公開されていない。

City of LondonによるGlobal Financial Centres Index（国際金融センターランキング）は、２００７年に公表された。その後、年に2回のペースで公表され続けている。しかし、このランキングで公表されているのは、各都市の総合的な順位とスコアのみである。分野ごとのスコアやランキングの作成手法は開示されていない。

また、ナイトフランクらによって２００９年に公表されたWorld（Global）Cities Survey（世界（グローバル）都市調査）も、分野別のスコアを公開していない。

A. T. カーニーによるGlobal Cities Index（ＧＣＩ：グローバル都市ランキング）と森記念財団都市戦略研究所によるGlobal Power City Index（ＧＰＣＩ：世界の都市総合力ランキング）には、マスターカードのランキングと同様、世界都市研究者が複数参画している。また、両ランキングは、ランキング作成に使用した各分野のスコアやランキングの作成手法を公開している。エコノミスト・インテリジェンス・ユニット（ＥＩＵ）のGlobal Cities Competitiveness Index（ＧＣＣＩ：グローバル都市競争力ランキング）も、ＧＣＩとＧＰＣＩと同様、分野別のスコアおよび各分野を構成する指標とスコアの計算方法を開示している。

経済、社会、生活、環境などのさまざまな分野において、国、都市、地域を比較・評価し、序列化したランキングは、筆者が調べた限りでは、１００以上存在している。[1] しかし、先述したように、世界の一定数以上の都市を評価対象とし、多国籍企業の集積度の観点からだけではなく、都市の国際競争力に関連している分野も包摂して、グローバル都市の国際競争力を評価し、ランクづけするランキングは上記の７つしかない。しかも、データを開示し、ランキングの構造まで検証できるランキングで２０１２年以降に作成されたものは、Global Cities Index（ＧＣＩ）、Global Power City Index（ＧＰＣＩ）、およびGlobal Cities Competitiveness Index（ＧＣＣＩ）の３つに限定される。[2]

本章では、これら3つのランキングをもとに、それぞれのランクづけ手法の構造と特性を明らかにする。さらに、3つのランキングの結果の相関性を検証し、ランキングの評価手法の有効性について確認する。

A.T.カーニーによるGCI

①調査名称：Global Cities Index
②調査機関：A.T. Kearney（米国）
③調査の理念：「グローバル・シティ」は優秀な才能やビジネス、アイデアや資本を魅了するとの観点から、都市を5つの分野で評価したうえで総合的にランクづけ
④公表年次：2008・2010・2012・2014
⑤評価都市数・評価範囲：84（2014）・都市圏域
⑥評価都市の選定方法[3]：
・以下のいずれかの基準に該当する都市
・金融、政治、文化などの分野において世界のリーダーである都市
・新興国におけるメガ・シティであり、資源確保のために近隣との関係を発展させるとともに、多くの移民に対してのサービスを提供する必要のある都市

図6-1　GCI-2014の構造

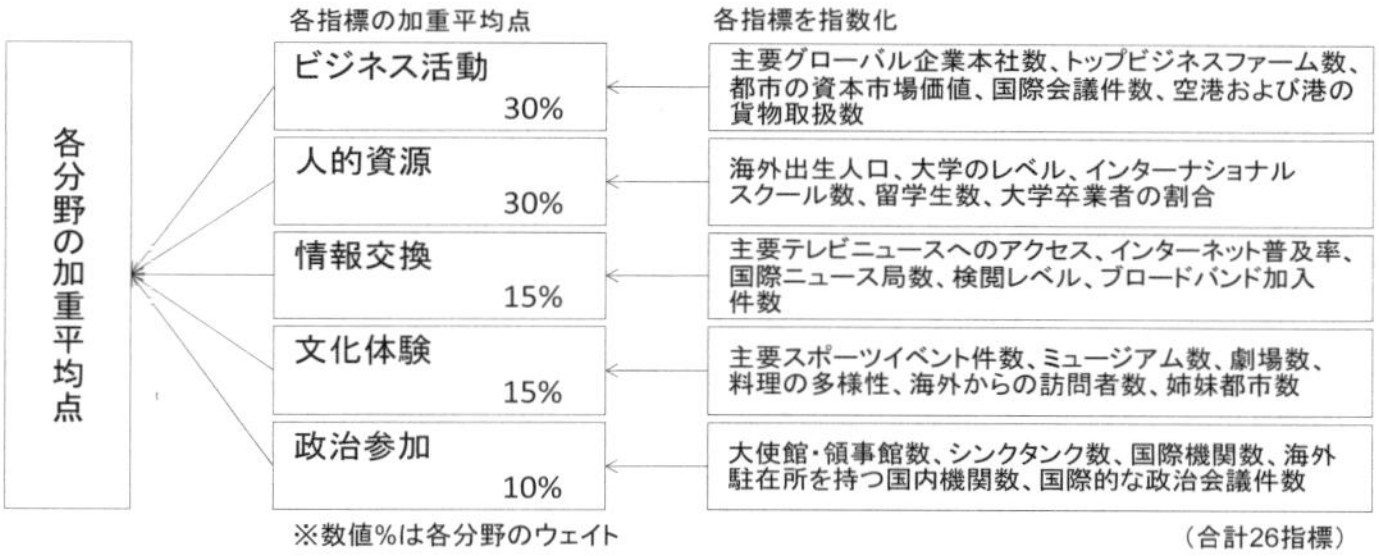

出所：A. T. Kearney（2014）p.14より筆者作成。

・地域へのゲートウェイ都市
・重要な国際機関を擁する都市

⑦評価方法（図6-1）：
・都市別に取得した26の指標値を以下の式にて0〜100の指数に換算し、分野ごとに平均点を算出
・X（スコア）＝（X（実数）－Min（実数））÷（Max（実数）－Min（実数））×100
・分野別の平均点を、設定したウェイトにもとづき加重平均を行い、総合得点を算出・順位を決定（理論上の満点は100点）
・ビジネス活動と人的資源の2分野に合計60％のウェイトが設定されており、企業活動の評価を重視している

⑧主な調査結果（上位10都市・スコア）：
・ニューヨーク（61・7）、ロンドン（58・1）、パリ（52・3）、東京（47・2）、香港（41・3）、ロサンゼルス（38・0）、シカゴ（36・8）、北京（35・1）、シンガポール（34・3）、ワシントンDC（33・4）

森記念財団都市戦略研究所によるＧＰＣＩ

①調査名称：Global Power City Index（日本語名：世界の都市総合力ランキング）
②調査機関：森記念財団都市戦略研究所（日本）
③調査の理念：魅力的でクリエイティブな人々や企業を世界中から惹きつける、都市の〝磁力〟が「都市の総合力」であるとの観点にもとづき、６つの分野から都市の総合力を評価し、ランクづけ
④公表年次：２００８・２００９・２０１０・２０１１・２０１２・２０１３・２０１４
⑤評価都市数・評価範囲：40（２０１４）・市域
⑥評価都市の選定方法[4]：
・以下のいずれかの基準に該当する都市
・既存の有力な都市比較ランキング（The Global Financial Centres Index・Global Cities Index・Cities of Opportunity）で上位10位に入っている都市（２００８年時点）
・有力な国際競争力ランキング（World Economic Forum および International Institute for Management Development 作成）において競争力上位10位に入っている国の主要都市（２００８年時点）
・ランキングを作成するコミッティまたはワーキング・グループから、対象都市として取り上げるこ

図6-2　GPCI-2013の構造

各分野の合計点（各平均点の合計点）	各指数の平均点	各指標を指数化
経済 23.0%	市場の規模	GDP、1人当たりGDP
	市場の魅力	GDP成長率、経済自由度
	経済集積	証券取引所の株式時価総額、世界のトップ300企業
	人的集積	従業者数、対事業所サービス業従業者数
	ビジネス環境	賃金水準、優秀な人材確保の容易性、1人当たりオフィス面積
	法規制・リスク	法人税率、政治・経済・商機のリスク
研究開発 11.5%	研究集積	研究者数、世界トップ200大学
	研究環境	数学・科学に関する学力、外国人研究者の受入態勢、研究開発費
	研究開発成果	産業財産権（特許）の登録数、主要科学技術賞受賞者数、研究者の交流機会
文化交流 19.3%	交流・文化発信力	コンテンツ輸出額、国際コンベンション開催件数、世界主要な文化イベント開催件数
	集客資源	アーティストの創作環境、ユネスコ世界遺産、文化・歴史・伝統への接触機会
	集客施設	劇場・コンサートホール数、美術館・博物館数、スタジアム数
	受入環境	ハイクラスホテル客室数、ホテル総数、買物の魅力、食事の魅力
	交流実績	外国人居住者数、海外からの訪問者数、留学生数
居住 19.3%	就業環境	完全失業率、総労働時間、従業員の生活満足度
	居住コスト	賃貸住宅平均賃料、物価水準
	安全・安心	人口当たり殺人件数、災害に対する脆弱性
	生活環境	60歳における平均余命、地域コミュニティの良好さ、人口当たりの医師数
	生活利便性	人口密度、外国人居住者1人当たりの外国人学校数、小売店舗の充実度、飲食店の充実度
環境 11.5%	エコロジー	ISO14001取得企業数、再生可能エネルギーの比率、リサイクル率
	汚染状況	CO_2排出量、SPM濃度、SO_2濃度・NO_2濃度
	自然環境	水質、都心部の緑被状況、気温の快適性
交通アクセス 15.4%	国際交通ネットワーク	国際線直行便就航都市数 、国際線直行貨物便就航都市数
	国際交通インフラキャパシティ	国際線旅客数 、滑走路本数
	都市内交通サービス	公共交通（地下鉄）の駅密度、公共交通の充実・正確さ、通勤・通学の利便性
	交通利便性	都心から国際空港までのアクセス時間、人口当たり交通事故死亡者数、タクシー運賃

※数値%は理論上発生する各分野のウェイト　（合計70指標）

出所：森記念財団都市戦略研究所（2014）pp.348-351より筆者作成。

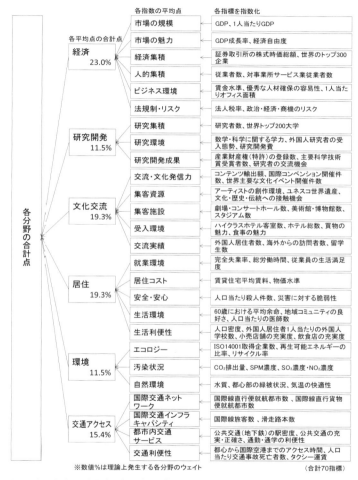

とが適切として判断された都市

⑦評価方法（図6-2）：

・都市別に取得した70の指標値をGCIと同様の式にて0～100の指数に換算し、26のグループごとに平均点を算出したうえで、分野ごとに合計

・各分野の点数を合計した総合得点をもとに総合順位を決定（理論上の満点は2，600点）

・総合ランキングを決定するうえで、分野間にウェイトは設定されていないが、各分野を構成するグループの個数が異なることによって（各分野の点数は各グループの合計点であるため）実質的には分野間にウェイトが生じている

⑧主な調査結果（上位10都市・スコア）：

・ロンドン（1，457・9）、ニューヨーク（1，362・9）、パリ（1，291・8）、東京（1，275・4）、シンガポール（1，113・3）、ソウル（1，104・4）、アムステルダム（1，061・8）、ベルリン（1，039・6）、香港（1，015・0）、ウィーン（995・3）

ＥＩＵによるＧＣＣＩ

①調査名称：Global Cities Competitiveness Index

②調査機関：Economist Intelligence Unit（ＥＩＵ・英国）

③調査の理念：「競争力」の高い都市は、資本、ビジネス、優秀な人材、訪問者を魅了する能力を持つとの観点から都市を8つの分野にて評価しランクづけ

④公表年次：2012

⑤評価都市数・評価範囲：120・都市圏域

⑥評価都市の選定方法：

・以下のいずれかの基準に該当する都市

・2010年時点で人口100万以上であり、2008年時点でGDPが200億USドル以上の都市

・前記の条件には満たないが、確立された金融センターあるいは業務センターとして機能する都市

・前記の条件には満たないが、重要な新興都市

・ただし、地域バランスを考慮して米国は12都市、中国は11都市、インドは8都市に限定

⑦評価方法（図6-3）：

・都市別に取得した31の指標値をGCIと同様の式にて0~100の指数に換算し、指標別に設定したウェイトにもとづき分野ごとに加重平均点を算出

・分野ごとの点数を、分野別に設定したウェイトにもとづき加重平均を行い、総合得点を算出・順位を決定（理論上の満点は100点）

・経済力および人的資源に合計45%のウェイトが設定されており、経済生産での評価を重視している

図6-3　GCCI-2014の構造

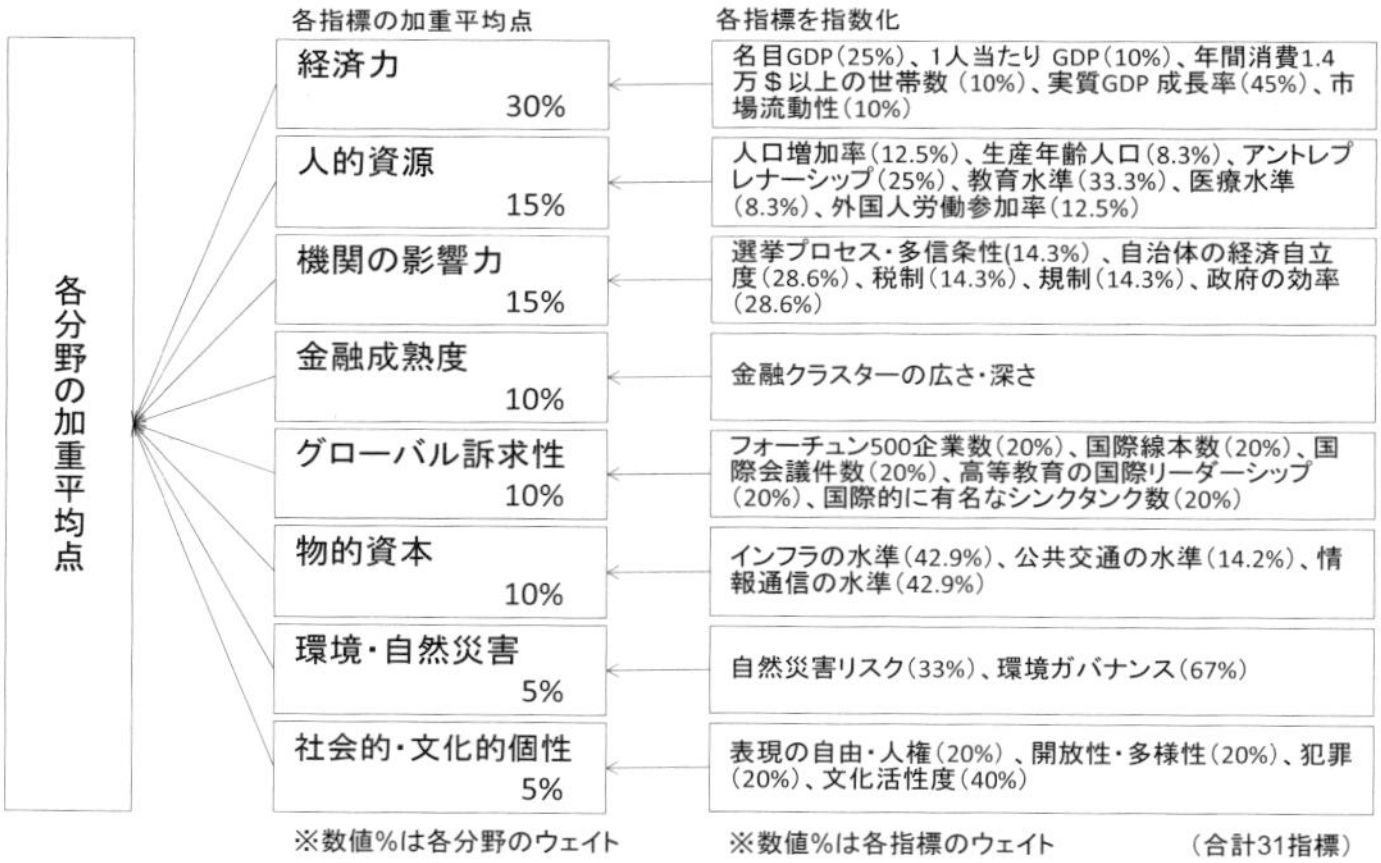

出所：Economist Intelligence Unit（2012）pp.32-35より筆者作成。

⑧主な調査結果（上位10都市・スコア）：
・ニューヨーク（71・4）、ロンドン（70・4）、シンガポール（70・0）、パリ（69・3）、香港（69・3）、東京（68・0）、チューリッヒ（66・8）、ワシントンD.C.（66・1）、シカゴ（65・9）、ボストン（64・5）

各ランキングの仕様の類似点・相違点

(1) 調査の理念

３つのランキングとも、優秀な人材、優良な企業や資金を世界から牽引する都市の能力を重視して、ランキングを作成している。ランキング作成のために使用された分野には、経済やビジネス以外の文化にかかわる分野も含まれている。

(2) 調査都市の定義

３つのランキングとも、それぞれの設定した基準を満たす都市を世界都市として選定している。GPCIは、一部例外はあるものの、基本的には「市域」を評価する都市のエリアとしている。それに対して、GCIとGCCIは、「市域」ではなく、「都市圏域」を評価対象のエリアとしている。改めていうまでもなく、調査対象となる圏域の差異は、人口、GDPなどの指標の数値に影響を与える。

一方、アンケートといった定性的な評価指標では、都市の圏域設定はアンケート回答者に委ねられるため、圏域の影響は少ないと考えられる。

(3) 採用されている分野・指標

3つのランキングにおいて、最も重視されている分野は、ビジネス分野である。GCIとGCCIは、独立して人的資源分野を設定している。GPCIにおいては、人的資源については、他の分野のなかに包括されている。3つのランキングの共通点は、文化に関する分野が設定されている点である。

3つのランキングはともに、ビジネス分野における指標については、世界都市論において重視された多国籍企業の本社数や金融セクターに関する指標が多く採択されている。

(4) 評価方法

指標単位における点数化の方法は、0~100の指数換算である。この点も各ランキングで共通している。ただし、スコアの集計方法は3つのランキングで異なる。

これら3つのランキングはともに、各指標を総合化することによって都市をランクづけている。図6-4に示しておいたように、GCCIとGCIは、とくに経済的分野に高いウェイトを置いている。これら2つのランキングは、欧米で作成されたランキングである。そのこともあり、グローバル化によって流動化した資本・企業・人材の集積をより重視していると考えられる。

図6-4　３つのランキングの評価分野の比較

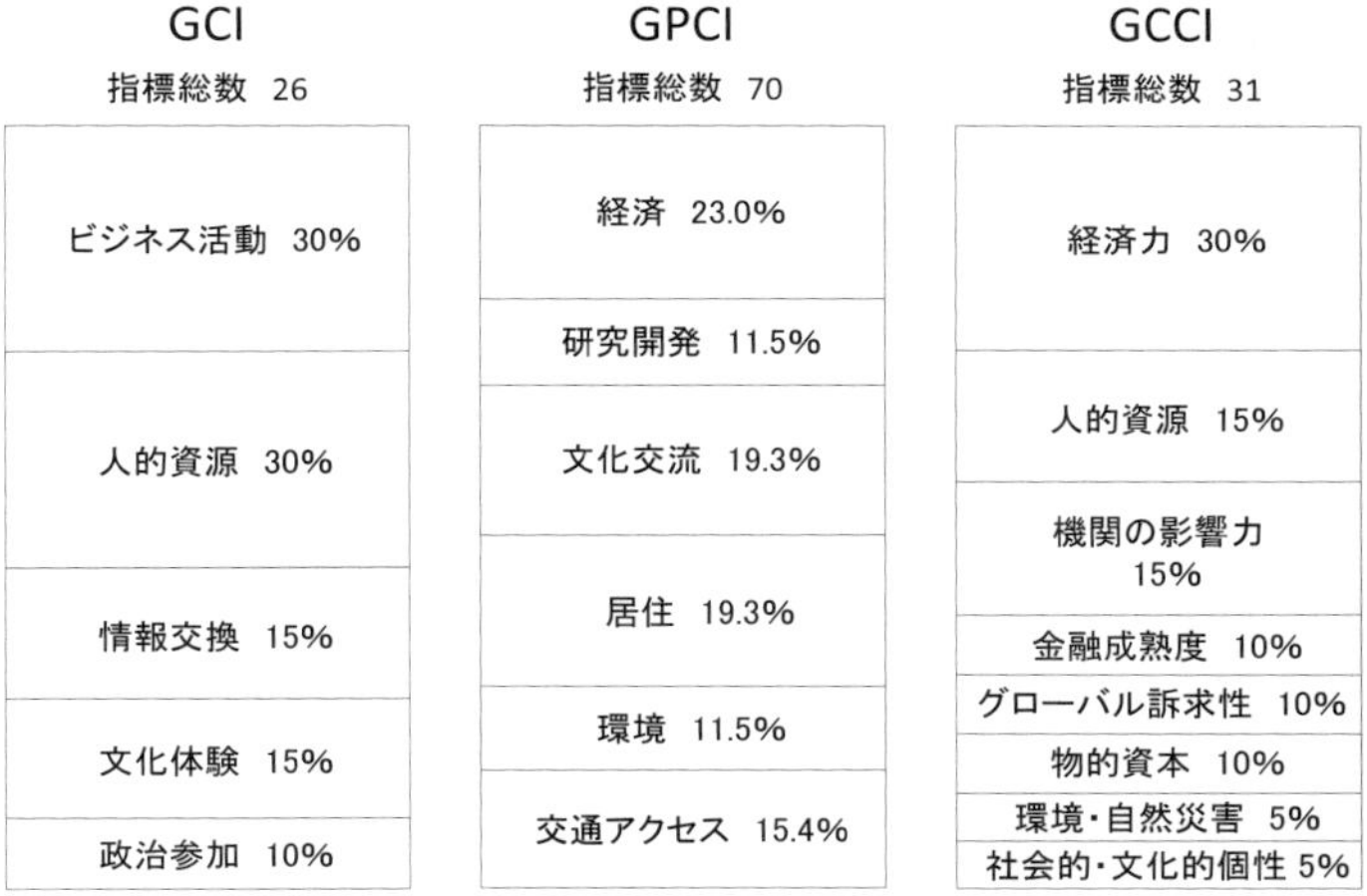

出所：各ランキング情報より筆者作成。

それに対して、日本で作成されたＧＰＣＩは、６つの分野のスコアをそのまま合計して総合得点を算出している。そのため、ウェイトづけはなされていないようにみえる。しかし、各分野のスコアは、各分野を構成する指標グループの合計得点である。そのため、他の分野と比較して多い指標グループ（６つ）で構成される経済分野には、他分野よりも実質的に高いウェイトが設定されている（図６-２）。指標グループの多さによって、実質的にウェイトづけされている。[5]

ランキング結果の比較

(1) 比較方法

３つのランキングに共通する都市を抽出したところ、39都市となった。図６-５は、これら39都市について、それぞれのランキングの序列をもとに、１位から39位まで順位をつけた図である。図６-６では、39都市のスコアについて比較している。注意しなければならないことは、３つのランキングのスコア算出方法は異なるため、スコアを直接比較できないという点である。そのため、各スコアをそれぞれのランキング内における偏差値に換算して比較している。

(2) 各都市の順位による結果の比較

ＧＣＩの１位はニューヨーク、39位はカイロである。ＧＰＣＩにおいては、ロンドンが１位で、や

図6-5　各都市の順位による比較

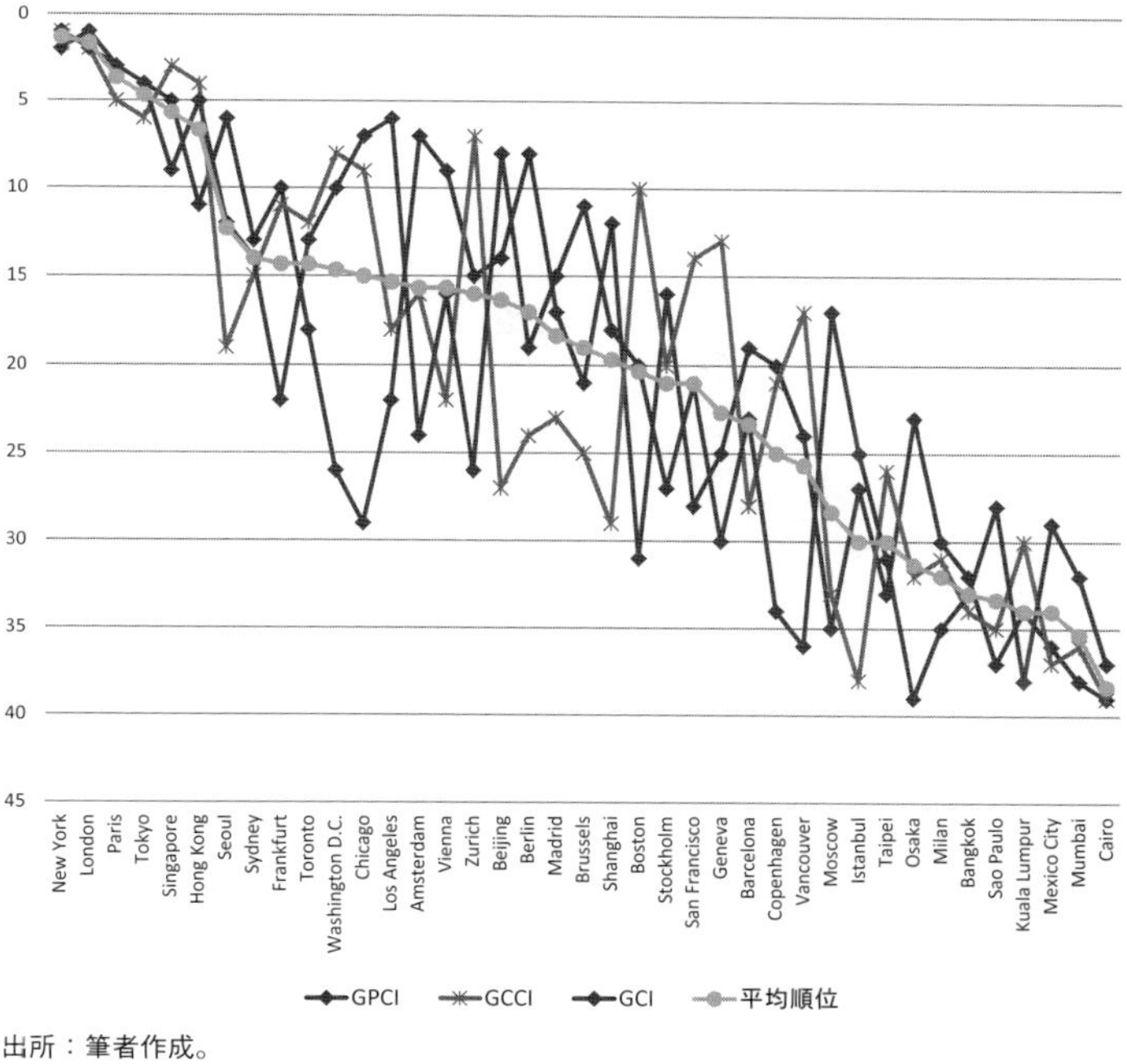

出所：筆者作成。

はりカイロが39位にランクされている。GCCIの1位もニューヨークで、39位は大阪である。GCIとGCCIでは、1位の都市が、GCIとGPCIでは39位の都市がそれぞれ一致している。

ランキング順位の整合性を検証するため、39都市について、1位から39位までの順位を図6-5をもとに比較してみたところ、上位の5都市については、順位の乖離は5位以内である。だが、中位、下位の都市の順位にはばらつきがみられた。順位からみると、3つのランキングの整合性は必ずしも高いとはいえないように思われる。

(3) 各都市のスコア偏差値による結果の比較

図6-6では、39都市を対象として、それぞれのスコアの偏差値を比較した。偏差値に換算すると、単純な順位で比較するよりも、より整合性があることが判明した。その要因の一つは、スコアのわずかな差によって生じる順位の差が解消されるからである。

3つのランキングは、いずれも一定数の都市を相対的に評価してスコアを算定している。すなわち、スコア偏差値は、それぞれの都市のランキング内での相対的なポジションを示している。3つのランキングの評価によって示された各都市の相対的なポジションには、一定の相関性があると考えられる。

図6-6　各都市の偏差値による比較

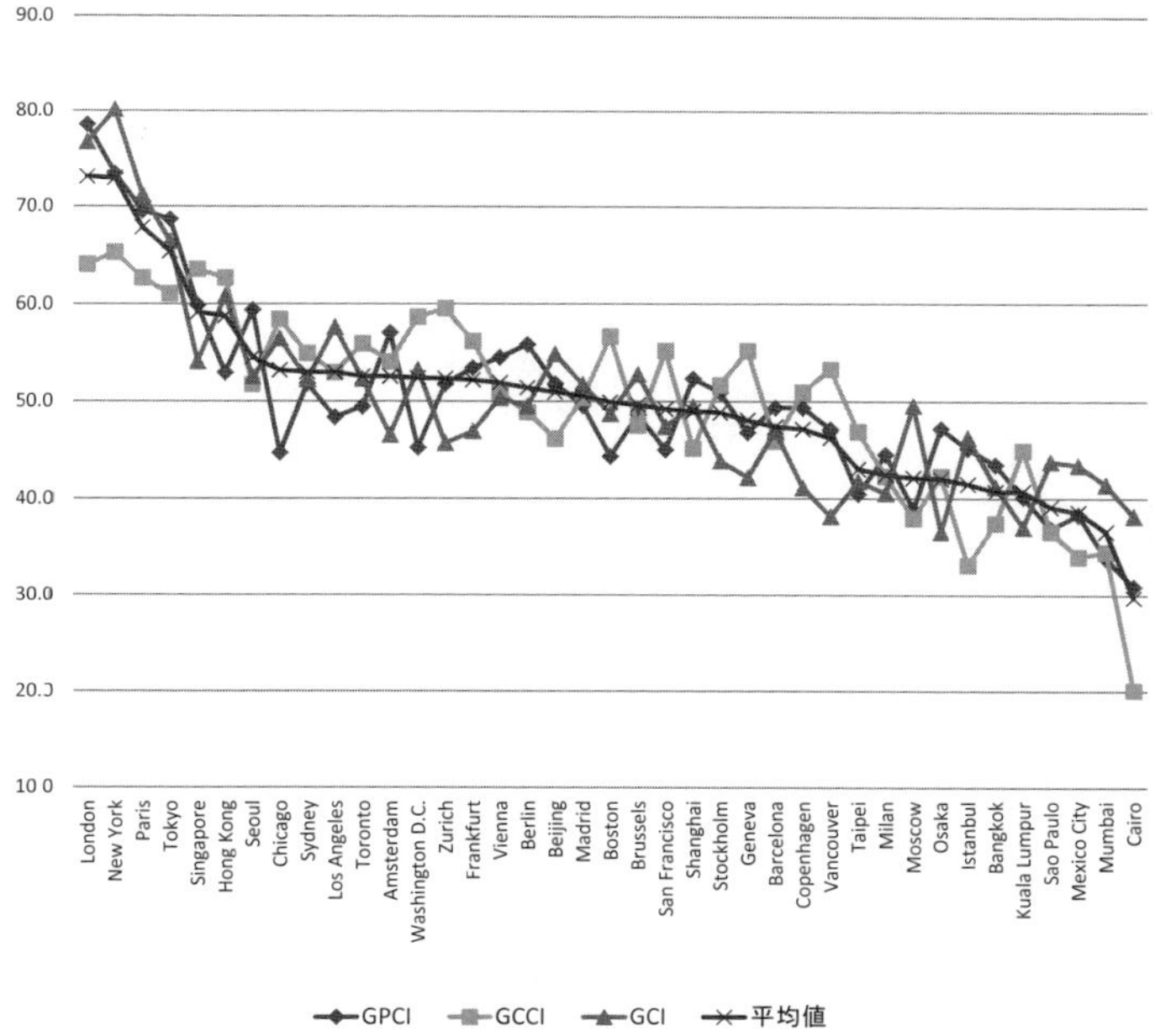

出所：筆者作成。

3つのランキングの結果の相関性

(1) 散布図による相関分析

3つのランキングの39都市のスコア偏差値をもとに、散布図を作成した(図6-7、図6-8、図6-9)。GCIとGCCIについては0・42、GCCIとGPCIについては0・55、GPCIとGCIについては0・66の決定係数が得られた。3つのランキングの指標の採択とウェイトづけに相違があるものの、計量的な手法で世界の複数の都市を総合的な指標にもとづき相対的にランクづけを行った3つのランキングには、一定の相関性があった。このことは、3つのランキングが示す都市の序列には有効性があり、採択された各指標間にも相関性があることを示している。

(2) 相関性の要因

これら3つのランキングは、いずれも都市を点数評価するために、指標を相対的に比較し、指数に換算したうえで分野ごとに平均点、あるいは合計点に集計し、ランキングを作成している。すでに指摘しておいたように、これらのランキングに共通するのは、各指標を0~100に指数換算する点にある。

この手法にしたがって、たとえばGDPという指標を一定のサンプル数の都市で比較換算すると、

図6-7　GCIとGCCIのスコア偏差値による散布図

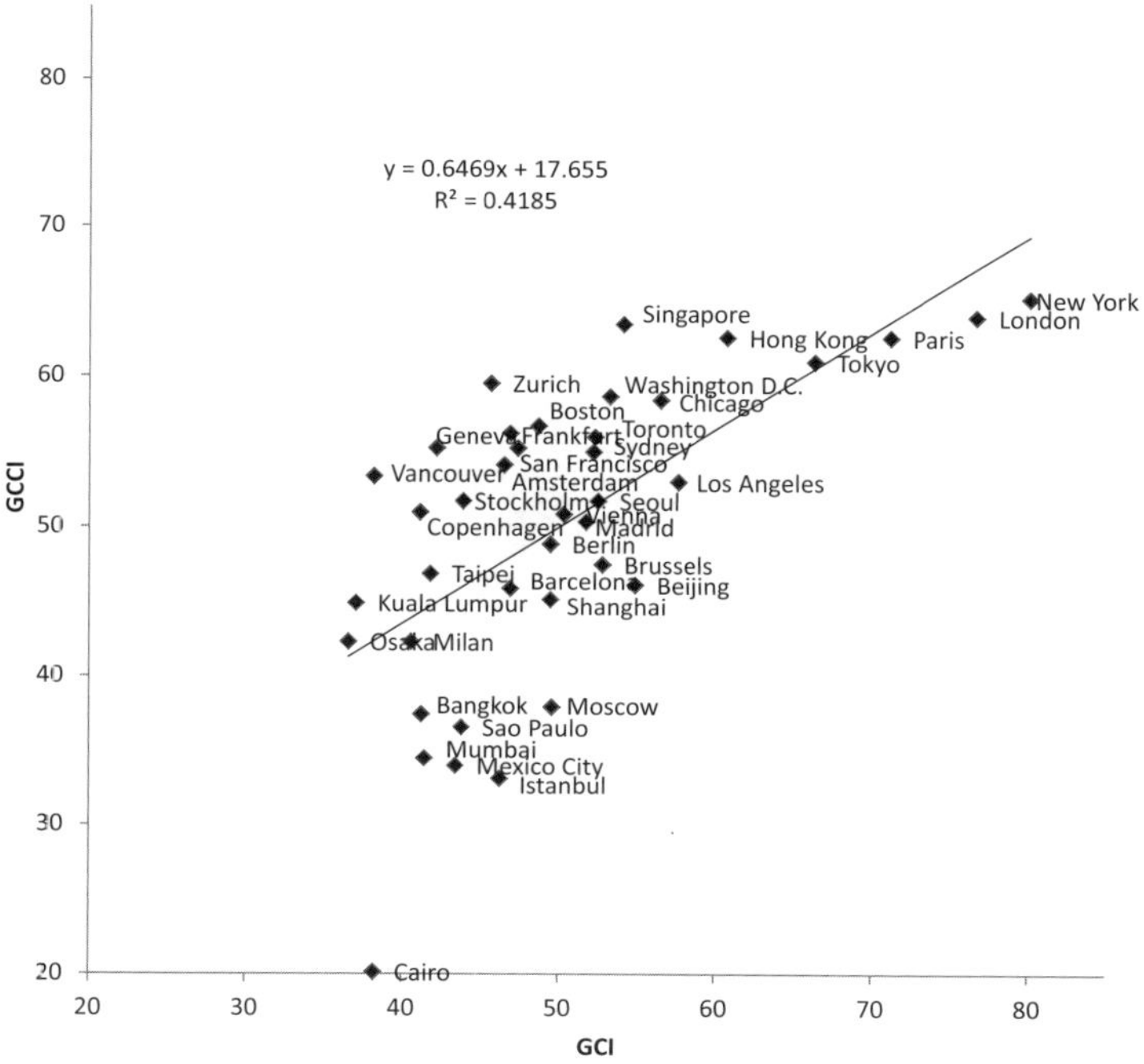

出所：筆者作成。

図6-8　GCCIとGPCIのスコア偏差値による散布図

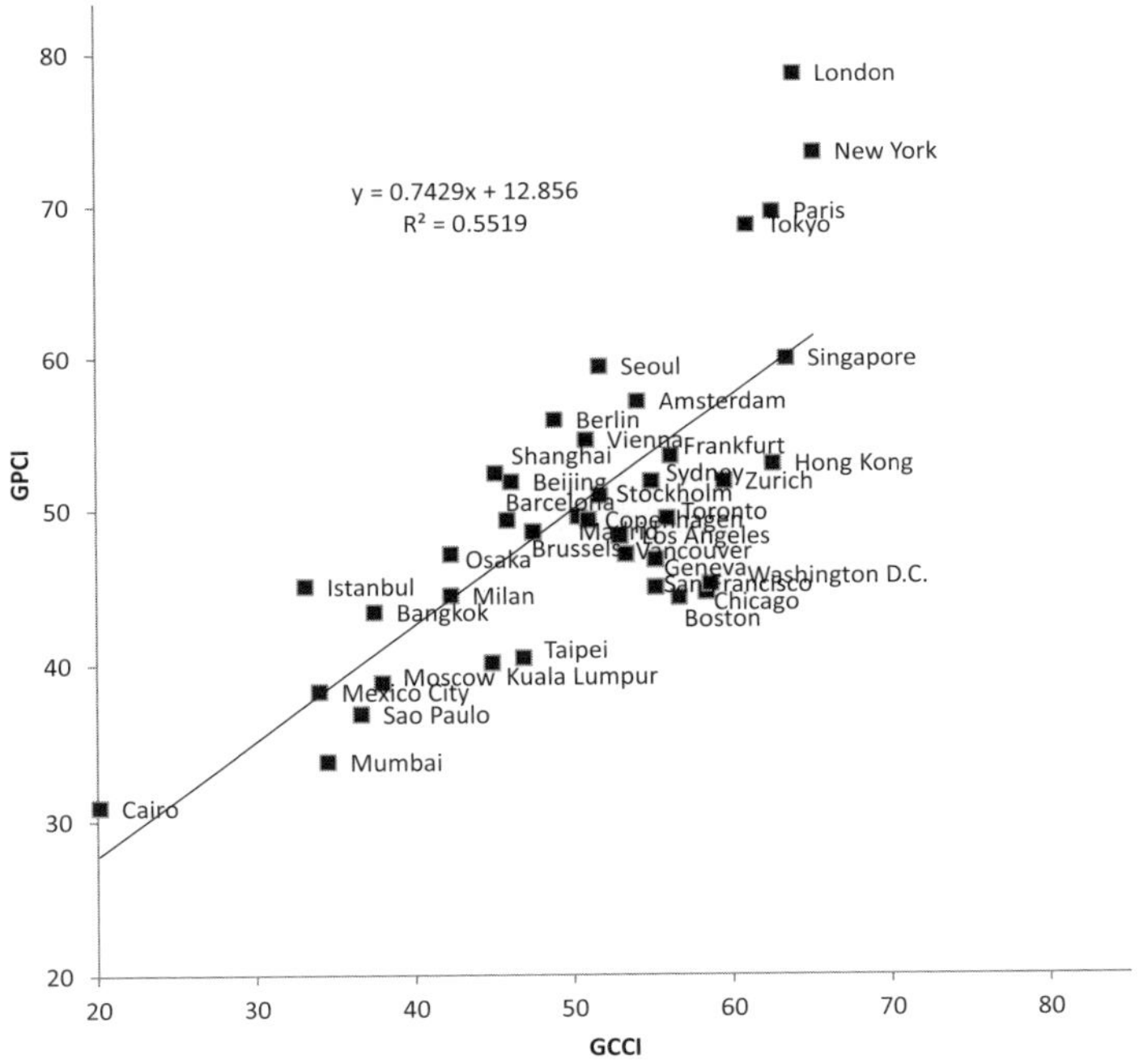

出所：筆者作成。

図6-9　GPCIとGCIのスコア偏差値による散布図

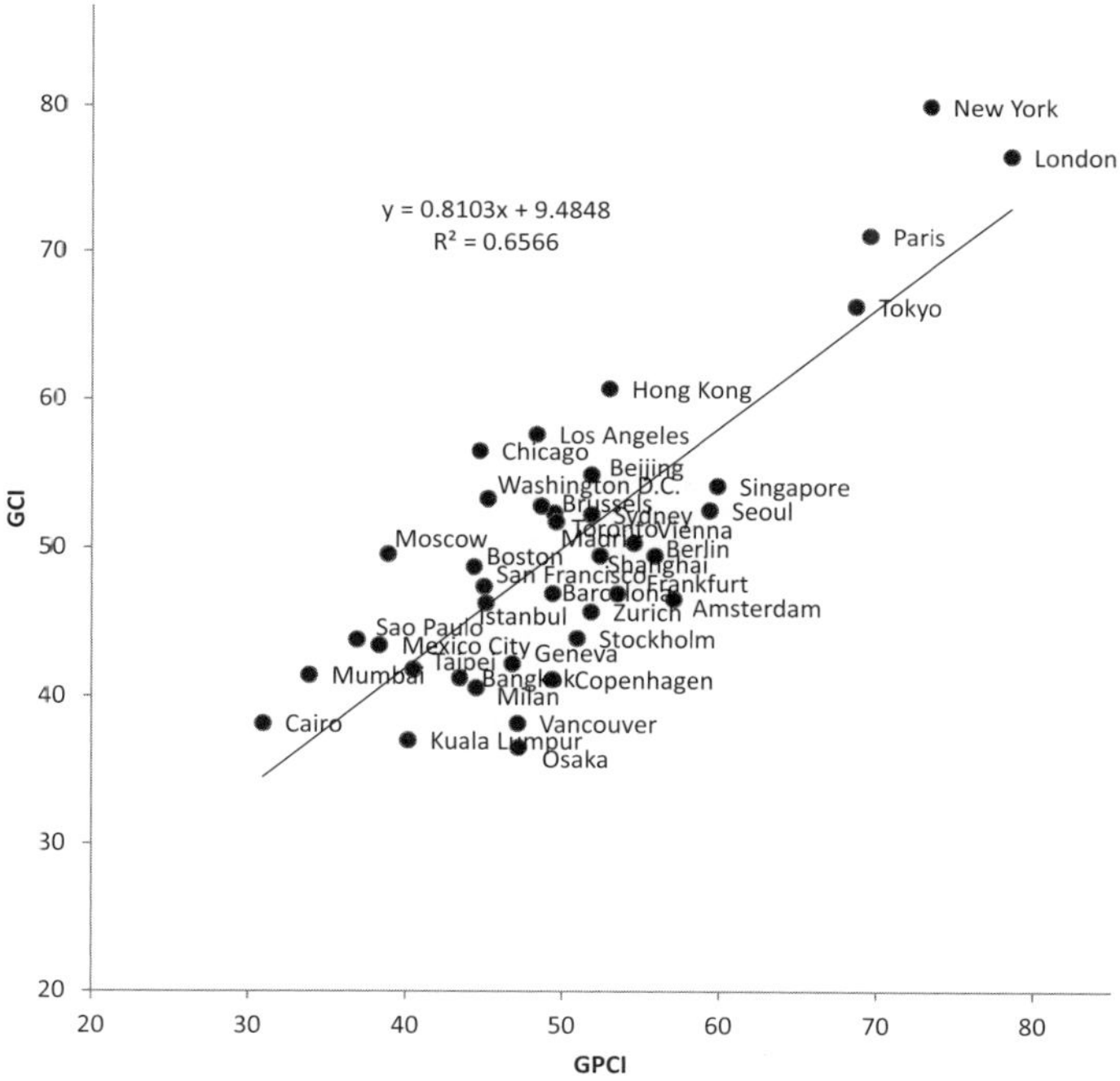

出所：筆者作成。

GDPで最上位の都市Aは100点、GDP最下位の都市Bは0点となる。最上位の都市の80％のGDPの都市Cは80点、30％の都市Dは30点となる。この場合、都市のサンプル数の大小にかかわらず、A、B、C、Dの各都市は、同じスコアを獲得する。3つのランキングのトップ数都市のランキング順位に高い整合性があるのは、これらの都市が多くの指標において100点に近いスコアを獲得しているからにほかならない。その他の都市についても、3つのランキングにおける指数換算の段階において、それぞれ近いスコアを獲得していたと推察できる。そのため、各都市のスコアを偏差値に換算して比較した結果、相関性が認められたのである。この相関性は、各ランキングの評価プロセスで各都市の指標が公正に評価され、指数に置き換えられた結果であるとみることができ、ランキングの有効性を示す一つの根拠となる。

また、それぞれのランキングは、世界的な都市間競争におけるグローバル都市としての都市の競争力の評価に主眼を置いている。つまり、総合的な評価を標榜しつつも、都市の経済力と相関する指標を多く採択している。その結果、これらの指標間に一定の相関性が生じたと考えられる。

世界都市ランキングの有効性と課題

世界都市ランキングに限らず、ランキングの作成・公表には、背景に異なる動機・目的が存在する。したがって、それらをそのまま利用して、都市の優劣を判定することは、適切ではない。しかし、ここに検証した3つのランキングについては、すでに検証したように、作成手法と結果に類似性・相関性を見いだすことができた。都市においてグローバルな戦略の策定に際して、これらの世界都市ランキングを参考データとして活用することは有効であると考えられる。

評価結果を単に順位として公表しているランキングとは異なり、ここで取り上げた3つのランキングは、各都市の評価結果を分野別にスコアで公表しているため、作成手法についても分析可能である。都市ランキングでは、各都市の順位に注目が集まる傾向がある。しかし、実際には、僅かなスコア差で都市が順位づけされていることもある。逆に、わずかな順位の差であってもスコア差は大きい場合もある。つまり、ランキングの順位だけに着目するのでなく、分野別のスコアを参照しつつ、ランキングを利用すべきである。ここで取り上げた3つの都市ランキングは、分野別にスコアを開示している。そのため、第三者による活用が可能となっている。

しかし、3つのランキングはともに、指標データについては開示されていない。統計や公開情報から取得できる指標データは、開示してもとくに問題はない。別途収集可能だからである。だが、アンケートやインタビューによる定性的な指標データは、調査方法そのものが結果に影響をもたらす可能性を否定できない。そのため、調査を実施する主体は、調査の詳細な情報公開を避ける傾向がある。また、収集したデータは、「商品」としての価値もある。とくに民間企業の場合は、データを無償公開したくないというビジネス上の理由もあろう。

社会におけるオープンデータ化が進んでいる。各都市ランキングの作成主体も今後、ランキング作成に使用した指標データを開示するべきであろう。指標データが開示されれば、各主体のランキングの比較のみならず、それらのランキングの有効性の検証も可能となる。さらに、第三者によるランキングの積極的かつ有効な活用にもつながるはずである。透明性の高い都市ランキングは、都市政策の立案や都市分析に際して、政策立案者、研究者、市民がより容易に活用できるシステムとしての役割を高めるはずである。

世界都市ランキングの活用に向けて

本章では、3つの世界都市ランキングについて詳細な分析を行った。分析を進めた結果、3つのランキングの採用する評価の枠組みや指標数は異なるものの、評価結果には一定の相関性があることが明らかになった。また、国際競争力を形成する要因を測る指標間にも、相関性がある可能性を確認した。

ここで取り上げた3つの世界都市ランキングは、一定の要件を満たすグローバル都市を評価対象都市として取り上げ、ランクづけしている。本章では、多種多様な都市を一括して評価、ランクづけすることの問題点や是非について論じていない。

3つのランキングの評価結果から明らかなように、どのランキングにおいても常に上位に位置する都市、中位に位置する都市、そして常に下位に位置する都市という階層性が存在している。今後、これらランキングを活用して個々の都市を分析したり、政策提言を行う際には、都市の階層に応じた分析が求められることはいうまでもない。

第3章では、国内の都市システムにおいて都市の階層性を決定する主要な要因は、中枢管理機能であることを確認した。つまり、首都の政治機能のみを担う新首都といった都市などを除くと、基本的には、中枢管理機能は首都に集中する傾向がみられる。逆に、旧来首都として歴史的に発展を遂げ、政治機能のみ移転したあとも経済的中枢管理機能の集中するニューヨークのような都市もある。いずれにせよ、国境を超えたグローバル都市どうしを比較し、序列づけする際には、それぞれの都市のそれぞれの国家のなかで首都であるかどうか、あるいは経済的首都であるかどうかといった属性の相違をもとに分析、評価しなければならない。

さらに、都市の規模の大小について考慮しないまま都市をランクづけすることの問題点についても指摘しておきたい。3つのランキングには、都市のエリアを市域とするランキングと、都市圏をエリアとするランキングがある。定量的な評価指標を用いて同じ都市を評価する場合、都市の圏域の設定の相違は、指標値の数値に影響を与える。都市論の観点からいえば、都市圏を圏域として都市を評価するべきと考えられる。だが、問題となるのは、都市圏の定義は国によって異なる点である。市域の定義は国際的に比較的共通しており、さらに行政域の境界は明確である。そのうえ、統計データも整備されている。

ＧＰＣＩは、前記の理由から、市域のデータを採用し、上位の都市についてはパリを除く市域の人口規模はほぼ同じであるということも念頭に入れて、評価を行っている。東京を10％通勤圏や1都3県として捉えるならば、東京のランキングは4位ではなく、より上位に位置することになろう。都市ランキングの活用に際しては、このような問題点も念頭に置いておかねばならない。

以上のように、本章では、世界都市ランキングの作成手法を把握し、結果において一定の有効性を確認した。これら都市ランキングの手法を活用し、特定の都市についてさらなる分析を加える際の課題を明確にし、その解決方針を得ることもできた。

第3部

都市・地域の
グローバル競争戦略の構想

第7章　日本の地方中枢都市の競争力

35年間のグローバル都市化を検証

第3章では、日本国内の都市システムにおける札幌、仙台、広島、福岡の相対的な階層・序列を確認し、これら4都市における福岡の相対的地位の上昇を指摘した。また、既存研究をもとに、世界都市システムにおける福岡の位置づけについて言及した。

本章では、世界都市ランキングの手法にもとづいて、日本の4つの地方中枢都市を対象として、指標分析を行う。その前提として、「世界都市」の概念が提起された1980年代から2010年代にかけて複数の指標をもとに比較検証する。

まず、国内指標の比較をもとに、国内の都市システムにおける4都市の序列の変動を明らかにし、その変動要因について考察する。次に、国際指標をもとに、4都市のグローバル化水準の変動を明らかにし、その変動要因について考察する。

最後に、前記の国内指標および国際指標にもとづき、4都市を総合的に評価する。第6章で考察した世界都市ランキングの評価手法を踏まえ、指標の指数化によって各都市の評価を試みる。国内指標の総合スコアによって、地方中枢都市間の相対的な位置関係を明らかにし、国際指標の総合スコアをもとに、グローバル都市としての相対的な水準を明らかにする。これらの分析結果をもとに、日本の地方中枢都市の相対的な競争力の可視化を試みる。

地方中枢都市の国内指標の変動

(1) 人口

4都市について、1980年から2015年にかけての市域人口[1]、都市圏人口、道県人口、および広域圏人口[2]を図7-1a・bに示している。4都市の都市圏人口は、国勢調査にもとづく都市雇用圏人口(10%通勤人口[3])である。札幌の道人口と広域圏人口は同一である。

図7-1にあるように、1980年から2015年にかけての福岡市の人口増加率は41%であった。札幌市は39%と2番目に高い人口増加率を記録したが、1990年以降、人口増加率は低下傾向にある。仙台市の人口増加率は37%、広島市は20%であった。ただし、注1に記載したように、市町村合併によって、仙台市は約17万人、広島市は約10万人増加させており、旧市に限定すれば、両市(旧市)の人口増加率は、上記の増加率よりもかなり低くなる。

都市圏人口においても、福岡都市圏の増加率は47%と最も高く、35%の札幌都市圏が次いでいる。

図7-1a　市域人口、都市圏人口

市人口

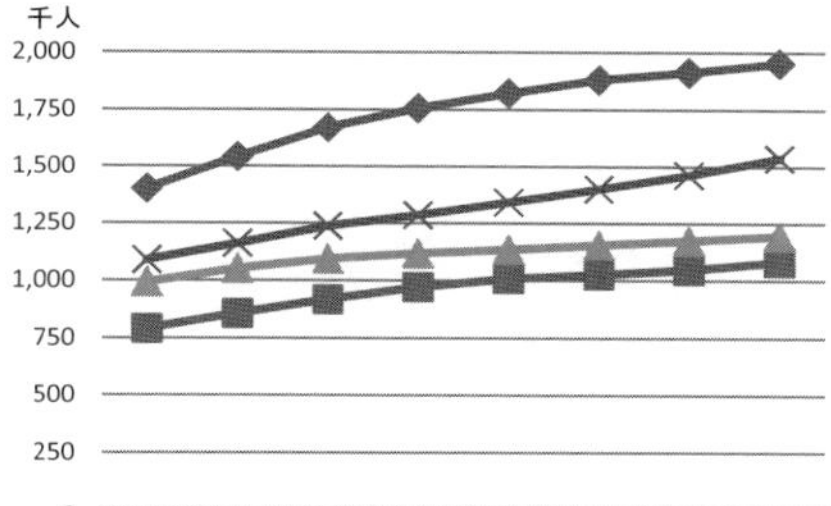

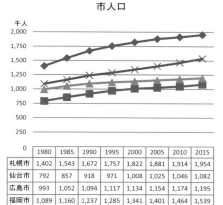

	1980	1985	1990	1995	2000	2005	2010	2015
札幌市	1,402	1,543	1,672	1,757	1,822	1,881	1,914	1,954
仙台市	792	857	918	971	1,008	1,025	1,046	1,082
広島市	993	1,052	1,094	1,117	1,134	1,154	1,174	1,195
福岡市	1,089	1,160	1,237	1,285	1,341	1,401	1,464	1,539

札幌市　仙台市　広島市　福岡市

都市圏人口

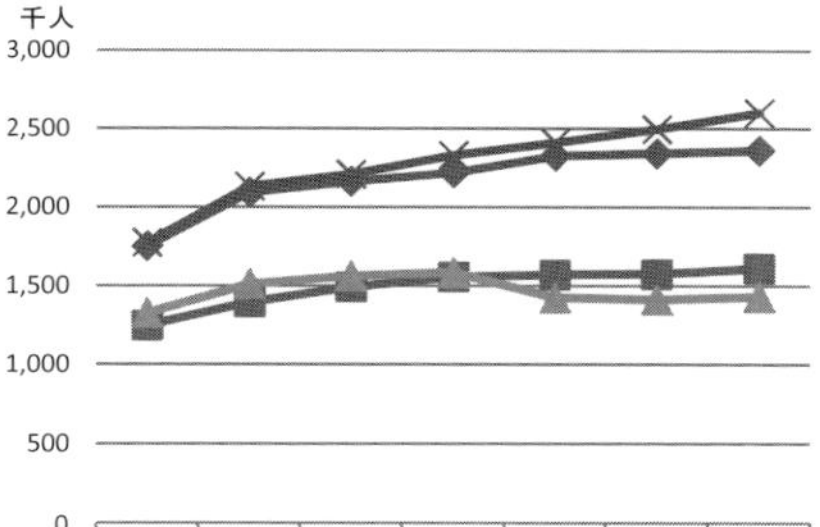

	1980	1990	1995	2000	2005	2010	2015
札幌	1,752	2,092	2,162	2,217	2,326	2,342	2,360
仙台	1,249	1,395	1,493	1,556	1,570	1,575	1,610
広島	1,327	1,510	1,563	1,584	1,424	1,412	1,430
福岡	1,773	2,129	2,208	2,329	2,410	2,496	2,600

札幌　仙台　広島　福岡

出所：総務省「国勢調査」各年版、東京大学空間情報科学研究センター「都市雇用圏データ」、週刊ダイヤモンド編集部（2016）をもとに筆者作成。

図7-1b　道県人口、広域圏人口

道県人口

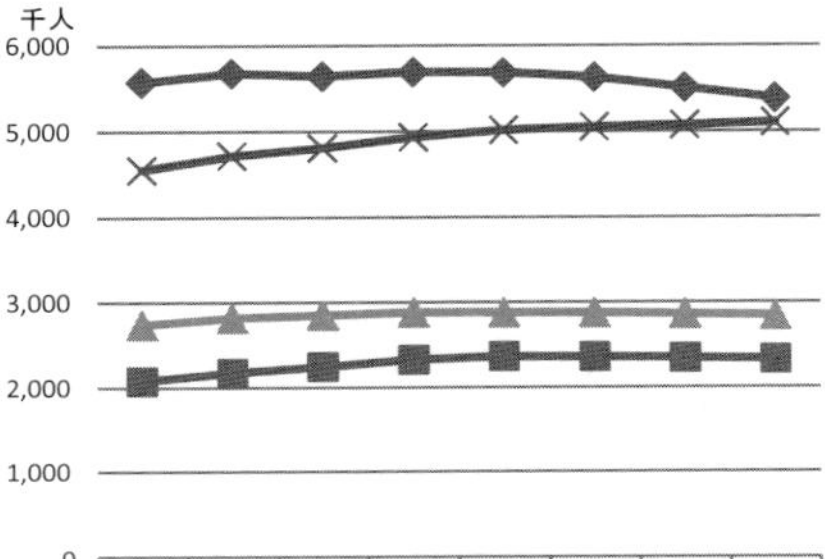

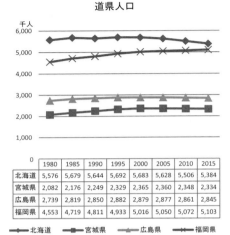

	1980	1985	1990	1995	2000	2005	2010	2015
北海道	5,576	5,679	5,644	5,692	5,683	5,628	5,506	5,384
宮城県	2,082	2,176	2,249	2,329	2,365	2,360	2,348	2,334
広島県	2,739	2,819	2,850	2,882	2,879	2,877	2,861	2,845
福岡県	4,553	4,719	4,811	4,933	5,016	5,050	5,072	5,103

北海道　宮城県　広島県　福岡県

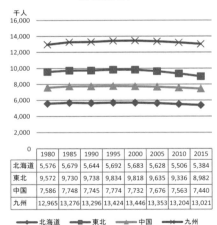

広域圏人口

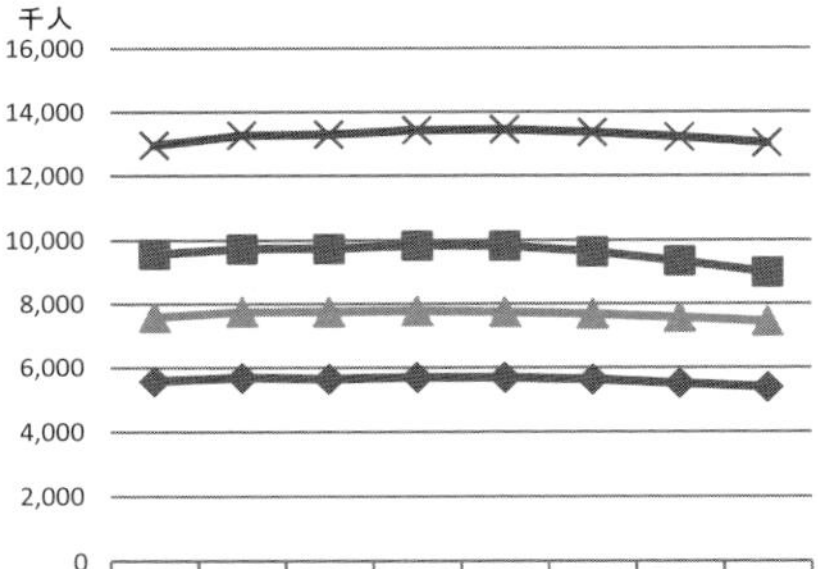

	1980	1985	1990	1995	2000	2005	2010	2015
北海道	5,576	5,679	5,644	5,692	5,683	5,628	5,506	5,384
東北	9,572	9,730	9,738	9,834	9,818	9,635	9,336	8,982
中国	7,586	7,748	7,745	7,774	7,732	7,676	7,563	7,440
九州	12,965	13,276	13,296	13,424	13,446	13,353	13,204	13,021

北海道　東北　中国　九州

出所：総務省「国勢調査」各年版。

２０１５年の市域人口は、札幌市が福岡市よりも42万人多い。その理由は、札幌市の面積1，121㎢は、３４３㎢の福岡市の３・３倍あるためである。福岡市の人口密度4，４８０人／㎢に対して、札幌市は1，７４２人／㎢にとどまっている。都市圏人口では、福岡都市圏のほうが札幌都市圏よりも24万人多く、その差は拡大傾向にある。

仙台都市圏と広島都市圏の人口は、いずれも約１５０万人である。２０００年以降、広島都市圏のみ人口が減少している。都市圏人口は、市町村合併の影響をほとんど受けない。仙台都市圏の人口増加率は同期間に29％、広島都市圏はわずか８％にとどまった。

１９８０年から２０１５年にかけて、福岡県と宮城県はともに12％の人口増加率であった。それに対して、広島県は４％の増加にとどまり、北海道は３％減少した。同期間において、九州以外の広域圏の人口は減少している。なかでも、東北の人口は、６％も減少している。とくに、工場閉鎖が増加した１９９０年代後半から、東北の人口減少率は上昇している。

以上の考察からわかるように、４つの地方中枢都市に関して、市域人口増加率、都市圏人口増加率、道県人口増加率、広域圏人口増加率すべてにおいて、福岡市および福岡市を含むエリアの増加率が最も高い。このことは、九州における福岡市の拠点性の高まりを意味していると考えられる。また、広域圏人口は、阿部が主張するように、中枢都市における支店数や支店の機能を規定する主要因の一つであることから、九州の人口増加は、福岡市の拠点性の上昇に寄与してきたともいえる。

ここでは、福岡市の広域圏を九州と規定したが、１９６１年に設立された九州経済連合会は、設立当初から山口県の企業も会員としていたように、福岡市の広域圏は、九州というエリアよりも広いと捉えることもできる。事実、福岡市に立地している支店のなかには、（株）三菱電機ライフネットワークのように、西日本本部という名称で、九州、中国、四国までも管轄圏としている支店もある。

(2) 事業所数・従業者数・名目総生産額

図7-2a・bでは、4都市の市域に立地している事業所数と従業者数、および市内名目総生産額、従業者1人当たり市内名目総生産額（労働生産性）を示している。

これら4指標をもとに、4都市の経済力について考察する。なお、年次は、事業所・企業統計調査および経済センサスの統計年次である。事業所・企業統計調査は2009年より経済センサスに統合され、調査手法も一部変更されている。そのため、時系列の比較には注意を要するが、4都市の相対的な位置変動の確認には有効である。また、図7-2aの事業所数と従業者数には、国および地方自治体の事業所数およびその従業者数は含まれていない。ただし、名目総生産額には、公共サービスも含まれているため、分母と分子は一致していないが、参考データとして、従業者1人当たり市内名目総生産額も掲載した。前項と同様に、仙台市と広島市は、市町村合併による影響がある。

事業所数、従業者数、名目総生産額は、基本的には人口と関連している。したがって、人口数に差がある札幌市・福岡市と広島市・仙台市の間に、事業所数、従業者数、市内名目総生産額に一定の乖離が存在しているのは当然である。

図7-2a　事業所数・従業者数

事業所数

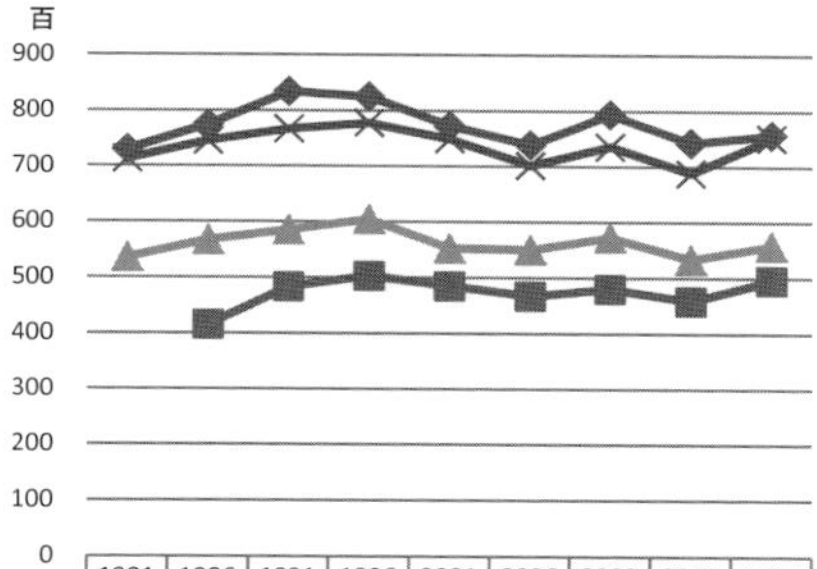

	1981	1986	1991	1996	2001	2006	2009	2012	2014
札幌市	730	775	834	825	773	739	794	743	757
仙台市		415	483	503	485	467	480	458	496
広島市	536	567	585	604	552	550	572	533	557
福岡市	712	746	767	778	749	701	736	688	752

札幌市　仙台市　広島市　福岡市

従業者数

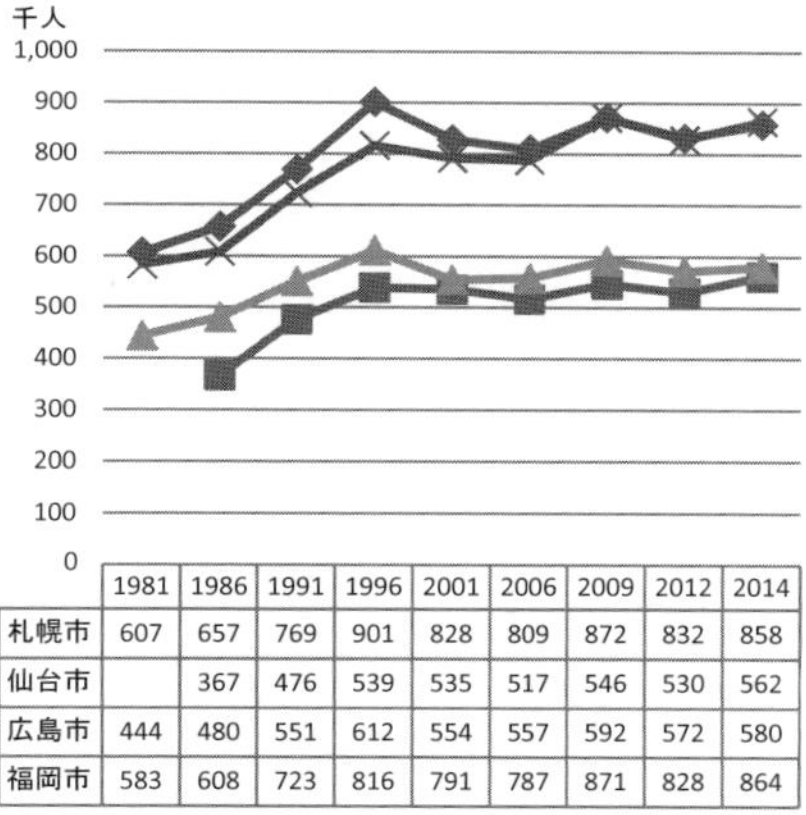

	1981	1986	1991	1996	2001	2006	2009	2012	2014
札幌市	607	657	769	901	828	809	872	832	858
仙台市		367	476	539	535	517	546	530	562
広島市	444	480	551	612	554	557	592	572	580
福岡市	583	608	723	816	791	787	871	828	864

札幌市　仙台市　広島市　福岡市

出所：総務省「事業所・企業統計調査」、「経済センサス」、内閣府「県民経済計算」各年版をもとに筆者作成。

注記：空白部分は統計に非掲載。

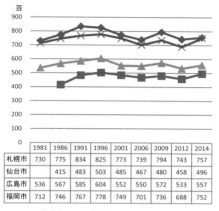

図7-2b　市内名目総生産額・従業者1人当たり市内名目総生産額

市内名目総生産額

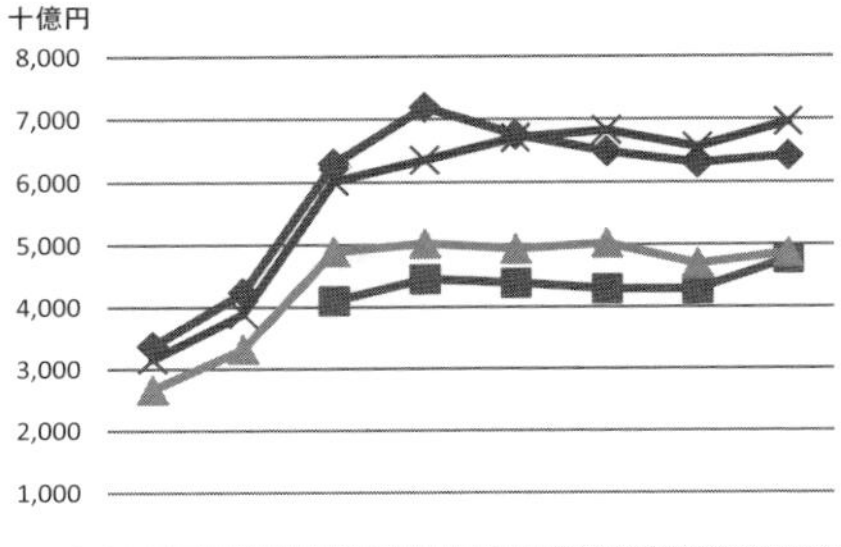

	1981	1986	1991	1996	2001	2006	2009	2012
札幌市	3,376	4,237	6,300	7,190	6,754	6,488	6,307	6,422
仙台市			4,103	4,450	4,385	4,291	4,285	4,774
広島市	2,667	3,325	4,893	5,023	4,937	5,024	4,695	4,875
福岡市	3,158	3,895	6,019	6,356	6,707	6,827	6,560	6,960

札幌市　仙台市　広島市　福岡市

従業者一人当り市内名目総生産額
（労働生産性）

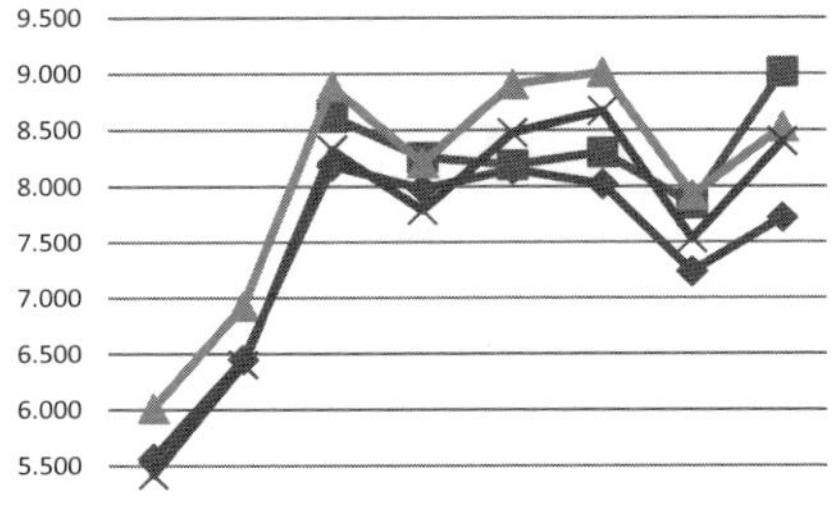

	1981	1986	1991	1996	2001	2006	2009	2012
札幌市	5.566	6.448	8.189	7.980	8.154	8.021	7.237	7.721
仙台市			8.620	8.262	8.193	8.305	7.843	9.016
広島市	6.011	6.928	8.885	8.213	8.907	9.013	7.924	8.529
福岡市	5.419	6.403	8.326	7.788	8.478	8.670	7.530	8.400

札幌市　仙台市　広島市　福岡市

出所：総務省「事業所・企業統計調査」、「経済センサス」、内閣府「県民経済計算」各年版をもとに筆者作成。
注記：空白部分は統計に非掲載。

注目すべきは、札幌市の事業所数は１９８１年以降、福岡市を上回っており、１９９１年には６,７００事業所の差があったが、その差が２０１４年に５００事業所にまで縮小した点である。１９９６年に８万５千人の差があった従業者数は、２０１４年に福岡市が札幌市を６千人上回った。従業者１人当たり市内名目総生産額は１９９１年以降、市内名目総生産額は２００１年以降、福岡市が札幌市を上回るようになっている。

広島市と仙台市を比較すると、各指標における両都市の差は縮小してきている。図７‐１ａの都市圏人口では、２０００年を境に仙台都市圏が広島都市圏を上回った。都市圏人口の増加は、市内の事業所数、従業者数、名目総生産額に反映されていると考えられる。ただし、仙台市の市内名目総生産額は、２０１１年の東日本大震災で減少したものの、その後の復興需要で震災前よりも大幅に増加している点に留意が必要である。

４都市を都市圏で比較するため、東京大学空間情報科学研究センターの集計による４都市の都市圏における指標値を表７‐１に示している。なお、表７‐１のデータは、２０１０年の国勢調査と県民経済計算にもとづいている。それによると、仙台都市圏の人口、従業地就業者数[4]、総生産額は、ともに広島都市圏を上回っている。福岡都市圏は、４指標ともに札幌都市圏を上回っている。

以上の考察から、経済規模では、福岡は地方中枢都市の最上位に位置しており、以下札幌、仙台、広島の順に序列を形成している。

表7-1　都市圏人口、就業者数、総生産額（2010年）

	人口（千人）	従業地就業者数（千人）	総生産額（十億円）	就業者1人当たり生産額（百万円）
札幌都市圏	2,342	1,040	7,438	7.155
仙台都市圏	1,575	720	5,414	7.520
広島都市圏	1,412	675	5,385	7.973
福岡都市圏	2,496	1,146	8,922	7.787

出所：東京大学空間情報科学研究センター「2010年 大都市雇用圏統計データ」をもとに筆者作成。
http://www.csis.u-tokyo.ac.jp/UEA/index.htm（参照：2016-07-18）

（3）上場企業本社数・支所数

日本の上場企業の本社・支所立地を分析した阿部（2014b）のデータをもとに、図7-3に4都市に立地している本社数と支所数をグラフ化した。なお、支所は、企業の事業所のなかの、支社・支店・営業所・出張所・事務所を指す。阿部のデータは、日本各地の証券取引所に上場している株式会社を調査対象[5]としているため、年度によって対象となる企業数は異なっており、非上場の企業は調査対象外である。

阿部は、1950年から上場企業の本社・支所の各都市への集積状況の分析を通じて、日本の都市システムにおける札仙広福という横並び的な階層構造は、1970年代以降、解体したと指摘している。1980年以降、福岡市・仙台市と札幌市・広島市の支所数に格差が生じている。

図7-3から明らかなように、2000年以降、4都市すべてにおいて支所数は減少している。阿部は、その理由として、ホールディングシステムを採用する企業が増加し、支所数が計上されなくなった点を指摘している。

図7-3　上場企業本社数・支所数

上場企業本社数

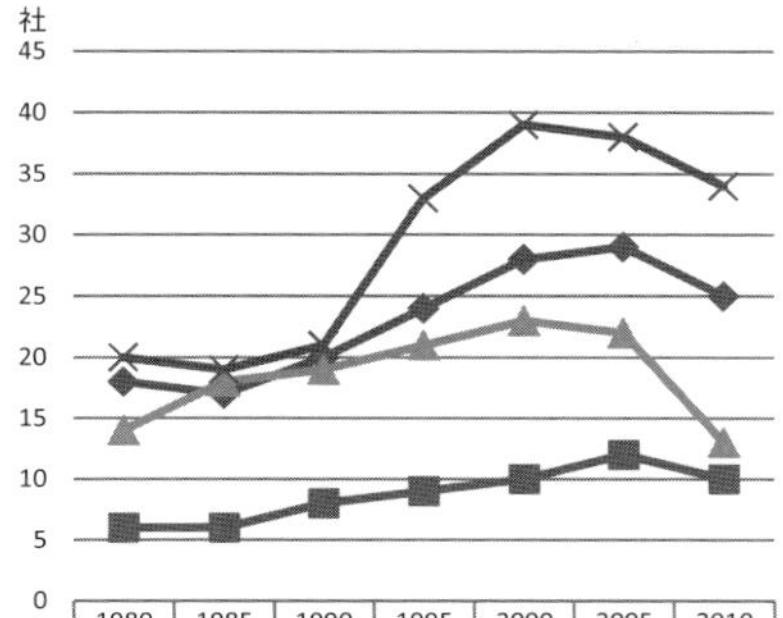

	1980	1985	1990	1995	2000	2005	2010
札幌市	18	17	20	24	28	29	25
仙台市	6	6	8	9	10	12	10
広島市	14	18	19	21	23	22	13
福岡市	20	19	21	33	39	38	34

札幌市　仙台市　広島市　福岡市

上場企業支所数

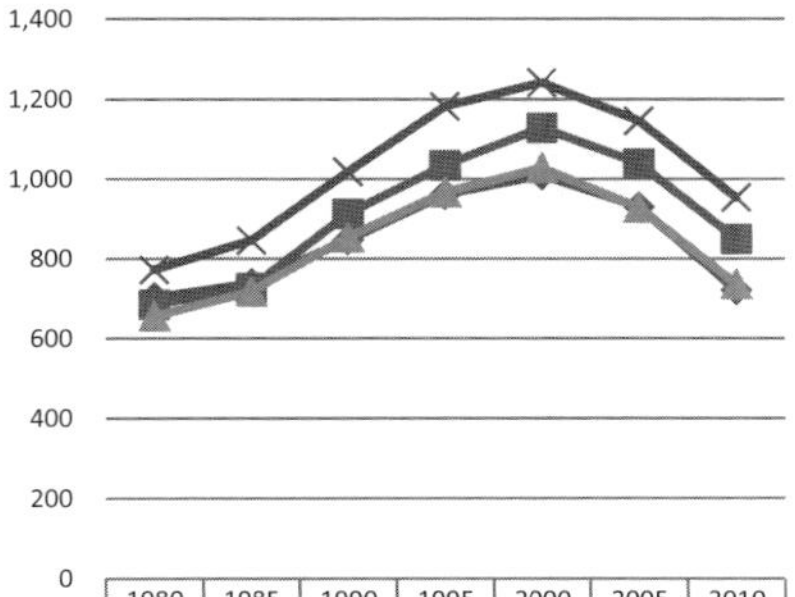

	1980	1985	1990	1995	2000	2005	2010
札幌市	703	738	847	961	1,010	930	721
仙台市	685	727	913	1,035	1,129	1,039	850
広島市	656	718	854	967	1,028	928	736
福岡市	772	846	1018	1182	1,241	1146	954

札幌市　仙台市　広島市　福岡市

出所：阿部（2014b）p.118および経済地理学会関東支部2015年10月例会報告資料をもとに筆者作成。

実は、地方中枢都市4都市の支所数の減少率は、全国の減少率よりも高い。支所数の集積からみれば、4都市の中枢性は低下しているとも捉えられる。この点については、さらなる分析が求められる。

阿部は、福岡市における支所数の多さを、東京・大阪から離れていること、他の広域圏と比較した九州の人口の多さと経済規模の大きさによって説明している。本書では、広域圏の経済規模の大きさを測る指標として、広域圏の名目総生産額を採用し、図7-4に示した。広域圏の名目総生産額と、4都市の支所数には、一定の相関性がある。

阿部は、北海道、東北、中国、九州の人口は、近年減少に転じているが、仙台市と福岡市の支所数が他の2都市よりも多い理由として、「製造品出荷額でみれば、東北地方・九州地方では落ち込んでいない[6]」点を指摘している。阿部はさらに、広域圏の経済活動の低下にともない、仮に広島支所を閉鎖すれば、中国の西は福岡支所で、東は大阪支所で担当することも生じうるし、それが大阪市や福岡市の支所数の増加や規模拡大となり、広島市の支所数の減少や規模縮小となって出現してくると説明している。その背景に、新幹線網の拡充に代表される交通体系の整備をかかげ、「東北日本は仙台を中心とする広域地域へ、西南日本は大阪と福岡によって分割される[7]」という可能性についても指摘している。今後北海道新幹線が札幌に延伸することによって、仙台支所の管轄が道南にまで拡大する可能性は否めないであろう。

図7-3から明らかなように、本社数では、福岡市が最も多く、札幌市が次いでいる。2000年に23社の本社を擁していた広島市は、2010年に13社にまで減少し、10社の仙台市よりも3社多い

図7-4　広域圏名目総生産額

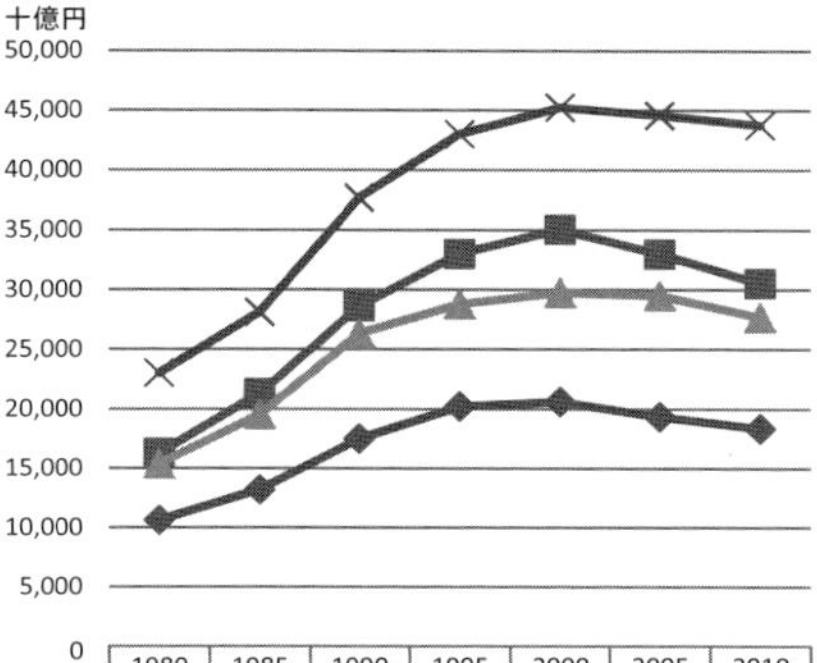

	1980	1985	1990	1995	2000	2005	2010
北海道	10,613	13,182	17,517	20,207	20,602	19,352	18,359
東北	16,311	21,312	28,623	33,019	35,052	33,009	30,544
中国	15,355	19,542	26,340	28,785	29,744	29,496	27,685
九州	23,011	28,123	37,709	42,999	45,246	44,582	43,751

北海道　東北　中国　九州

出所：内閣府「県民総生産」各年版をもとに筆者作成。

だけとなった。

結論をいえば、本社・支所の集積からみた経済的中枢管理機能の集積度では、地方中枢都市のなかでは福岡市が最も高い。札幌市の人口・事業所数・従業者数は、仙台市よりも多い。にもかかわらず、仙台市の支所数は札幌市よりも多くなっている。その理由は、広域圏の総生産額や製造品出荷額等、すなわち経済規模の相違によるものと考えられる。経済的中枢管理機能という観点からみれば、阿部が明らかにしたように、仙台市は札幌市の上位に位置している。

表３-３で示したように北川は、１９８５年時点での経済的中枢管理機能のスコア順位を、札幌市、福岡市、仙台市、広島市であるとしたが、それは、①１９８５年時点、②データを都市圏ではなく市域に限定、③札幌

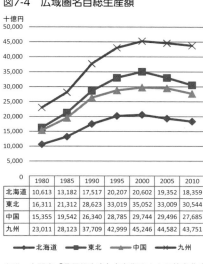

市における北海道開発局等の国の出先機関の多さ、を反映した結果であったからにほかならない。

(4) 国内海上貨物量

図7-5は、地方中枢都市内あるいはその近傍に位置する港湾の海上貨物量の推移を示した図である。対象とした港湾は、福岡市と広島市はそれぞれ市内にある博多港と広島港、札幌[8]市については、苫小牧市にある苫小牧港、仙台市については塩竈市にある仙台塩釜港の港である。これら4港湾[9]は、すべて重要港湾に指定されていた。2011年に国土交通省により、4港湾ともに国際拠点港湾に指定された。国際拠点港湾は、全国に18ある。

図7-5から明らかなように、港湾貨物取扱量は、移出量、移入量ともに、苫小牧港が最も多い。その理由は、北海道からはトラックで貨物を運ぶことができず、また、貨物列車の容量にも制約があるため、他の3都市よりも必然的に港湾貨物取扱量が多くなるという構造的特性があるためである。図7-5に示されているように、移出、移入ともに苫小牧港の伸び率が最も高くなっており、北海道と本土の地域との経済的関係が強まってきたことがうかがえる。

苫小牧港のフェリー航路は、2016年現在、秋田・新潟・敦賀、仙台・名古屋、八戸、大洗（茨城県）となっている。また、苫小牧港の内航RORO船の航路は、常陸那珂（茨城県）、東京、仙台塩釜・名古屋、釧路・仙台塩釜・東京・大阪・東京・仙台塩釜、敦賀（福井県）などである。苫小牧港の海上貨物ネットワークから判断すると、北海道経済は東北、首都圏、東海地方との関係性が強い

図7-5　港湾取扱貨物量

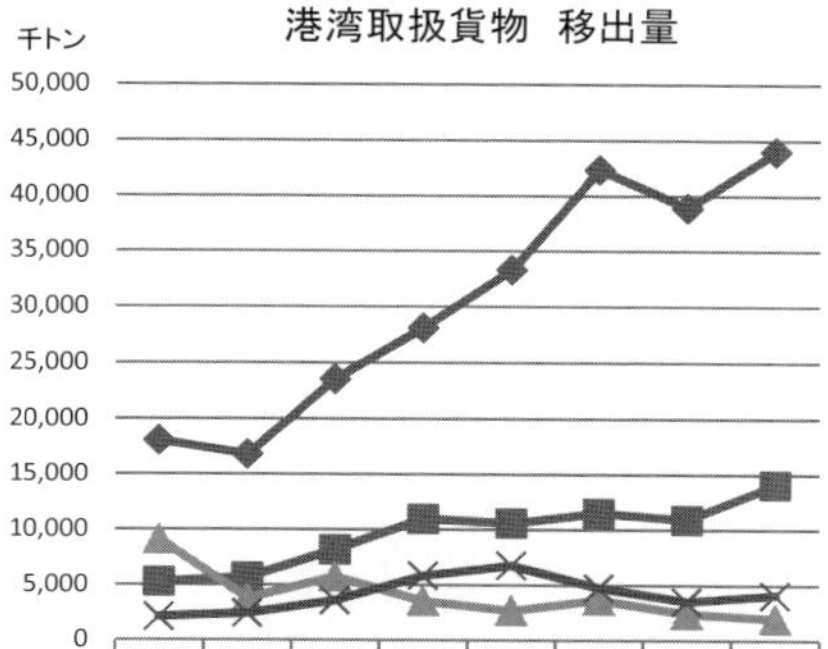

	1980	1985	1990	1995	2000	2005	2010	2014
苫小牧港	18,058	16,804	23,538	28,098	33,294	42,357	38,905	43,983
仙台塩釜港	5,267	5,679	8,185	10,950	10,553	11,481	10,883	14,072
広島港	9,111	3,769	5,733	3,520	2,670	3,649	2,412	1,956
博多港	2,113	2,418	3,587	5,827	6,768	4,747	3,510	4,094

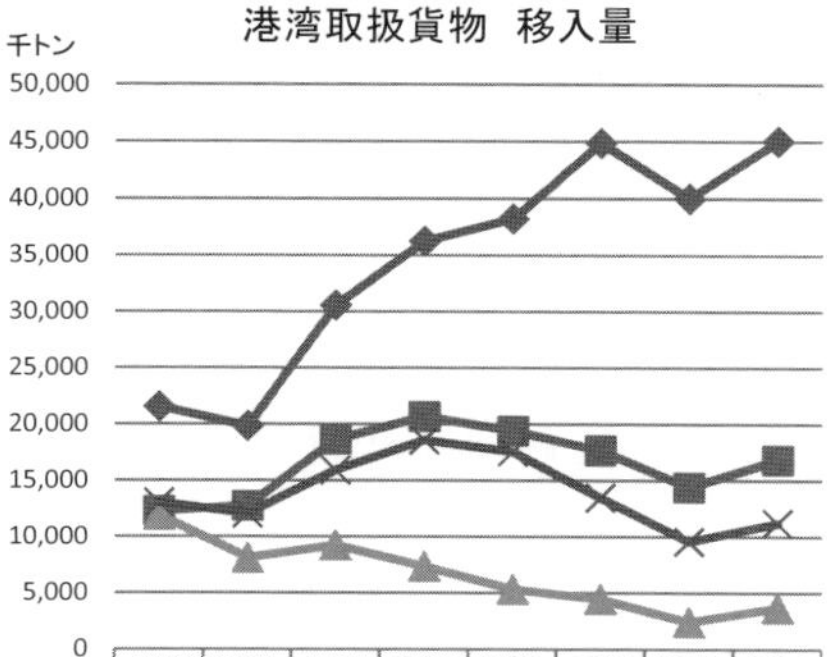

	1980	1985	1990	1995	2000	2005	2010	2014
苫小牧港	21,535	19,826	30,544	36,235	38,226	44,861	40,009	45,035
仙台塩釜港	12,301	12,754	18,645	20,678	19,416	17,688	14,416	16,842
広島港	11,919	8,111	9,235	7,349	5,310	4,447	2,418	3,679
博多港	13,049	12,060	15,916	18,589	17,560	13,498	9,577	11,219

出所：大都市統計協議会「大都市比較統計」、各港湾統計書各年版をもとに筆者作成。

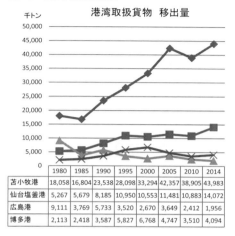

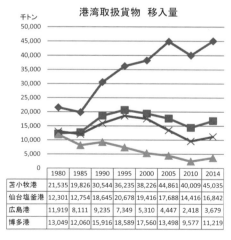

と推測される。

広島港の港湾貨物取扱量は、1980年と比較すると、移出、移入ともに減少している。中国地方における高速道路の整備によって、船からトラックへの輸送モードの変更が生じたためだと考えられる。

それに対して、仙台塩釜港の港湾貨物取扱量は、広島港のような減少傾向を示してはいない。東北においても高速道路が整備されてきたが、首都圏の港湾と苫小牧港との中継拠点となったことや、都心の渋滞を避けるために海上輸送が選択されているためと考えられる。

博多港は、移入量は1995年まで、移出量は2000年まで増加していた。だが、その後減少に転じた。ただし、2010年以降、移入量、移出量ともに再び増加に転じている。なお、福岡市の近傍には、北九州港と伊万里港がある。とくに、北九州港の国内海上貨物量は、2014年に移出量で3,240万トン、移入量で3,502万トンとなっており、博多港を凌駕している。北九州港は、北部九州の国内海上輸送拠点として機能している。

(5) 国内航空旅客数

地方中枢都市の域外にも都市圏の貨物を取り扱う港湾は複数存在しているため、4つの地方中枢都市の「港湾」を適切に抽出し、比較することは難しい。「札仙広福」の高次機能の集積変化（表3-5）を分析した九州経済調査協会のデータでは、港についてのデータは使用されていない。

港湾と異なり、空港間には距離があり、４つの地方中枢都市の「空港」を特定することは比較的容易である。札幌市の空港は、市内にある丘珠空港ではなく、千歳市にある新千歳空港、広島市の空港は三原市にある「広島空港」、仙台市の空港は、名取市にある「仙台空港」を対象とした。「福岡空港」は、福岡市内に立地している。

なお、滑走路の増設により、自衛隊共用であった千歳空港から民間専用の空港である新千歳空港となったのは、１９８８年である。広島市内にあった広島空港から現在の広島空港のある三原市に移転したのは、１９９３年である。旧広島空港は、移転後「広島西飛行場」となったが、２０１１年に広島市議会において広島シティ空港案が否決され、廃港となった。現在はヘリポートとして使用されている。

図7-6に示されているように、２０１５年の新千歳空港と福岡空港の国内線旅客数は、仙台空港と広島空港の7倍程度となっている。新千歳空港と福岡空港の１９８０年から２０１５年にかけての旅客数は、約2倍に増加しており、仙台空港と広島空港の国内線旅客数との格差は、拡大傾向にある。

２０１５年の国内線旅客数1位は、羽田空港である。2位は新千歳空港、3位は福岡空港である。新千歳空港の２０１５年の国内線旅客数は、1，８５６万人であった。そのうち新千歳空港－羽田空港の旅客数は９０２万人、新千歳空港－成田空港の旅客数は１６８万人であり、新千歳空港と羽田・成田空港間の合計旅客数は、新千歳空港の国内線旅客数の58％を占めている。

福岡空港の２０１５年の国内線旅客数は1，６７２万人、福岡空港－羽田空港の旅客数は、８１６

図7-6　航空旅客数

国内線旅客数

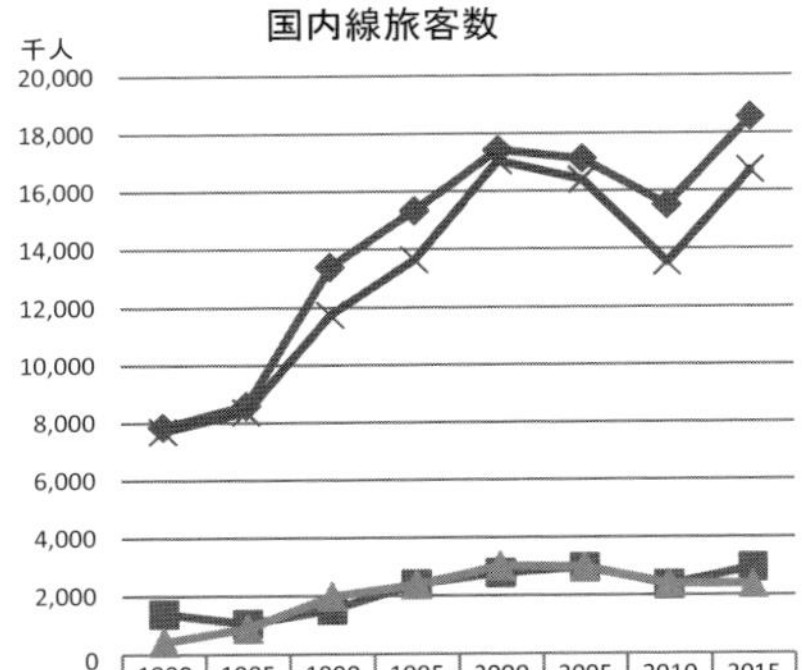

	1980	1985	1990	1995	2000	2005	2010	2015
新千歳空港	7,849	8,591	13,390	15,327	17,426	17,111	15,503	18,561
仙台空港	1,389	1,050	1,528	2,407	2,775	2,956	2,363	2,954
広島空港	426	888	1,983	2,375	3,015	2,978	2,390	2,385
福岡空港	7,703	8,372	11,748	13,635	17,041	16,387	13,527	16,721

新千歳空港　仙台空港　広島空港　福岡空港

国内主要路線旅客数

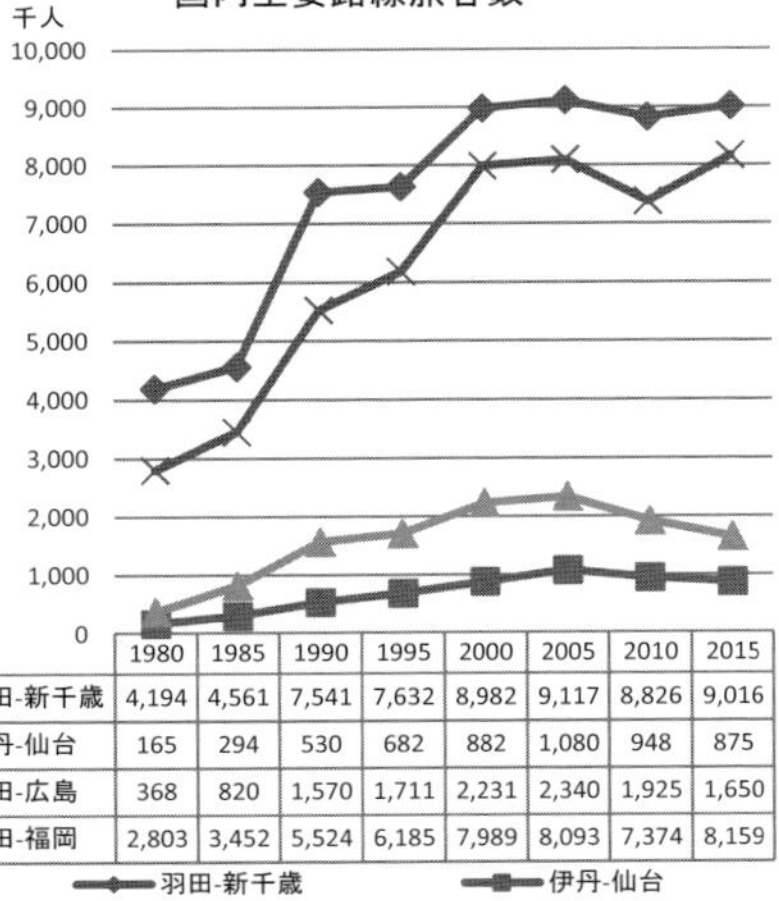

	1980	1985	1990	1995	2000	2005	2010	2015
羽田-新千歳	4,194	4,561	7,541	7,632	8,982	9,117	8,826	9,016
伊丹-仙台	165	294	530	682	882	1,080	948	875
羽田-広島	368	820	1,570	1,711	2,231	2,340	1,925	1,650
羽田-福岡	2,803	3,452	5,524	6,185	7,989	8,093	7,374	8,159

羽田-新千歳　伊丹-仙台
羽田-広島　羽田-福岡

出所：国土交通省「航空管理統計」、「航空輸送統計」各年版をもとに筆者作成。

注記：1985年以前は千歳空港データ。羽田-仙台便は1985年に廃止。

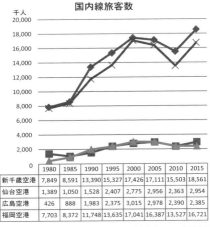

万人、福岡空港－成田空港の旅客数は113万人であり、合わせて福岡空港の国内線旅客数の56％を占めている。

地方中枢都市の国際指標の変動

(1) 在留外国人数

地方中枢都市における外貿貨物量や貿易額、国際線旅客数などの比較は、のちほど第3項および第4項において行うが、都市や地域のグローバル化は、国際物流や国際人流よりも、都市内に在留する外国人数でみるほうがより直接的である。すでに述べたように、3大都市圏と異なり、地方中枢都市の適切な港湾を選出することが難しいということや、苫小牧港には、国家石油備蓄基地があり、原油の輸入が貨物重量と貿易額を水増ししているという問題があるからである。

図7-7の数値は、2010年までは外国人登録証にもとづく在留外国人数であり、2015年の数値は、中長期滞在者と特別永住者を加えた新しい基準にもとづく「在留外国人数」である。

図7-7からわかるように、1980年から2015年における福岡市の在留外国人数の増加数は、22,709人であり、仙台市の8,907人、札幌市の7,496人、広島市の5,437人よりも多い。1980年には、広島市、福岡市、札幌市、仙台市の順であった在留外国人数は、2015年には福岡市、広島市、仙台市、札幌市の順となった。

図7-7　外国人人口・比率

市外国人人口

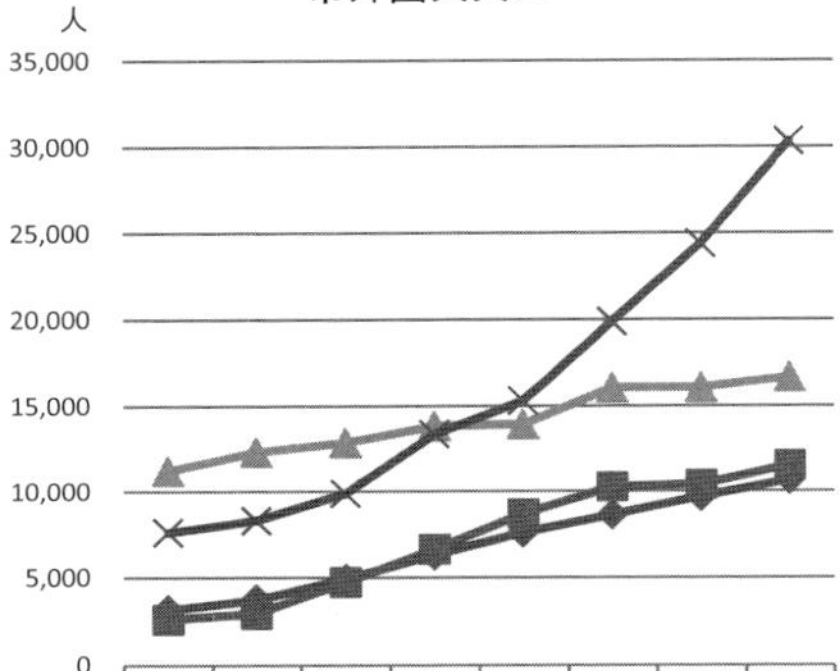

	1980	1985	1990	1995	2000	2005	2010	2015
札幌市	3,159	3,738	4,911	6,303	7,585	8,619	9,667	10,655
仙台市	2,624	2,958	4,743	6,624	8,678	10,257	10,394	11,531
広島市	11,227	12,327	12,876	13,828	13,930	16,051	16,048	16,664
福岡市	7,603	8,293	9,881	13,361	15,301	19,878	24,385	30,312

札幌市　仙台市　広島市　福岡市

市外国人人口比率

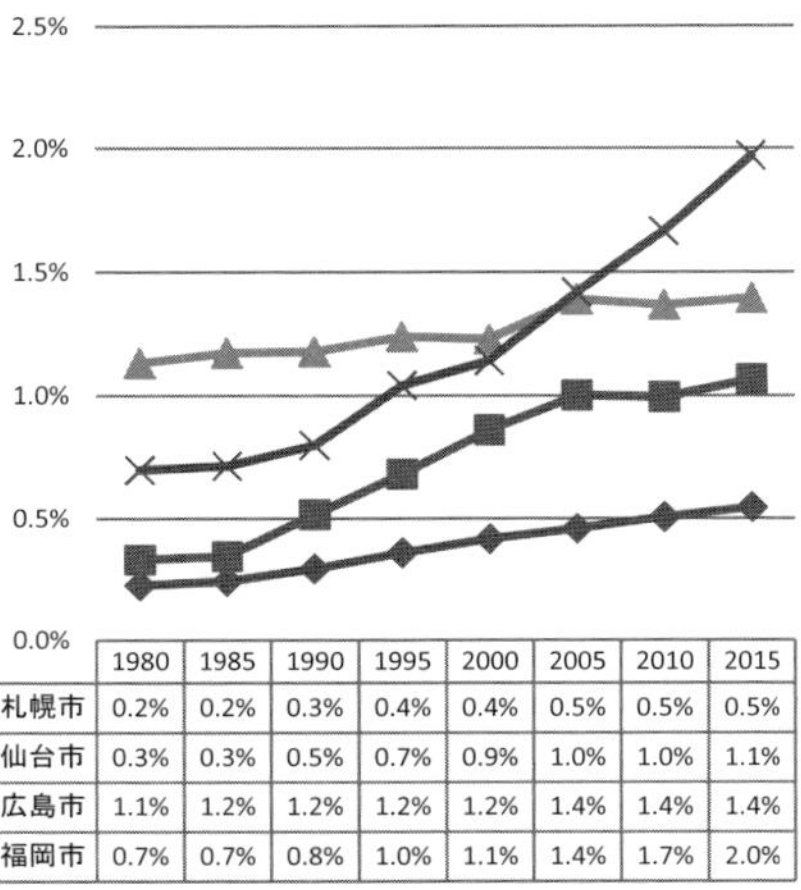

	1980	1985	1990	1995	2000	2005	2010	2015
札幌市	0.2%	0.2%	0.3%	0.4%	0.4%	0.5%	0.5%	0.5%
仙台市	0.3%	0.3%	0.5%	0.7%	0.9%	1.0%	1.0%	1.1%
広島市	1.1%	1.2%	1.2%	1.2%	1.2%	1.4%	1.4%	1.4%
福岡市	0.7%	0.7%	0.8%	1.0%	1.1%	1.4%	1.7%	2.0%

札幌市　仙台市　広島市　福岡市

出所：法務省「在留外国人統計」各年版をもとに筆者作成。

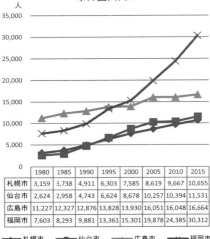

１９８０年から２０１５年の伸び率でいえば、仙台市の３３９％が最も高くなっている。福岡市は２９９％、札幌市は２３７％増加したのに対して、広島市は48％の伸び率にとどまった。

市の人口に占める在留外国人比率も、２・０％と福岡市が最も高くなっている。福岡市は市域面積が最も小さいため、市人口と都市圏人口の乖離度も最も大きいが、福岡市の在留外国人数は、他都市の2倍から3倍に達しているため、都市圏人口に占める在留外国人比率も福岡都市圏が最も高くなることはまちがいない。

在留外国人数、在留外国人比率という指標でみれば、福岡市、福岡都市圏は、他の３つの地方中枢都市よりもグローバル化の進んだ都市であると位置づけてよい。

(2) 外資系企業の本社数・海外進出した企業の本社数

すでに論じたように、世界都市研究で重要視されてきた指標は、多国籍企業の本社数や支所数であった。第1級世界都市や第2級世界都市には、多国籍企業の本社や支所が多数立地しており、相対比較しやすい。だが、日本の地方都市のような、第2級世界都市よりも下の階層の都市には、多国籍企業の本社や支所の立地件数は少なく、その件数をもとにグローバルな都市の階層・序列を論じることは難しい。

とはいえ、東洋経済新報社『外資系企業総覧２０１５』、同『海外進出企業総覧２０１５』をもとに、地方都市に進出している外資系企業数や海外進出している地方本社の企業数をある程度は明らかにできる。これら２つの総覧に掲載されている企業数は、外資系企業３，１１７社、海外進出企業４，７７６社[10]となっている。

『外資系企業総覧』に掲載されている外資系企業は、外資比率49％以上を採択の基準としている。そもそも『外資系企業総覧』に掲載されている外資系企業が、世界都市論で論じられてきたような「多国籍企業」の概念に合致するのかどうかという問題も残されている。

また、『海外進出企業総覧』に現地法人リストが掲載されている企業も、出資比率20％以上の現地法人を２社以上持つ企業であり、海外進出した地方の中小企業がすべて含まれているわけではない。

上記の制約条件があることを承知したうえで、２つの総覧にもとづき、４都市の企業数をカウントしたのが、図７-８である。なお、外資系企業は、２０１５年時点で各都市に立地している企業のみを対象としている。つまり、２０１５年以前に撤退した企業については、対象としていないため、２０１０年以前の企業数は、その時点において立地していた外資系企業数とは一致しない。

図７-８から明らかなように、地方中枢都市に本社を置く外資系企業数は、きわめて少ない。福岡市と広島市が７社、札幌市が５社、仙台市は２社である。２０１０年以降、地方中枢都市への外資系企業の進出件数は、福岡市への１社のみであった。

海外進出企業数についても、４都市ともに少ない。福岡市と広島市が16社、仙台市は６社、札幌市は２社であった。海外進出企業についても、２０１０年以降増加したのは、福岡市に本社を置く３社のみにすぎない。

図7-8　外資系企業本社数・海外進出企業本社数

外資系企業本社数

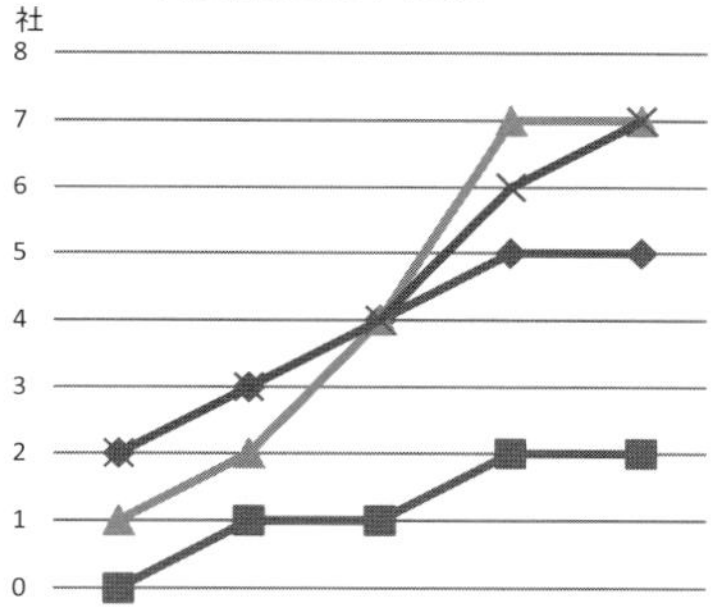

	1980	1990	2000	2010	2015
札幌市	2	3	4	5	5
仙台市	0	1	1	2	2
広島市	1	2	4	7	7
福岡市	2	3	4	6	7

札幌市　仙台市　広島市　福岡市

海外進出企業本社数

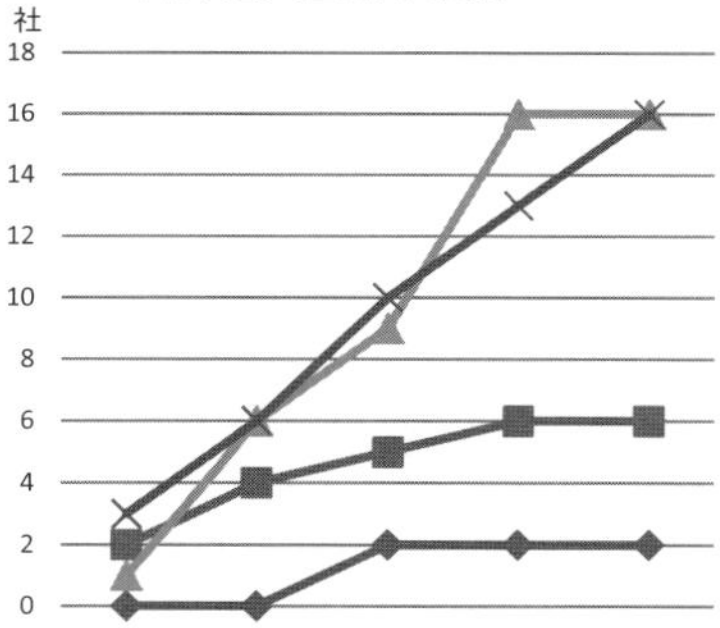

	1980	1990	2000	2010	2015
札幌市	0	0	2	2	2
仙台市	2	4	5	6	6
広島市	1	6	9	16	16
福岡市	3	6	10	13	16

札幌市　仙台市　広島市　福岡市

出所：東洋経済新報社（2015）『外資系企業総覧2015』、『海外進出企業総覧2015』をもとに筆者作成。

外資系企業の定義、海外進出企業の調査範囲の問題もあり、これらの数値からただちに4都市のグローバルな階層性について、結論を導き出すことは難しい。あえていえば、外資系企業、海外進出企業については、福岡市と広島市にやや多く立地しているということであろう。

第1章で指摘したように、人口100万人を超える地方中枢都市といえども多国籍企業のビジネス拠点という観点からのみ規定すれば、世界都市と定義できないという点について、再確認された。

(3) 貿易量・貿易額

ここでは、グローバリゼーションの進展にともなう、各都市を基点としたグローバルな物流の変動をみるために、各都市に近接する港湾と空港を介した、外国との貿易を取り上げる。各港湾における取扱貨物の輸出入量の推移を図7-9に、各港湾と各空港における貿易額の推移を図7-10に示す。

1980年時点では広島港からの輸出量が最も多く、自動車を主とした金属機械工業品が、9割以上を占めている。しかし、1990年以降、広島港の輸出量は急速に減少し、2005年から再度上昇してきている。

広島港とは対照的に、博多港の輸出量は1990年以降、急速に増加している。博多港からの輸出における金属機械工業品の占める割合は、1990年で2割程度である。雑工業品は6割を占めている。2000年以降、博多港の輸出量は広島港を抜き、増加率は過去よりも高くなっている。2014年時点では、金属機械工業品の割合は5割近くに上昇しているが、ゴム製品や再利用資材の割合も

図7-9　港湾取扱貨物量

港湾取扱貨物　輸出量

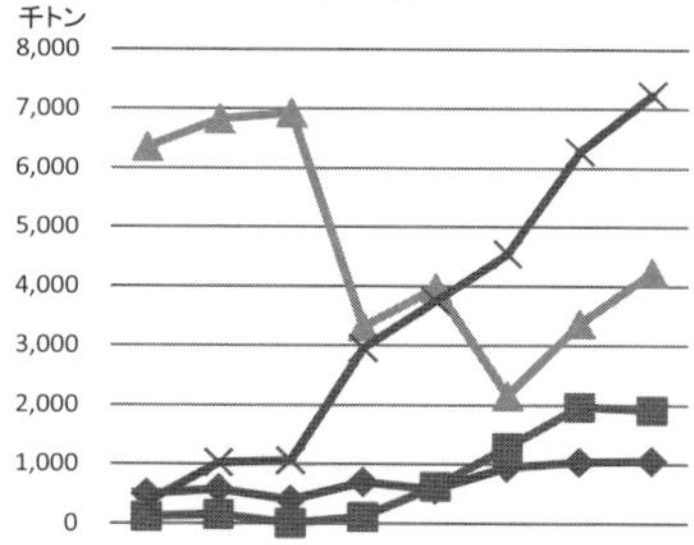

	1980	1985	1990	1995	2000	2005	2010	2014
苫小牧港	496	576	393	692	575	946	1,035	1,053
仙台塩釜港	116	153	10	113	619	1,284	1,971	1,920
広島港	6,357	6,824	6,926	3,313	3,970	2,155	3,368	4,232
博多港	348	1,021	1,054	2,952	3,746	4,541	6,279	7,233

苫小牧港　仙台塩釜港
広島港　博多港

港湾取扱貨物　輸入量

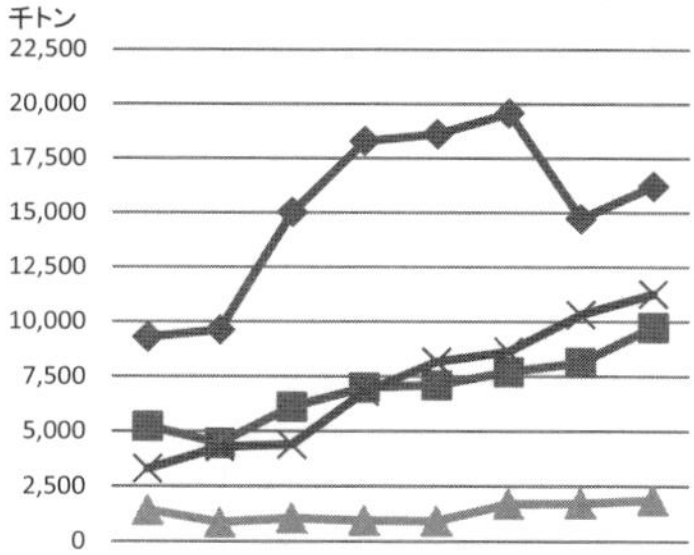

	1980	1985	1990	1995	2000	2005	2010	2014
苫小牧港	9,296	9,620	15,02	18,28	18,60	19,58	14,72	16,22
仙台塩釜港	5,224	4,456	6,112	6,994	7,107	7,713	8,138	9,745
広島港	1,419	869	1,045	937	921	1,695	1,712	1,865
博多港	3,295	4,275	4,384	6,789	8,174	8,633	10,31	11,26

苫小牧港　仙台塩釜港
広島港　博多港

出所：大都市統計協議会「大都市比較統計」、各港湾統計書各年版をもとに筆者作成。

図7-10　貿易額

港湾貿易額

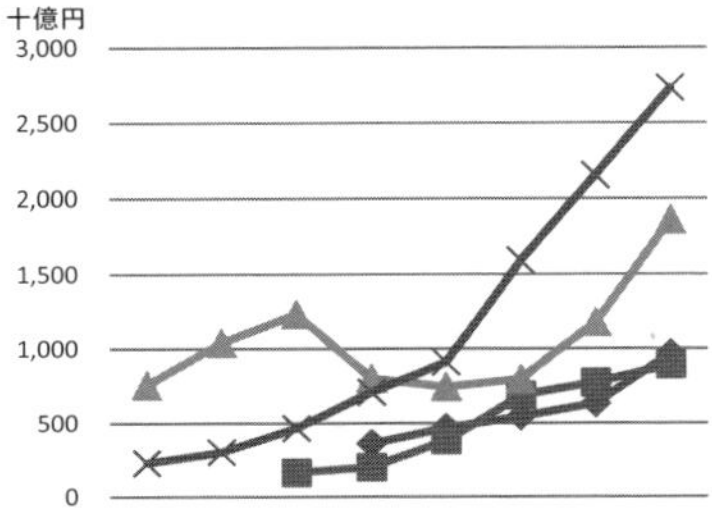

	1980	1985	1990	1995	2000	2005	2010	2015
苫小牧港				362	469	545	634	966
仙台塩釜港			164	201	383	688	773	891
広島港	756	1,039	1,233	799	744	796	1,178	1,861
博多港	229	302	467	708	909	1,592	2,154	2,733

苫小牧港　仙台塩釜港
広島港　博多港

空港貿易額

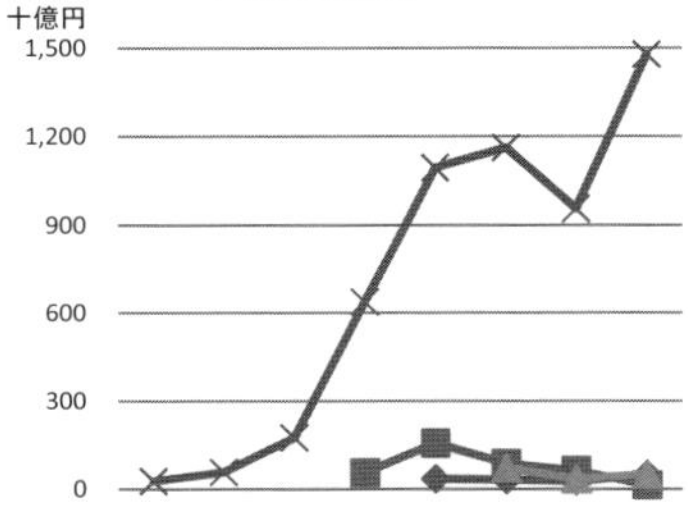

	1980	1985	1990	1995	2000	2005	2010	2015
新千歳空港					35	32	27	48
仙台空港				57	157	87	63	14
広島空港						72	34	50
福岡空港	27	58	175	637	1,093	1,161	956	1,478

新千歳空港　仙台空港
広島空港　福岡空港

出所：財務省「貿易統計」、各港湾および空港統計書
各年版をもとに筆者作成。
注記：空白部分は統計に非掲載。

高く、多岐にわたる産品の輸出を担っているのが特徴的である。

仙台塩釜港と苫小牧港も、輸出量は伸びている。１９９５年以降は、仙台塩釜港のほうが高い伸び率を示している。

輸入量においては、苫小牧港が最も高い数値で推移している。２０１４年の苫小牧港の輸入量の過半を原油と石炭が占め、道内産業用の資源・燃料の輸入拠点であると同時に、１９８２年に北海道石油備蓄基地と苫小牧東部国家石油備蓄基地に指定されたことが原油輸入の増加につながっている。しかし、北海道における製造品出荷額等の少なさを反映して、輸出量は少なく、図7-5に示したように国内市場との取引を主要な機能としている側面が強い。

次いで、仙台塩釜港と博多港の輸入量は、ともに近いペースで上昇している。２０１４年の仙台塩釜港の輸入の５割は、原油・石油ガスであり、苫小牧港と同様に地域の資源エネルギーの輸入拠点としての役割が強い。

博多港の輸入量で最も多い産品は、雑工業品であり、約３割を占めている。次いで農水産品が約２割を占める。鉱産品は１％にも満たない。北部九州においては、北九州港が資源エネルギーの輸入拠点としての機能を担っているためである。

広島県では、呉港が資源輸入を担っている。しかし、広島港では、資源以外の産品の輸入は増加していない。

輸出額と輸入額を合わせた貿易額について、各港をみると、博多港と福岡空港の著しい上昇をみることができる。博多港では、２０００年より貿易額の上昇ペースは高まり、福岡空港では、１９９０年を基点に上昇している。福岡空港の貿易額を上昇させた要因は、半導体の輸出である。２０００年時点で、福岡空港の輸出額に占める半導体電子部品の割合は、67％である。

福岡空港の貿易額は２００５年から２０１０年にかけて減少したが、２０１０年以降急増し、２０１５年には１兆４，７８０億円にまで増加した。ただし、福岡空港における半導体電子部品の輸出額シェアは２０１５年に53％に低下した。それに対して、シェアを上昇させた品目は、化学製品や特殊製品である。

広島港の貿易額は、２００５年以降再び増加するようになった。しかし、広島空港の貿易額は２０１５年に約５００億円にとどまっており、２００５年の水準を下回っている。新千歳空港、仙台空港も貿易額は増加しておらず、福岡空港との差は拡大している。

(4) 国際線旅客数・出入国者数

ここでは、国境を越えた人の移動量をもとに、４都市のグローバル化について考察する。

４都市に近接する空港の国際線旅客数と、国内で最も国際線旅客数の多い国際空港である成田空港間の旅客数を図７-11に示した。また、４空港における日本人と外国人の出入国者数を図７-12に示している。

国際線旅客数は、１９８０年時点で福岡空港は他の３空港より一桁多く、年間50万人を超えていた。

図7-11　航空旅客数

国際線旅客数

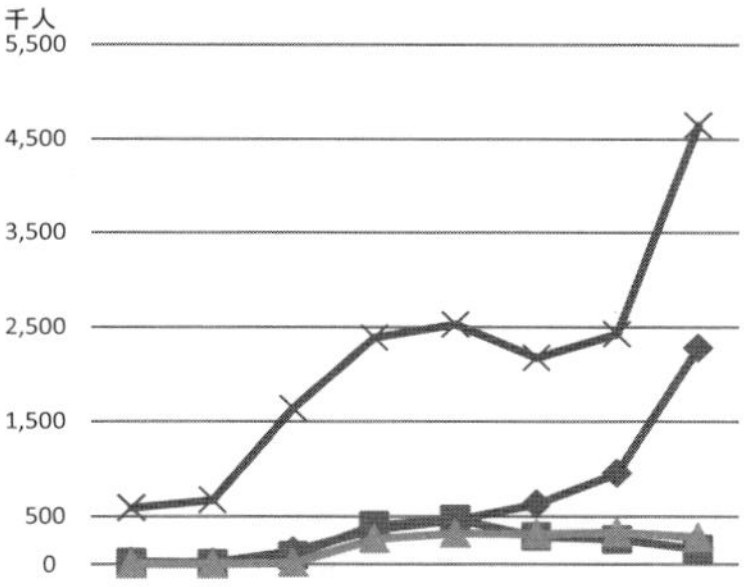

	1980	1985	1990	1995	2000	2005	2010	2015
新千歳空港	24	17	135	363	460	627	950	2,278
仙台空港	17	3	89	408	472	289	259	160
広島空港	0	0	12	263	322	314	330	283
福岡空港	590	672	1,640	2,388	2,528	2,174	2,426	4,646

新千歳空港　仙台空港　広島空港　福岡空港

成田空港接続路線旅客数

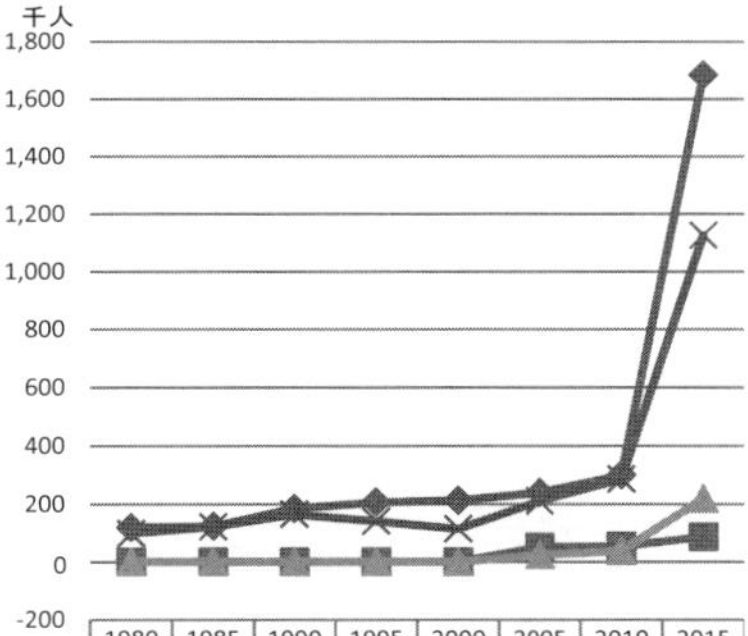

	1980	1985	1990	1995	2000	2005	2010	2015
成田-新千歳	119	123	184	206	212	239	299	1,683
成田-仙台	0	0	0	0	0	51	53	86
成田-広島	0	0	0	0	0	25	38	218
成田-福岡	98	122	165	141	114	211	286	1,126

成田-新千歳　成田-仙台
成田-広島　成田-福岡

出所：国土交通省「航空管理統計」、「航空輸送統計」各年版をもとに筆者作成。
注記：1985年以前は千歳空港データ。

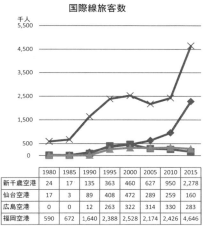

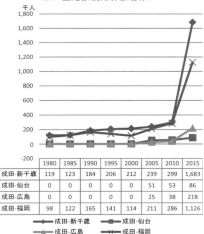

図7-12　出入国者数

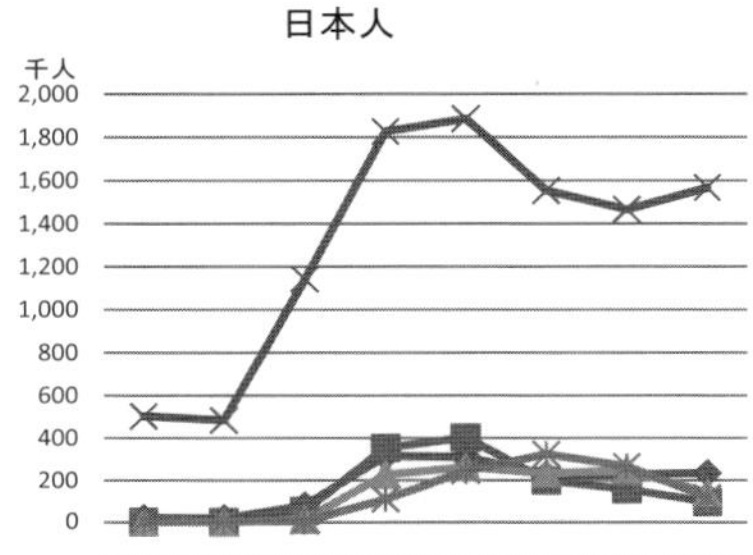

	1980	1985	1990	1995	2000	2006	2010	2015
新千歳空港	21	19	80	316	310	226	228	233
仙台空港	3	2	56	354	402	199	157	96
広島空港	0	0	12	227	262	234	247	140
福岡空港	502	483	1,142	1,827	1,885	1,553	1,466	1,567
博多港	7	4	5	110	245	324	267	117

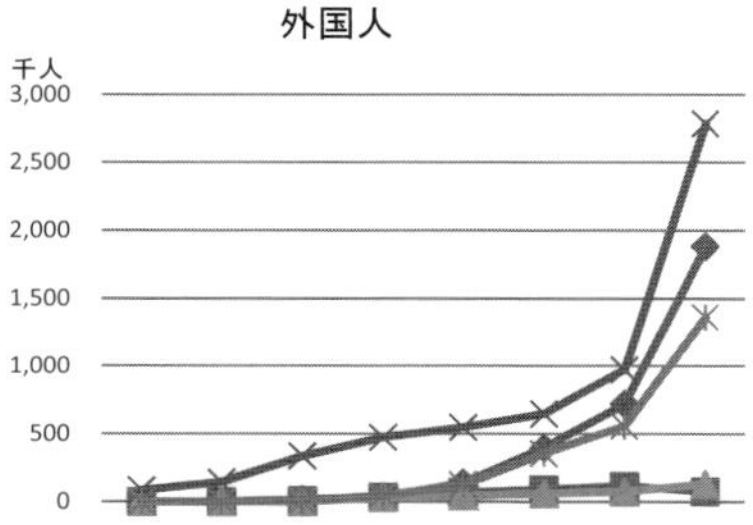

	1980	1985	1990	1995	2000	2006	2010	2015
新千歳空港	0	1	14	36	137	397	719	1,880
仙台空港	0	0	8	33	68	90	115	77
広島空港	0	0	0	30	43	61	74	132
福岡空港	84	143	334	474	548	647	972	2,785
博多港	0	0	6	46	124	355	558	1,361

出所：法務省「出入国管理統計年報」各年版をもとに筆者作成。
注記：2015年博多港の外国人出入国者数は「船舶観光上陸者数」を出入国数に換算し計上。

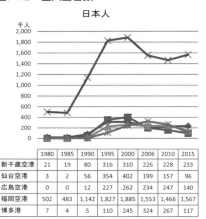

１９８５年以降、福岡空港の国際線旅客数は増加し、２０００年に一旦ピークを打ち、減少に転じたが、２００５年から再び増加に転じ、２０１０年以降は伸び率を高めている。

新千歳空港の国際線旅客数については、２０００年以降も増加している。２０１５年の国際線旅客数では、福岡空港は成田空港、関西空港、羽田空港、中部空港に次ぐ全国5位、新千歳空港は、那覇空港に次ぐ全国7位である。

仙台空港と広島空港の国際線旅客数は、２０００年までは増加したが、それ以降は減少している。円高の進展とともに、１９８０年代以降、海外旅行する日本人は増加したが、２０００年以降、減少した。そのため、地方空港の国際線を利用する日本人の数も減少した。4地域での日本人の出国者数（次項の図7-13）は、いずれも２０００年以降減少している。

福岡空港と新千歳空港の国際線旅客数が２０００年以降も増加している要因は、訪日外国人の増加にある。全国の訪日外国人数は、２０１０年から２０１５年にかけて８６１万人から１，９７４万人と2・3倍に増加している。これに呼応するように、成田－新千歳と成田－福岡の両路線の旅客数は、２０１０年から２０１５年にかけて増加した。両路線での旅客数の増加要因は、訪日外国人によるこれらの路線への乗り換え需要の増大の可能性が高い。

これら2空港とは対照的に、仙台空港と広島空港は、外国人の出入国者数の動向からみて訪日外国人を取り込めていない。また、仙台空港については、２０１１年に発生した東日本大震災による津波被害の影響もあったと考えられる。

福岡空港の日本人出入国者数は、２０１０年以降増加に転じた。福岡県の出国者数は減少している。つまり、福岡県外に住む日本人の国際線利用者が増加している[11]。２０１１年に九州新幹線は鹿児島中央駅まで全線開業した。九州新幹線を利用した福岡空港の国際線旅客が増加している可能性が高い。新幹線博多駅から福岡空港まで地下鉄で5分というアクセスの良さも福岡空港の国際線利用者数の増加に寄与していると思われる。

以上考察してきたように、国境を越えた人の往来という観点からは、福岡のグローバル化は、４都市のなかで最も進展している。

２０１５年の博多港への船舶観光上陸者数[12]は５０１,９５５人、国際クルーズ船寄港回数は２４５回であり、横浜港を抜いて、全国の港湾で1位となった。福岡市港湾空航局によると、２０１６年の寄港予約数は４０４となっている。福岡空港と同じく都心近くに立地する博多港から入国する訪日外国人数も増加しており、福岡市のグローバル化水準の上昇に寄与している。

(5) 日本人出国者数

前項では、グローバリゼーションの進展にともなう国境を越えた人の移動に着目したが、とりわけ日本人の国際的な移動については、２０００年頃より減少していることを確認した。出国者数は、それぞれの地域の「内なるグローバル化」の進展状況を測る指標であると考えられる。ここでは、日本人の各道県別の出国者数、および人口に占める割合である出国率を、図7-13に示し、その変動要因

図7-13　日本人出国者数・出国率

日本人出国者数

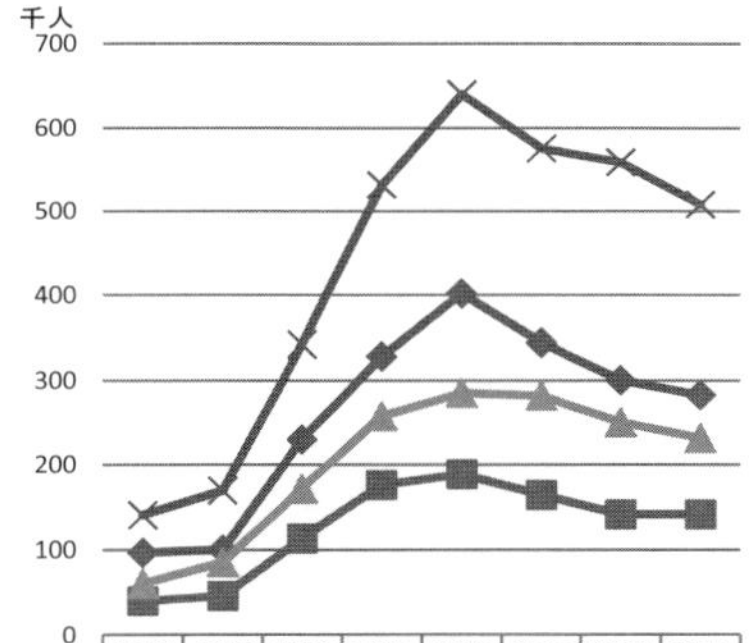

	1980	1985	1990	1995	2000	2005	2010	2015
北海道	97	100	230	328	402	344	300	283
宮城県	40	46	114	176	189	164	142	142
広島県	60	86	172	258	285	282	250	232
福岡県	141	170	342	532	640	576	559	508

北海道　宮城県　広島県　福岡県

日本人出国率

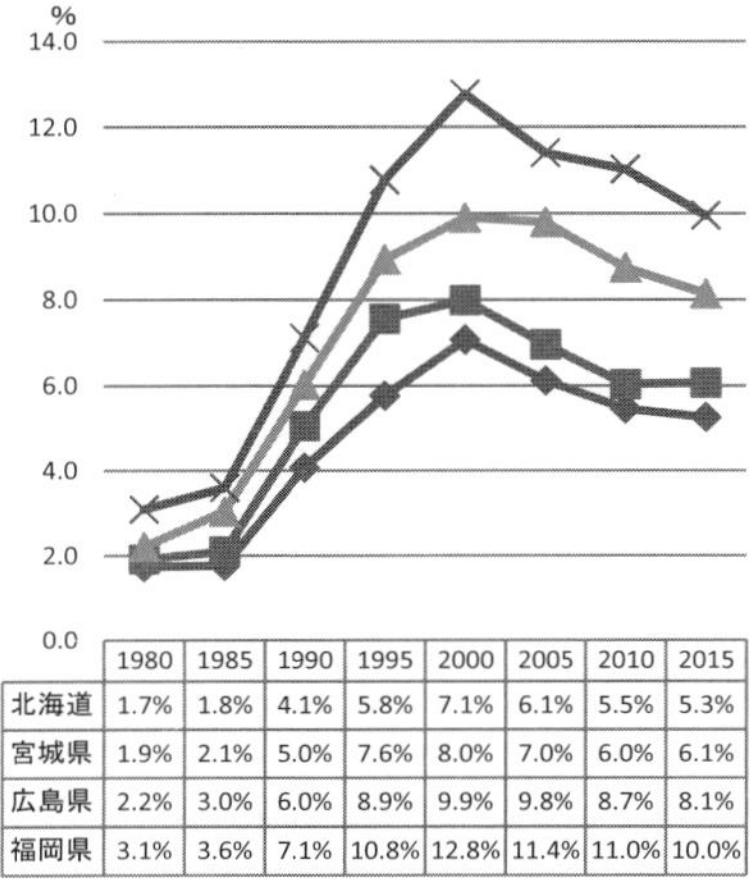

	1980	1985	1990	1995	2000	2005	2010	2015
北海道	1.7%	1.8%	4.1%	5.8%	7.1%	6.1%	5.5%	5.3%
宮城県	1.9%	2.1%	5.0%	7.6%	8.0%	7.0%	6.0%	6.1%
広島県	2.2%	3.0%	6.0%	8.9%	9.9%	9.8%	8.7%	8.1%
福岡県	3.1%	3.6%	7.1%	10.8%	12.8%	11.4%	11.0%	10.0%

北海道　宮城県　広島県　福岡県

出所：法務省「出入国管理統計年報」各年版をもとに筆者作成。

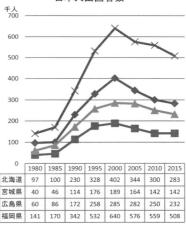

図7-14　各都道府県・全国の出国率

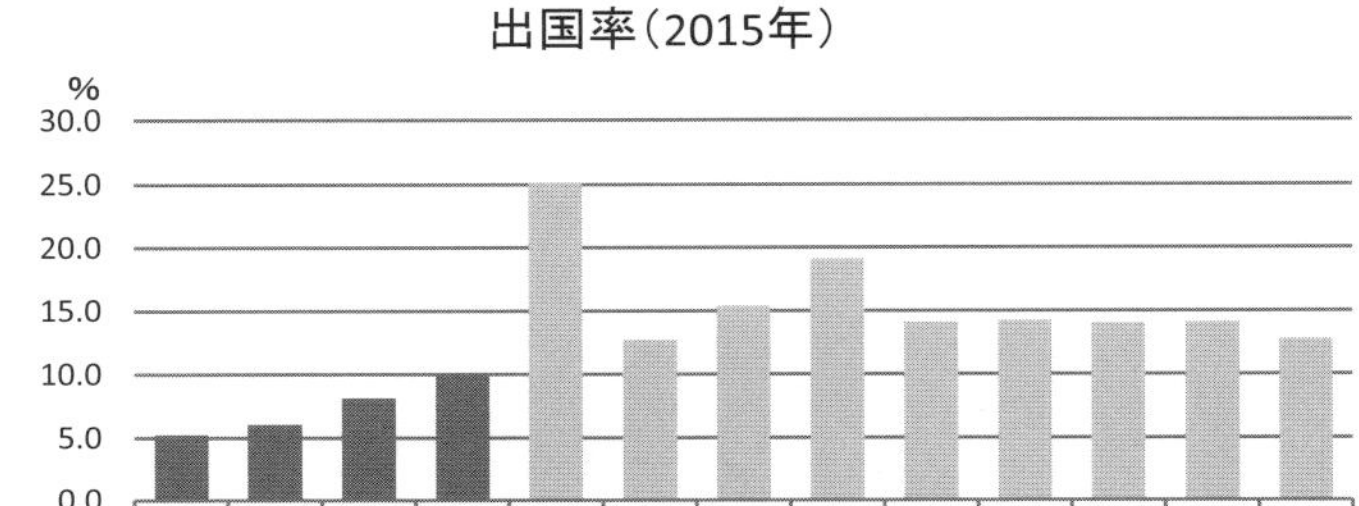

	北海道	宮城県	広島県	福岡県	東京都	埼玉県	千葉県	神奈川県	愛知県	大阪府	京都府	兵庫県	全国
出国率	5.3%	6.1%	8.1%	10.0%	25.0%	12.7%	15.4%	19.1%	14.1%	14.2%	14.0%	14.1%	12.8%

出所：法務省「出入国管理統計」2015年版をもとに筆者作成。

を考察する。

出国者数については、４道県ともに１９８５年以降急速に増加し、２０００年にピークを打った。１９８５年のプラザ合意に端を発する急速な円高にともない、海外旅行者数は日本全国で急増した。

日本全国の出国者数は、２０００年に１，７８２万人を記録してから減少したが、２０１２年には１，８４９万人と過去最高値を更新した。２０１５年の日本全国の出国率は12・８％であるのに対して、４道県の出国率は、図７-14に示すように、最も高い福岡県でも10％であり、全国値を下回っている。４道県の出国率の低さの要因は、羽田空港、成田空港、関西空港へのアクセスの悪さ、地方空港における国際路線数・便数の少なさにあるが、４道県における海外進出企業の少なさも影響している。

第２項でも記したとおり、海外に進出している日本企業の本社数は、３大都市圏、とくに東京圏に集中している。[13]図７-14に示すように、３大都市圏の出国率は、25・０％

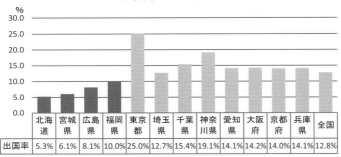

の東京都を頂点として全国値よりも高い。出国者には、ビジネス、国際会議など、観光ではない目的を持った渡航者も含まれている。地方中枢都市圏と３大都市圏の間で、海外進出企業の進出度や海外進出する企業数の増加率において格差が広がっていると考えられる。

また、広域圏での人口減少や高齢化は、出国率に負の影響を与えていると考えられる。北海道は、他の３県よりも広く、単純な比較はできないが、北海道の出国率の低さは、北海道における人口減少と高齢化の影響を受けている可能性が高い。しかし、札幌市への人口と企業の集中状況を踏まえると、市域の出国率は北海道の出国率よりも高いと考えられる。他の３都市も状況は同じであると考えられ、道県レベルでの統計では、これ以上の分析は困難である。

⑹ 留学生数

前項で考察した出国者数は、滞在期間が短期・長期に限定されず、さらに目的も限定されない。ここでは「内なるグローバル化」をより明確に測るために、海外留学生数を取り上げる。海外留学は、学位の取得のみならず、外国の言語や文化の習得に加え、留学中に旅行やインターンを通じた多様な海外経験を得ることが可能である。海外でこのような経験をした人材が帰国することによって、「内なるグローバル化」は進展するであろう。留学生の受け入れについても、その地域の寛容性を高めることによって、「内なるグローバル化」は進むであろう。

４都市の道県別のアウトバウンド留学生数とインバウンド留学生数を図7-15に示す。なお、本資

図7-15　留学生数

アウトバウンド留学生数

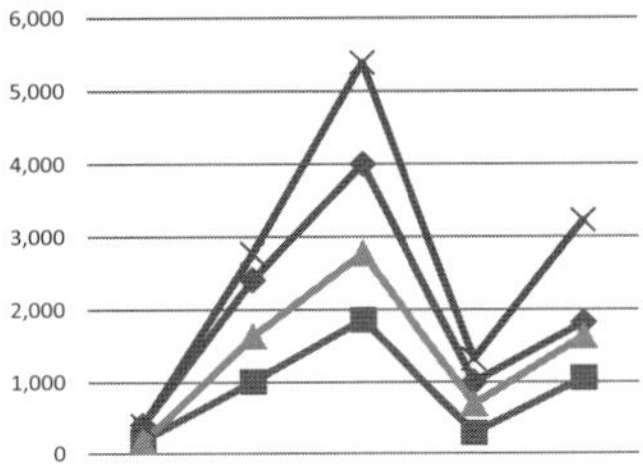

	1984	1990	2000	2010	2014
北海道	401	2,412	3,999	999	1,819
宮城県	182	1,011	1,862	288	1,057
広島県	164	1,635	2,772	694	1,629
福岡県	400	2,771	5,389	1,320	3,226

北海道　宮城県　広島県　福岡県

インバウンド留学生数

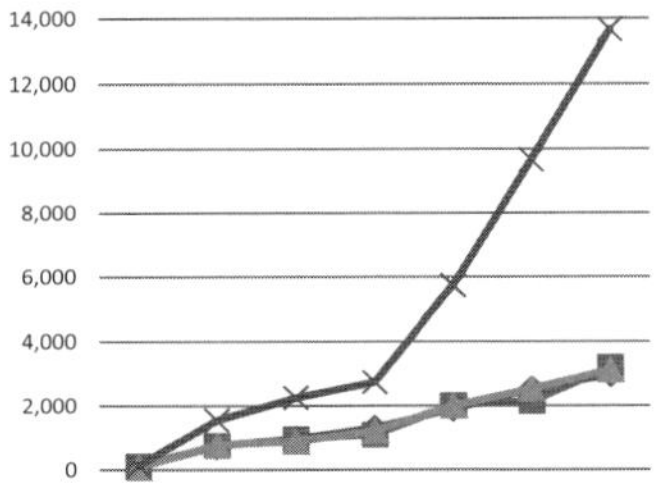

	1974	1992	1995	2000	2005	2010	2015
北海道	96	737	966	1,308	1,903	2,537	2,974
宮城県	118	758	964	1,100	2,018	2,140	3,212
広島県	80	771	883	1,210	2,001	2,538	3,129
福岡県	126	1,545	2,252	2,749	5,731	9,665	13,666

北海道　宮城県　広島県　福岡県

出所：日本学生支援機構「留学生調査」（アウトバウンド留学生2010年以降、インバウンド留学生2000年以降）

：1984年～2000年のアウトバウンド留学生数は法務省「出入国管理統計」日本人「留学・研修・技能取得」の出国者数。

：1992年・1995年のインバウンド留学生数は法務省「在留外国人統計」在留資格別「留学」の外国人数。

：1974年インバウンド留学生数は法務省「在留外国人統計」職業別「学生・生徒」の外国人数。

上記をもとに筆者作成。

料はデータの制約上、アウトバウンド留学生数とインバウンド留学生数の記載年次が一致していない点に留意が必要である。

道県別のアウトバウンド留学生数は、道県別の出国者数の順位と同じ順位で推移し、2000年にピークを打っている点でも同様である。しかし、2000年から2010年にかけての留学生数の減少率は、出国者数の減少率よりも高くなっており、学生数の減少だけでは説明できない。「若者の内向き化」が指摘されるなかで、近年は政府によるアウトバウンド留学生への支援が進みつつあり、4道県での数値も回復してきているが、福岡県の上昇率は高い。

インバウンド留学生数は、福岡県と他の道県との格差が拡大している。図7-15では参考のために1974年のみ職業別での「学生・生徒」に該当する外国人数を表記している[14]。4道県とも1974年時点では留学生は100名程度しかいない。1990年代に入ると、福岡県と他の道県の間に明らかな差がみられるようになるが、2000年以降その格差は拡大している。

福岡県は、2001年に産学官で「国際ビジネス人材支援会議」を設立し、県内企業による留学生の採用支援に取り組み、2008年には「福岡県留学生サポートセンター」を開設するなど、留学生への支援や留学生の誘致に積極的に取り組んできた（佐藤，2012）。近年の福岡県における留学生数の増加は、福岡県における大学や短大数の相対的な多さや福岡空港の国際線の充実だけでなく、地域の地道な留学生増加に向けた取り組みの成果として表れてきているといえよう。

（7）外国人延べ宿泊者数

第4項では、国外から各都市の空港へ直接入国した外国人数について考察したが、地域外の日本国内の空港から入国し、国内移動によってその後4都市を訪問する外国人数については捕捉できていない。各都市を訪問し、滞在した外国人数は完全には把握できないが、外国人延べ宿泊者数をもとに、4都市でのインバウンドに関するグローバル化を比較考察することは可能である。

観光庁「宿泊旅行統計」は、外国人延べ宿泊者数を都道府県単位で集計している。2007年以降の統計しか公開されていないため、2010年と2015年のデータを併記した図7-16を示した。

外国人延べ宿泊者数が最も多い道県は北海道であり、福岡県が次いでいる。2010年時点では、宮城県と広島県には大きな差はない。2010年から2015年にかけて北海道は2・6倍、福岡県は3・6倍、広島県は2・6倍となったのに対し、東日本大震災や福島の原発事故の影響もあり、宮城県はわずか1・01倍にとどまった。北海道を訪問する外国人数の増加は、図7-11と図7-12で示しておいたように、新千歳空港の国際線旅客数が増加しているうえに、その約9割が外国人ということからみても明らかである。2010年から2015年にかけての成田-新千歳便の旅客数の高い伸びも、北海道の外国人延べ宿泊者数の増加にともなっている。

さらに、北海道での外国人1人当たりの滞在日数の相対的な長さは、延べ宿泊者数を押し上げていると考えられる。2015年の各道県人口当たりの延べ宿泊者数を算出すると、図7-16の括弧内の数値となる。全国の平均値は、0・48であり、北海道のみがこれを上回っている。道内に宿泊した外

図7-16　外国人延べ宿泊者数

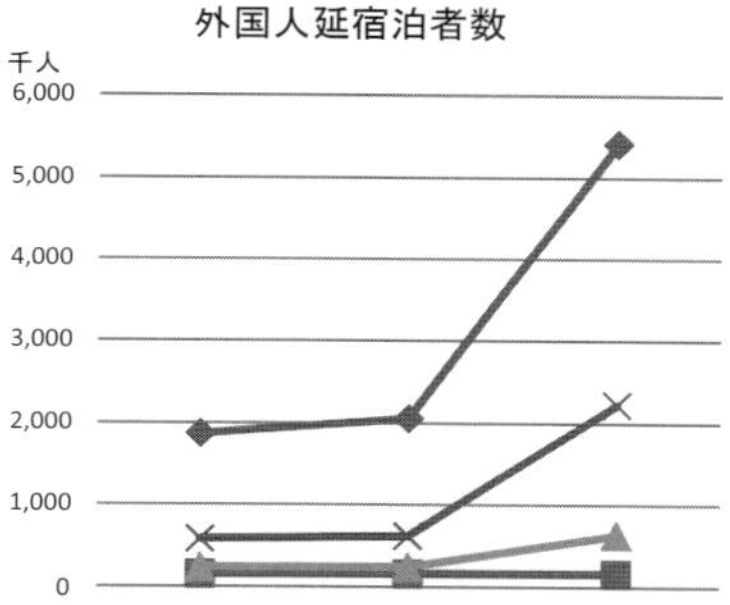

	2007	2010	2015	(2015人口当たり)
北海道	1,868	2,055	5,414	(1.01)
宮城県	152	159	161	(0.07)
広島県	235	239	630	(0.22)
福岡県	580	617	2,225	(0.44)
				(全国=0.48)

北海道　宮城県　広島県　福岡県

出所：国土交通省 観光庁「宿泊旅行統計調査」各年版をもとに筆者作成。
注記：従業者数10人以上の施設。

国人の何%が札幌市に宿泊したかは、統計からは明らかにはならないが、北海道を訪問するほとんどの外国人は、新千歳空港をゲートウェイとして札幌ないし北海道を訪問していることは確かである。

福岡空港をゲートウェイとして、国際線あるいは国内線で、福岡や九州を訪問する外国人数も増加している。改めていうまでもなく、空港は、海外から地方中枢都市への集客力を規定する最も重要な機能である。

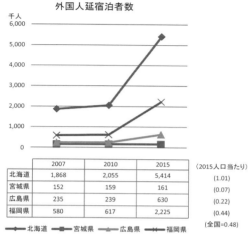

(8) 国際会議件数

前項で考察したインバウンド外国人訪問者数の近年における高い伸びは、政府による入国VISAの緩和措置や、円安といった要因を背景としている。さらに、各自治体では、MICE推進を政策にかかげ、インバウンド

図7-17　国際会議件数

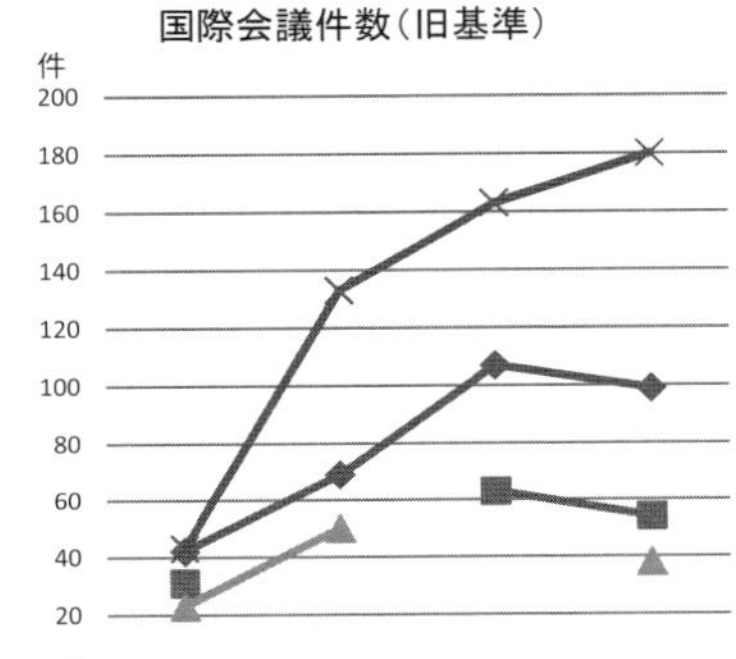

	1990	1995	2000	2005
札幌市	42	69	107	99
仙台市	31		63	54
広島市	23	50		38
福岡市	43	133	163	180

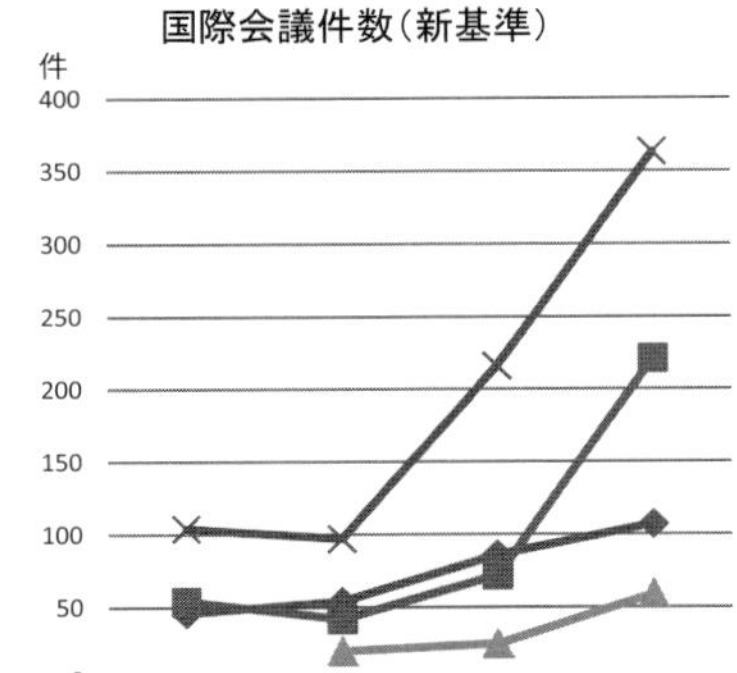

	2000	2005	2010	2015
札幌市	46	54	86	107
仙台市	54	42	72	221
広島市		20	25	59
福岡市	104	97	216	363

出所：日本政府観光局（JNTO）各年発表資料をもとに筆者作成。
注記：空白部分は統計に非掲載。

外国人の集客に派生する経済効果を取り込もうとしている。ＭＩＣＥとは、Meeting、Incentive、Conference（Convention）、Exhibitionの略称であり、国際会議や国際的な見本市を企画・誘致することによって、外国人の会議や見本市への参加にとどまらず、宿泊や飲食に加え、観光での消費を促すことによって外貨を獲得する戦略である。各都市のＭＩＣＥ推進の指標として、日本政府観光局（ＪＮＴＯ）による国際会議件数の変動を図7-17に示す。ＪＮＴＯは、２００８年に国際会議の集計基準を変更したため、変更前と変更後のデータを記載する。

旧基準においては、１９９０年には4都市間では大きな差はみられなかったが、２００５年にかけて福岡市での開催件数は4・2倍、札幌市では2・4倍に増加しており、他都市との差は拡大した。

新基準では、２００５年から２０１５年にかけて、福岡市での開催件数は3・8倍に増加し、３６３件となった。２０１５年に「第3回国連防災世界会議」関連の会議が多数開催され、開催件数を急増させた仙台市の２２１件よりも１４２件多い。福岡の国際会議件数は、２００８年より全国で東京に次いで2位で推移している。２０１５年の東京23区の開催件数は５５７件である。

国内指標・国際指標にもとづく地方中枢都市の総合評価

前節では、4都市の指標値を比較し、指標ごとに4都市の優位性・劣位性について考察した。本節では、第6章にて確認した世界都市ランキングの作成手法を援用し、4都市の都市圏としての総合的な評価を試みる。国内指標の総合評価によって、4つの地方中枢都市のレベルを評価し、また国際指標の総合評価をもとに、4都市のグローバル都市レベルを評価する。

総合評価は、各指標の数値を相対的な比率に応じて指数化し、それらを集計する方法を採択した。その理由は、4都市という少ないサンプル数では、既存の都市ランキングのように最大スコアを100とし、最少スコアを0とする指標値の指数化法では、各都市の差が著しく大きくなるためである。指標数も限られているため、ここでは最大値のスコアは100とするものの、それよりも小さな数値については最大値との比率に応じて配点することとした。

前節では、広域圏に関連する指標も示したが、本節では4都市を都市圏域で評価することを目指し、指標を選定する。また、本書作成時点における最新年次のデータを用いる。

上記の方法にもとづき、以下の観点から4都市の国内指標（8指標）と国際指標（11指標）を選定し、それぞれを100点満点に指数化した。その集計結果を表7-2に示している。

(1) 国内指標の定義

・No.1～No.4の国内における都市の中枢性を示す指標として、市域の指標ではなく、都市圏域の人口・経済集積規模を示す指標を採用する。市域に限定されない経済的な圏域の規模が大きいほど、その都市の中枢性は高くなるという観点からである。

・No.5、6の各市域における上場企業の本社と支所の数をそれぞれ採用する。上場企業本社・支

表7-2　地方中枢４都市の各指標値および指数値

	国内指標	札幌	仙台	広島	福岡	設定	札幌スコア	仙台スコア	広島スコア	福岡スコア
1	人口（千人）	2,360	1,610	1,430	2,600	各都市圏(2015)	90.8	61.9	55.0	100.0
2	従業者数（千人）	1,040	720	675	1,146	各都市圏(2010)	90.8	62.8	58.9	100.0
3	GDP（十億円）	7,438	5,414	5,385	8,922	各都市圏(2010)	83.4	60.7	60.4	100.0
4	従業者当たりGDP（百万円）	7.155	7.520	7.973	7.787	各都市圏(2010)	89.7	94.3	100.0	97.7
5	上場企業本社数	25	10	13	34	各市（2010）	73.5	29.4	38.2	100.0
6	上場企業支所数	721	850	736	954	各市（2010）	75.6	89.1	77.1	100.0
7	国内海上貨物輸送量（千トン）	89,018	30,914	5,635	15,313	各港湾(2014)	100.0	34.7	6.3	17.2
8	国内線旅客数（千人）	18,561	2,954	2,385	16,721	各空港(2015)	100.0	15.9	12.8	90.1
	指標平均スコア						88.0	56.1	51.1	88.1

	国際指標	札幌	仙台	広島	福岡	設定	札幌	仙台	広島	福岡
1	外国人人口比率（%）	0.5	1.1	1.4	2.0	各市（2015）	27.7	54.1	70.8	100.0
2	外資系企業本社数	5	2	7	7	各市（2015）	71.4	28.6	100.0	100.0
3	海外進出企業本社数	2	6	16	16	各市（2015）	12.5	37.5	100.0	100.0
4	国際海上貨物輸送量（千トン）	17,281	11,665	6,097	18,493	各港湾(2014)	93.4	63.1	33.0	100.0
5	貿易額(十億円)	1,014	905	1,911	4,211	各港湾・空港合計（2015）	24.1	21.5	45.4	100.0
6	国際線旅客数(千人)	2,278	160	283	4,646	各空港(2015)	49.0	3.4	6.1	100.0
7	外国人出入国者数(千人)	1,880	77	132	2,785	各空港(2015)	67.5	2.8	4.7	100.0
8	日本人出国率（%）	5.3	6.1	8.1	10.0	各道県(2015)	52.8	60.9	81.8	100.0
9	人口千人当たり留学生数	0.89	1.83	1.67	3.31	各道県（2015）イン・アウトバウンド合計	26.9	55.2	50.5	100.0
10	人口当たり外国人延べ宿泊者数	1.01	0.07	0.22	0.44	各道県(2015)	100.0	6.9	22.0	43.4
11	国際会議件数	107	221	59	363	各市（2015）	29.5	60.9	16.3	100.0
	指標平均スコア						50.4	35.9	48.2	94.9

出所：第７章第１節・２節の資料をもとに筆者作成。

所は、都市圏内にあっても、各市域中心業務地区（CBD：Central Business District）に集中していることを前提としている。

・No．7、8の各港湾での国内貨物量と各空港の国内線旅客数は、各都市圏の国内的なゲートウェイとしてのスポット的な機能を評価するために採用する。ただし、札幌市から約50㎞の苫小牧港と、広島市から約40㎞の広島空港は、それぞれの都市圏外に立地している。本分析では、苫小牧港と広島空港は、札幌都市圏および広島都市圏の機能を担うとみなし、評価することとしたが、苫小牧港は過大評価になっている可能性がある。

(2) 国際指標の定義

・No．1は、各市域における外国人人口比率を、各都市圏域に代用し採用した。外国人人口をそのまま評価しないのは、各都市の人口格差を除去するためである。

・No．2、3の外資系企業と海外進出企業の本社数については、上場企業と同様に、各市域CBDへの集中を想定し、市域での数値を採用している。

・No．4～No．7の国境を越えた人流・物流に関する各指標は、各都市圏の国際的なゲートウェイとしてのスポット的な機能を評価するために採用する。苫小牧港と広島空港の指標については、国内指標と同様に採用する。

・No．8～No．10の日本人出国者数、留学生数、外国人延べ宿泊者数は、道県単位の数値である。

そのため、各都市圏域においても同等のレベルであると仮定し、人口当たりに換算した数値を採用する。ただし、教育機関やホテルは各都市圏の中心市域に集中しているため、4都市圏ともに過小評価になっている可能性がある。

・No．11の国際会議件数については、各都市圏の各中心市内の主要国際会議施設で開催されていることを前提として、各市域での数値を採用する。

(3) 4都市の総合評価

上記の各指標について、表7-2に示す国内指標と国際指標の平均スコアを都市別に散布図に配置し、図7-18に示した。

国内指標の総合スコアによって、各都市の地方中枢都市レベルを相対化した。福岡が1位で札幌は2位であるが、スコア差はわずか0・1にすぎない。本分析から、福岡と札幌は、地方中枢都市として高い序列に位置していると結論づけられる。

指標が少ないことから、特定の指標にバイアスが生じている可能性も否定できない。採用する指標の数を増加させた場合、スコアには変動が生じると思われる。しかし、福岡・札幌と仙台・広島間には、一定の格差が存在しているため、採用指標を変更したとしても、1位・2位と3位・4位が入れ替わることは考えにくい。前節でも論じたように、これら都市の広域圏での人口や生産活動の変動によって、今後の地方中枢都市としての序列は変動するであろう。

図7-18　国内指標・国際指標スコアによる４都市のポジション

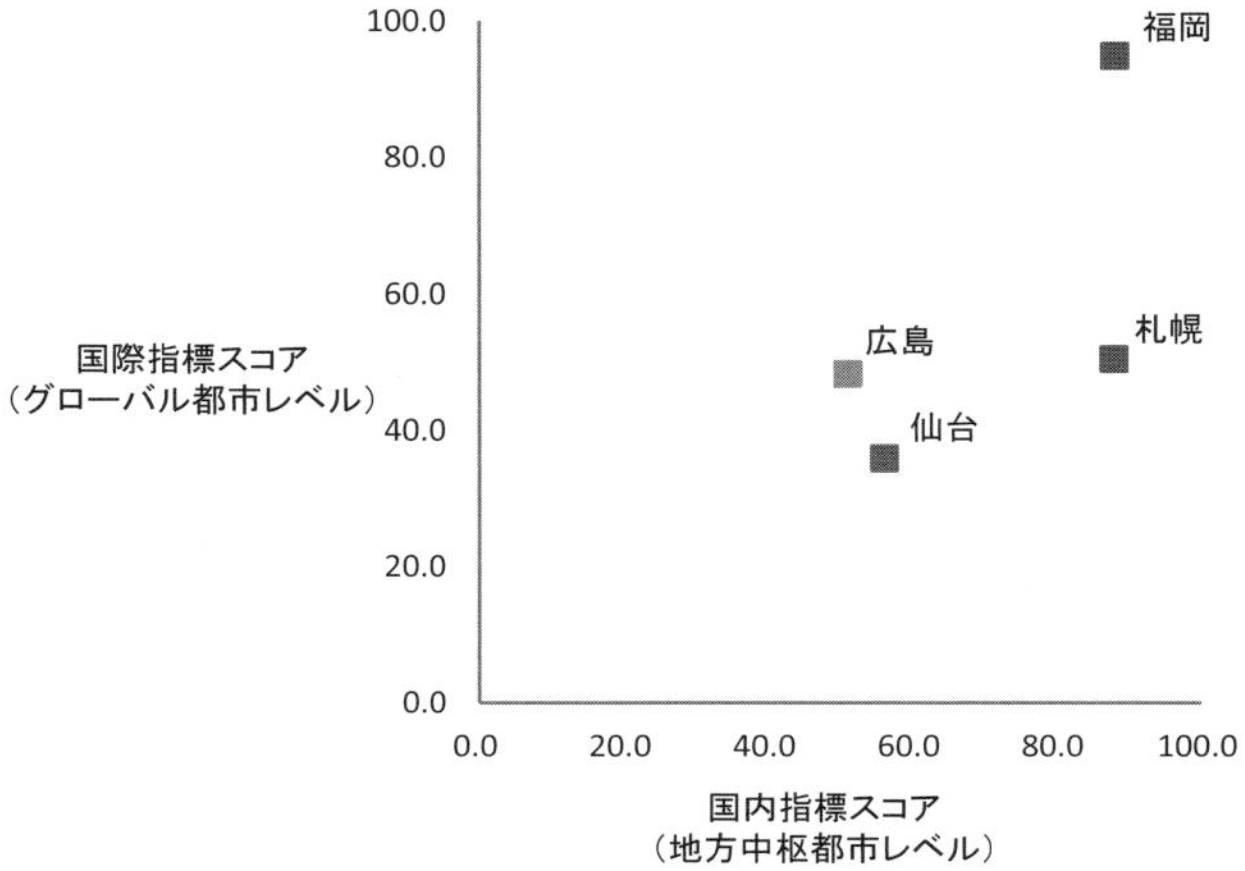

出所：表7-2をもとに筆者作成

次に、国際指標の総合スコアから、４都市のグローバル都市レベルを考察する。４都市のなかで、福岡のグローバル都市としての評価は、他の３都市を大幅に上回っている。地方中枢都市としての評価と同様に、グローバル都市としての評価を左右する指標間には、一定の相関性があると考えられる。

図７-19は、森記念財団都市戦略研究所の２０１２年「世界の都市総合力ランキング」に、日本の３大都市圏の政令指定都市と地方中枢４都市を加えて評価した結果である。従来の「世界の都市総合力ランキング」は、日本の都市では東京、大阪、福岡の３都市のみを評価対象としているが、２０１２年に番外編として、日本のその他都市を同様の手法にて評価しスコアづけをした結果である[15]。

地方中枢都市のスコアは、上位より福岡（７９

図7-19　世界の都市総合力ランキング2012年版での日本の各都市の序列

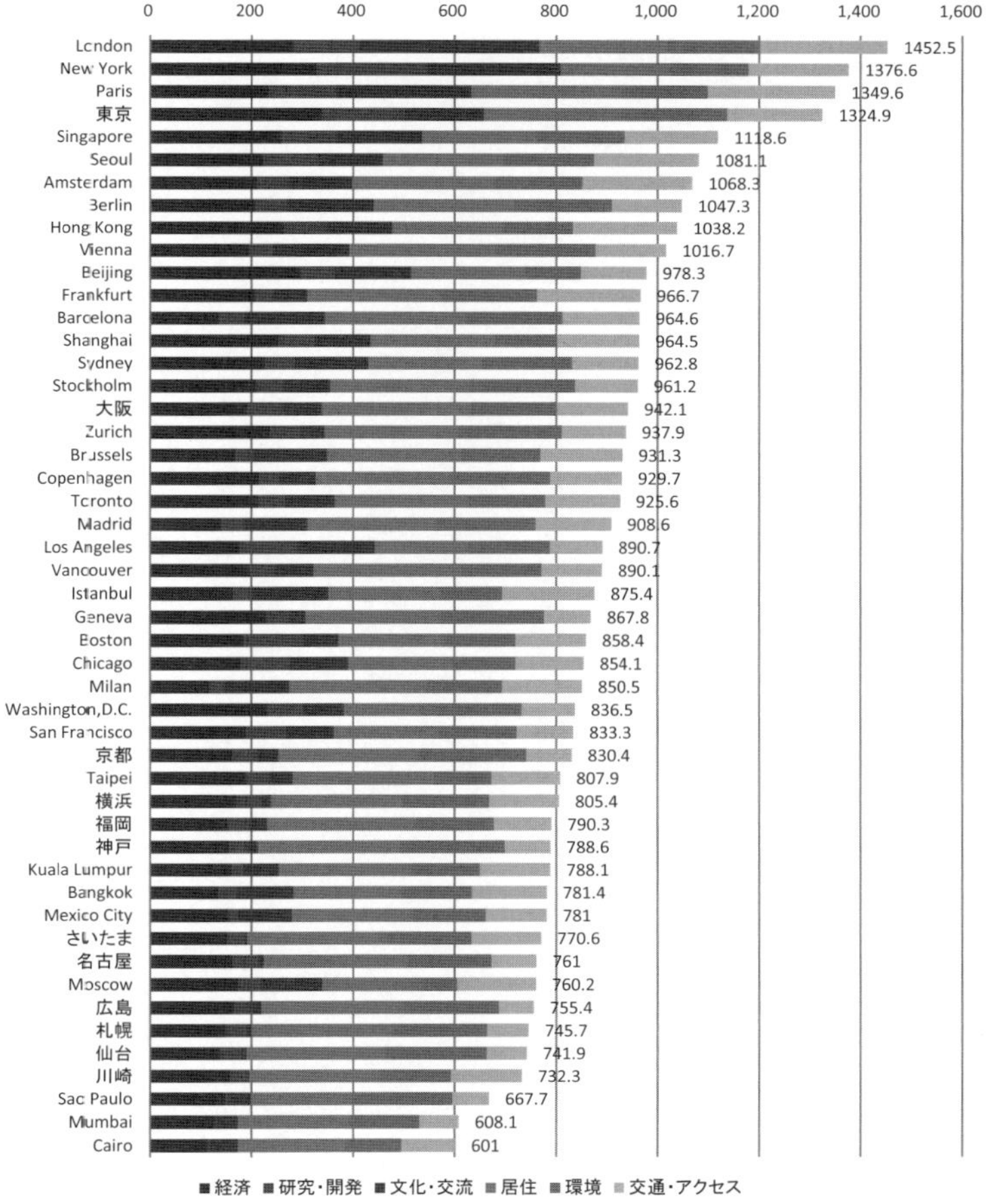

出所：森記念財団都市戦略研究所（2013）『世界の都市総合力ランキングYEARBOOK2012』p.107をもとに筆者作成。

0・3)、広島(755・4)、札幌(745・7)、仙台(741・9)の順になっている。表7−2の国際指標の指数平均スコアは、福岡(94・9)、札幌(50・4)、広島(48・2)、仙台(35・9)である。国際指標の指数平均スコアでは、広島と札幌の順位が逆転するが、福岡とその他3都市との間にはともに一定の格差があり、仙台のスコアは最も低くなっている。採用する指標の数やウェイトづけは異なるものの、グローバル都市としての評価結果には類似性をみることができる。さらに、図7−19からは、福岡のスコアは名古屋をも上回っている。

以上の考察から、日本国内の地方都市としては、福岡のグローバル都市としてのレベルは最も高いといえよう。

地方中枢都市で最もグローバル都市化した福岡

本章では、日本の都市システムにおいて、地方圏のなかで最も高い階層にあるとされる地方中枢4都市に焦点をあて、国内指標と国際指標に分けて1980年から近年にかけての変動を考察した。さらに、各都市の地方中枢都市レベルと、グローバル都市レベルを明らかにするため、指標を選定しスコア化し、4都市のレベルを数値によって示した。

4都市の市域人口は増加してきたが、九州を除く各広域圏の人口減少にともない、福岡を除く地方中枢都市の人口増加率は低下している。また、経済的管理機能の一つに位置づけられる上場企業の本社・支所の各都市への集積は、広域圏経済の成長に応じて増加し、経済停滞とともに減少してきている。交通網の整備、インターネットの普及、広域圏市場の縮小にともなって、国内の支所数そのものが減少するようになっている。

東京圏への本社機能の一極集中の進行にともない、地方中枢都市と東京圏との結合は強化されてきている。札幌、福岡と東京間の航空旅客数は２０００年にかけて著しく増加し、それぞれの国内線旅客数の過半を占めている。

国内的都市システムの観点からは、東京へのアクセシビリティは、支所立地の重要条件として捉えられてきたが、グローバル経済と国内最大の結節点である東京とのつながりの強さは、地方中枢都市としての序列をより大きく規定するようになったと考えられる。新幹線による東京圏へのアクセスの良い仙台も、この観点からは優位性を向上させている。

国土の末端に位置している福岡と札幌は、東京ときわめて強い航空ネットワークを形成している。福岡以外の九州の都市および札幌以外の北海道の都市と東京との航空ネットワークは、福岡、札幌ほど濃密ではない。そのため、広域圏における東京圏との結節点としての中枢性は、福岡と札幌において高くなると考えられる。岡山は、広島から約１６０㎞離れているが、山陽自動車道と山陽新幹線で広島と同等の広域交通ネットワークを形成しているため、中国での広島の中枢性の低減要因となっている。

国内指標を総合評価した結果、札幌・福岡の地方中枢都市としての序列は、仙台・広島よりも高くなった。国際指標においては、ほぼすべての指標において福岡の著しい上昇と優位性を確認した。地方中枢都市のなかでは、福岡のグローバル化は1980年以降最も進展したといえる。国際指標をもとに地方中枢4都市を総合評価すると、グローバル都市レベルとしては、福岡と他の3都市の間には一定の格差が認められる。福岡と札幌は、地方中枢都市としては同等レベルであるものの、グローバル都市レベルでは、福岡が札幌を大きく上回っている。2都市は双方とも東京との結合は強いが、福岡は札幌よりも、海外との直接的な結合も強くなっている。

福岡のグローバル都市レベルの高さは、福岡のグローバル経済との結合の強さを意味しており、グローバル化が福岡の経済成長を促進している可能性を指摘できよう。その反面、グローバル都市レベルが4都市のなかで最も低い仙台は、東京に最も近く、首都圏経済への依存度も高い。人口減少期に入った日本においては、グローバル経済への直接的なつながりの強さは、今後の地方中枢都市の序列にさらなる格差をもたらすであろう。

ここまでの考察により、日本の地方圏においては、福岡の地方中枢都市としての序列の高さのみならず、グローバル都市としての卓越性が明らかになった。以降では、日本国内からは、福岡をサンプル都市として、世界の都市との比較による国際競争力の評価を進めることとする。

第8章　世界都市ランキングの手法にもとづく福岡の国際競争力の評価

ベンチマーキングを都市に応用

本章では、日本の都市システムにおいて、地方都市として最も高い序列にあり、グローバル都市としての評価も最も高い福岡について、グローバルな観点から独自の手法を用いて国際競争力の評価を行う。評価においては、既存の世界都市ランキングの手法を取り入れながらも、よりピンポイントに都市どうしをベンチマーキングによって評価する方法論の構築を目指す。ベンチマーキングとは、企業の経営戦略において、競合他社の最良事例、すなわちベストプラクティスを分析し、取り入れる手法である。福岡と類似性を有する競争力の高い世界の都市のベストプラクティスを取り入れるという観点から、都市の多様な分野での競争力の相対的な評価を行い、その結果にもとづいて競争戦略の導出を試みるものである。

福岡と類似性を有する都市を検討するうえで、ＩＲＢＣ（International Regions Benchmarking Consortium：国際地域ベンチマーク協議会）の存在は重要である。ＩＲＢＣは、シアトル[1]の提唱で

2008年に設立され、都市規模や経済特性などにおいて類似性を有する世界10都市で構成される国際的なネットワークである。各加盟都市は、経済指標や社会指標、共通して関心がある課題について、比較し学び合うことが互いにとって有益であるとの考えから、協議会設立以来1~2年毎に国際会議を開催し情報交換を行っている。[2] IRBCでは、加盟都市を「Regions＝地域」と呼称している。それは、市域を超えた「経済圏」あるいは「都市圏」を総体として、お互いにベンチマークし合うという協議会の理念にもとづいている。なお、本章で取り上げる福岡を含む各都市については、中心市あるいは中心市を含む都市圏を「都市」と呼称する。

まず、IRBCに参加する都市の類似性を念頭に、改めて世界において福岡と類似性を有する都市としてのクライテリアを設定したうえで、ベンチマーク都市の選定を進める。

次に、選定された都市の概要をまとめたうえで、各都市の属する国家におけるガバナンス構造を把握したうえで、各都市の国内的な位置づけや産業特性について明らかにする。

さらに、福岡を各都市とベンチマーキングによって比較評価する手法を検討し、各都市における指標データの収集および計量的な集計を進める。

最後に、集計したデータの分析を行う。その結果をもとに総合評価を行い、福岡の相対的な優位性と劣位性を明らかにするとともに、福岡の競争戦略の方向性を探る。

福岡と類似する都市の選定

(1) クライテリアの設定

ＩＲＢＣメンバーは、すべて先進国（ＯＥＣＤ加盟国）に属しており、比較的小さな規模の都市によって構成されている。これらのなかでダブリン、ストックホルムおよびヘルシンキは首都である。首都ではないシアトル、バンクーバー、メルボルン、ミュンヘン、バルセロナ、テジョンの６都市は、政府機関や大使館といった首都特有の機能集積がないという点において、福岡と類似性を有していると考えられる。そこで、以下の福岡と共通するクライテリアを設定し、世界の都市をスクリーニングすることによって、前記都市と福岡との類似性を確認する。

①グローバル都市として一定の評価を受けている都市

福岡のグローバル都市としての評価は、日本国内の地方都市のなかで最も高い。条件の似通った海外の都市をベンチマークすることによって、福岡のグローバル都市レベルをより正確に把握することができる。

②当該国の首都または経済首都に該当せず、独自の経済圏域を形成している都市

首都、あるいは政治機能のみを他都市に移転した旧首都といった経済首都的な都市には、国家の主要な中枢機能が集中している。これらの都市は、経済開発やインフラ整備に最優先で資本が投じられ、一定の国際競争力を備えている。ここでは、これらの都市を除外し、前記のような背景がなくとも、独自の経済圏を形成しながら高い国際競争力を有するグローバル都市をベンチマークすべきと考える。

③人口規模が福岡に近い都市

近年、新興国を中心に「メガ・シティ」が増加している。メガ・シティでは、世界都市論のセオリーどおり、多国籍企業の拠点集中を契機に、同国内において局所的に労働人口・経済集積が進んでいる可能性は高い。それゆえ、グローバル都市としても一定の評価を得ている。一方、世界には「コンパクト・シティ」でありながら、グローバル都市としての評価も高い都市は存在する。福岡は国際競争力の高いコンパクト・シティであるから同様の都市をベンチマークすべきと考える。

④グローバル都市として過度に特化した機能のない都市

福岡は、地方都市のなかで最も中枢管理機能が集積した都市であるが、国際機関本部といったグローバルな中枢管理機能は集積していない。特化したグローバル機能をすでに集積させている都市は、短期的には福岡のベンチマークとなりにくいと考えられるため、ここでは除外する。

⑤居住環境の国際的な評価の高い都市

福岡は、日本の雑誌『ＢＲＵＴＵＳ』[3]において地方都市ランキング１位に選ばれるなど、札幌と並んで住みやすい地方都市、サラリーマンが転勤したい地方都市として知られている。１９９７年、１９９９年、２０００年には、香港の雑誌『ＡＳＩＡＷＥＥＫ』[4]にてアジア40都市で最も住みやすい都市１位に選出されている（１９９８年は2位）。また、２００８年より英国の雑誌『Monocle』[5]にて世界で最も住みやすい25都市に毎年選出され続けている。居住性の高さは、福岡の競争力の一因であるとの観点から、世界で居住性の評価の高いグローバル都市を選定しベンチマークすることとする。

(2) 対象都市のスクリーニング

次に、上記クライテリアに準じて、福岡と類似性が高く、ベンチマークするにふさわしい都市のスクリーニングを表８-１にもとづいて進める。

①グローバル都市として一定の評価を受けている都市の選定

まず、①の要件として、世界における主要な世界都市ランキングにもとづき都市のスクリーニングを行う。ここでは、Global Power City Index 2013（GPCI-2013・森記念財団・日本）、Global Cities Survey 2013（GCS-2013・Knight Frank・英国）、Global Cities Index 2014（GCI-2014・A.T. Kearney・米国）、Global Cities Competitiveness Index 2012（GCCI-2012・Economist Intelligence Unit・英国）

の4つの世界都市ランキングを用いる。これらのなかで、Global Cities Surveyのみ分野別のスコアが開示されていないという理由で第6章にて評価検証をしていないが、ほかの3つのランキングと同様に、都市を多種多様な指標で総合的に評価しているため、グローバル都市のリストアップのためにここでは用いることとする。GPCI－2013、GCS－2013、GCI－2014からは、それぞれ一定の基準をクリアして評価対象となっている40都市（GPCI・GCS）および84都市（GCI）を選定する。GCCI－2012は評価対象都市数が120都市と多い。都市の選定基準は、人口100万以上かつGDP200億ドル以上と比較的緩く、かつ米国、中国およびインドの都市数は、他の国の都市数とバランスをとるために限定されている。したがって、120都市のすべては順当に選定されているわけでない。本章では、GCCIの120都市を上位2／3にあたる80都市に限定して選定する。この条件のもとで、4つの世界都市ランキングのいずれかに評価対象都市として掲載されている都市を「グローバル都市として一定の評価を受けている都市」と定義すると、101都市をリストアップできる（表8－1－①）。ヘルシンキとテジョンはこの基準を満たしておらず、IRBC加盟都市からは8都市がこのリストに残った。

②当該国の首都または経済首都に該当せず独自の経済圏域を形成している都市の抽出

次に、②の要件を満たす条件として、首都を除外する。表8－1の101都市において、首都には50都市該当する（表8－1－②－a）。IRBCからはダブリンとストックホルムが除外され、シアトル、

表8-1　グローバル都市として評価を受けている都市の分類

①グローバル都市として評価を受けている都市（101）

②-a首都（50）

Abu Dhabi, Addis Ababa, Amsterdam, Athens, Bangkok, Beijing, Berlin, Bogota, Brussels, Bucharest, Budapest, Buenos Aires, Cairo, Caracas, Copenhagen, Delhi, Dhaka, Doha, Dubai, Dublin, Hong Kong, Jakarta, Kinshasa, Kuala Lumpur, Kuwait City, Lima, Lisbon, London, Madrid, Manama, Manila, Mexico City, Monaco, Moscow, Oslo, Panama City, Paris, Prague, Riyadh, Rome, Santiago, Seoul, Singapore, Stockholm, Taipei, Tokyo, Tunis, Vienna, Warsaw, Washington

②-b経済首都（14）

Auckland, Ho Chi Minh, Istanbul, Johannesburg, Karachi, Lagos, Milan, Nairobi, New York, Sao Paulo, Sydney, Tel Aviv, Toronto, Zurich

②-c首都・経済首都に該当しない都市（37）

Bangalore, Chennai, Chicago, Chongqing, Dallas, Guangzhou, Houston, Incheon, Kolkata, Lahore, Los Angeles, Miami, Mumbai, Nagoya, Osaka, Philadelphia, Rio de Janeiro, San Francisco, Shanghai, Shenzhen, Tianjin

③都市圏人口500万以下の都市（16）

④-a高度グローバル都市（3）

Boston	高度研究・教育クラスタ
Frankfurt	国際金融センター
Geneva	国際政治ハブ

④-b高度グローバル都市以外の都市（13）

Atlanta, Birmingham, Busan, Cape Town, Krakow

⑤居住評価の高い都市（8）

Barcelona*, **Fukuoka***, Hamburg, Melbourne*, Montreal, Munich*, Seattle*, Vancouver*

* IRBC加盟都市（6）

出所：筆者作成。

バンクーバー、メルボルン、ミュンヘン、バルセロナ、福岡の6都市が残る。

さらに、当該国において首都ではないが、人口・経済規模が首位の都市（たとえば米国ではニューヨークが該当）を選定すると、14都市該当する（表8-1-②-b）。これらを51都市から除外すると、37都市残る（表8-1-②-c）。

③人口規模が福岡に近い都市の抽出

福岡の市域の人口は約150万、都市圏では約250万である。本章では、福岡都市圏の2倍にあたる500万を上限とする都市圏を形成する都市を、福岡と類似する人口規模の都市と定義する。ここでのスクリーニングは、米国のDemographiaによって毎年発表される世界の都市圏人口ランキングの2014年版にもとづき進める。

②の要件を満たした37都市のなかの21都市は、都市圏人口500万以上に該当する。これらを37都市から除外すると、16都市に絞り込まれる（表8-1-③）。

④グローバル都市として過度に特化した機能のない都市の抽出

福岡と類似する都市を抽出するために、「首都」をまず除外した。これは、首都として政府機関や外交機関などの集積はなくとも、一定の国際競争力を有する都市を抽出するためである。しかし、首都でない都市であっても、国際連合欧州本部などの国際機関が集中しているジュネーブのような都市もある。都市のスケールと比較して過度な国際政治機能の集中を指摘できる。グローバル金融機能や研究開発機能においても、きわめて高度なグローバル・ネットワークの中心地としての役割を果たしている都市は、福岡との類似性は低いと考えられるため、このプロセスで除外する。ここでは、上述のジュネーブ、世界の金融センターとしての役割を担うフランクフルト[6]、そして、世界的な研究・教育機関の集中するボストンの３都市（表８-１-④-a）を、16都市から除外し、13都市に絞り込む（表８-１-④-b）。

⑤居住環境の国際的な評価の高い都市の抽出

最後に、福岡と類似する要素として、居住環境の良さをもとに絞り込みを行う。都市の居住性の良さを評価し、ランクづけする調査は、英国 Monocle による Most Liveable Cities Index に加え、Mercer Human Resource Consulting による Quality of Living Survey、Economist Intelligence Unit による World's Most Livable Cities など存在する。これらに公表されている結果において、いずれかにランクインしている都市を抽出したところ、13都市中８都市該当する（表８-１-⑤）。

(3) 対象都市選定結果

上記のスクリーニングの結果、バルセロナ、ハンブルグ、ミュンヘン、メルボルン、シアトル、モントリオール、バンクーバーの７都市が、福岡とともに、同じクライテリアのもとで抽出された。したがって、これら7都市は、福岡ときわめて高い類似性を有しているといえる。換言すれば、これらの都市は、グローバルな「地方中枢都市」であるともいえよう。

抽出された8都市のなかで、6都市はＩＲＢＣメンバーである。ハンブルグとモントリオールについても、福岡のベンチマークとなりうることを上記のプロセスで確認したが、本章ではＩＲＢＣに属するシアトル、バンクーバー、メルボルン、ミュンヘン、バルセロナの5都市をベンチマークすることによって、福岡の優位性と劣位性について評価することとしたい。

6都市の概要およびガバナンス構造

(1) 各都市の圏域と人口

ＩＲＢＣは、加盟する都市の市域（City）を中心とした都市圏における事象をお互いに学び合うという概念にもとづいて組織されている。ＩＲＢＣの創設者である、Bill Stafford氏は、「シアトル」の国際競争力は、シアトル市に限定されるものではなく、シアトル都市圏によって評価されるべきであると考えている。[7] シアトル発祥として著名なボーイングや、マイクロソフトの本社は、シアトル市外の近郊地域に立地しながら、シアトルの経済やグローバル化に影響を与えている。このような背景もあり、ＩＲＢＣはCitiesではなく、あえてRegionsという概念でのネットワークを構築している。

ＩＲＢＣ6地域のそれぞれの中心市の圏域は明確である。だが、都市圏については、世界共通の明

図8-1　6都市の市域および都市圏域の人口と面積

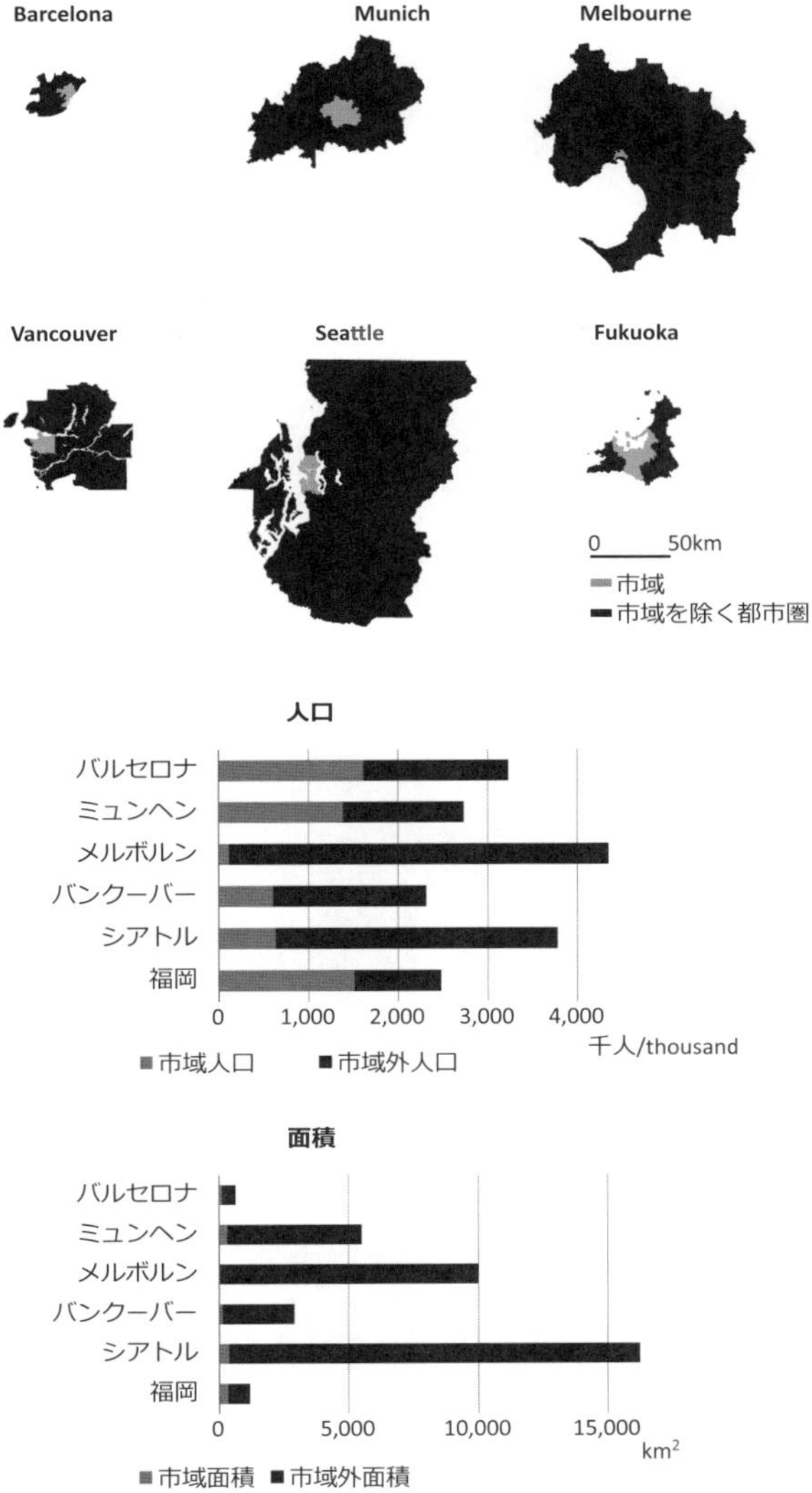

出所：筆者作成。

確な定義は存在しない。そのため、それぞれの地域において、中心市の名前＋Metropolitan Areaあるいは Greater＋中心市の名前として公表されているもののなかで、最も適当と考えられるものを採用し、６都市の圏域と人口を図8-1にまとめて示す。

中心市について６都市を比較すると、人口12万未満のメルボルン市を除くと、シアトル市とバンクーバー市は人口約60万である。福岡市、ミュンヘン市、バルセロナ市は、人口１５０万前後と３つの階層に区分される。各地の定義にもとづく都市圏については、最も面積の大きいシアトルと最も面積の小さいバルセロナには、30倍近い格差が存在している。一方、すべての都市圏の人口は２００万～４００万台であり、人口規模は似通っている。６都市には、都市圏の面積には大きな相違が存在しているが、一定の範囲に同規模の人口集積が形成されている

（2）各都市の国内における位置づけ

①福岡

福岡は、日本列島の南西に位置し、アジア諸国に最も近い地域に属する。首都東京からは約９００km、かつての首都京都からも約５００km離れており、古来より諸外国との交易を通じてゲートウェイ都市として独自の発展を遂げてきた。現在も九州の中枢都市として、東京や大阪に本社を置く企業の支社・支店が多く集積する一方、東証一部上場企業の本社は少なく、全国的には中枢管理機能の集積は大きくない。

図8-2　福岡の国内的位置づけ

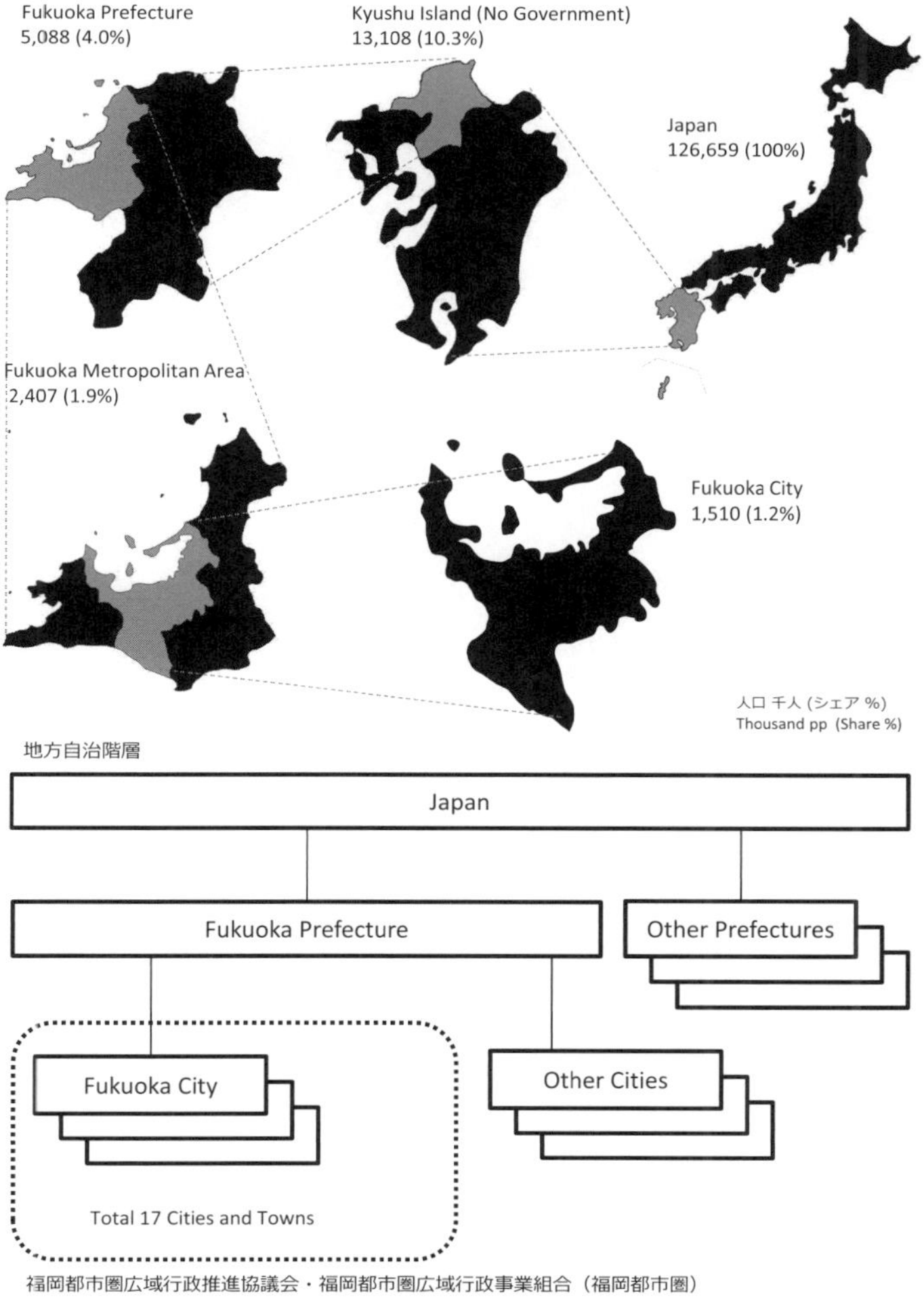

出所：筆者作成。

日本の地方自治は、都道府県および市町村による2層制を基本としている。都市圏レベルでの自治体という枠組みは存在しないが、都道府県および市町村によって広域連合を設置し、総合的かつ計画的に広域行政を推進することは可能である。また、事務の一部を共同して処理するための、一部事務組合や、広域にわたる総合的な計画を共同して作成するための協議会を設置することも地方自治法によって認められている。

福岡都市圏は、福岡市を中心とした合計17市・町による人口規模約250万の地理的圏域である。福岡都市圏広域行政推進協議会を組織し、広域行政計画を策定するとともに、福岡都市圏広域行政事業組合によって広域行政が推進されている（図8-2）。本章で比較する6都市のなかでは、都市圏レベルでの行政機能は最も小さい。

福岡市は、2015年時点で、政令指定都市で人口5位であり、2010年からの人口増加率は、1位である。また、総務省が1・5％通勤・通学圏として定義する「北九州・福岡大都市圏」としては、総人口500万を超える日本第4位の都市圏でもある。

②シアトル

シアトルは、米国の北西部に位置し、カナダとの国境に近いピュージェット湾沿岸に面する都市である。米国西海岸最大都市のロサンゼルスからは1，500㎞以上離れているが、米国内ではアジア・太平洋地域およびヨーロッパから航空機で等距離（東京、ロンドンからともに9時間・7，700㎞）

図8-3　シアトルの国内的位置づけ

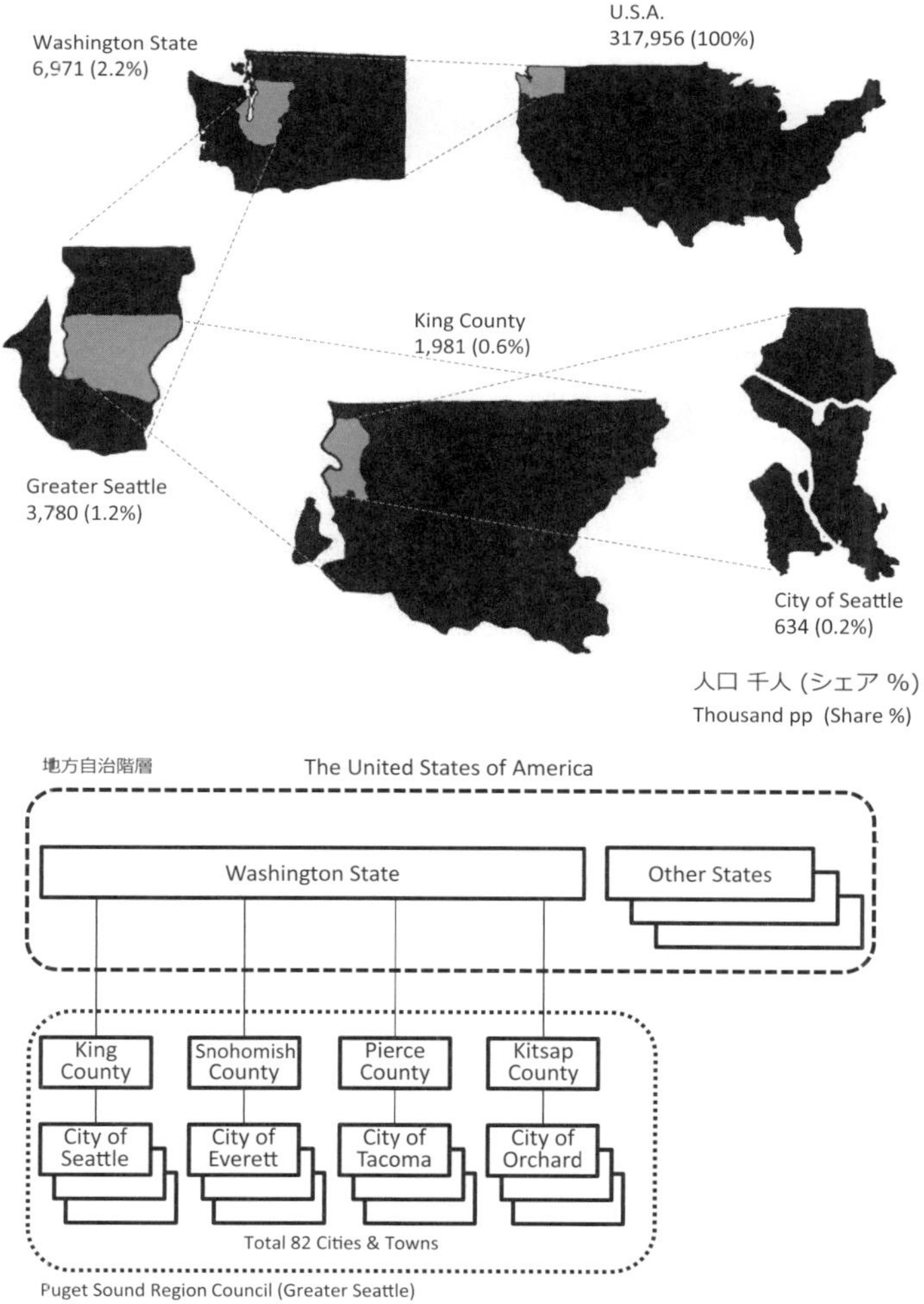

出所：筆者作成。

に位置しており、米国内でアジアとヨーロッパの商圏へのアクセスの優位性を持っている。シアトルでは、ロジスティクス産業、航空宇宙産業、情報通信産業、バイオテクノロジー産業などにおける革新的な企業が誕生してきた。[8]

米国は、50の州からなる連邦制国家である。地方自治は各州によって規定され、州下に郡（カウンティ）および市町村を置く2層制を基本としている。シアトル市は、最下層の基礎自治体であり、その上位にキング郡がある。キング郡を含むピュージェット湾に面する４つの郡とそれらの郡下の82市・町によって構成されるピュージェット・サウンド地域協議会は、市域を超えた広域行政機関であり、シアトル都市圏（グレーター・シアトル）を形成している（図8-3）。シアトル都市圏は、独立した自治体としての機能を持たないが、地域経済戦略が策定されるなど、都市圏レベルでの行政機能は福岡と比較して大きい。

シアトル都市圏の人口は、ワシントン州の約半分の３８０万であり、全米の人口の１・２％を占める。これとは別に、米国では連邦政府によって各種統計のために都市圏（Metropolitan Area）が定義されている。シアトル市が属するシアトル－タコマ－ベルビュー都市圏（Seattle-Tacoma-Bellevue, WA Metropolitan Statistical Area）は、人口約３５０万であり、全米で15番目の人口規模の都市圏であるとされる。

図8-4　バンクーバーの国内的位置づけ

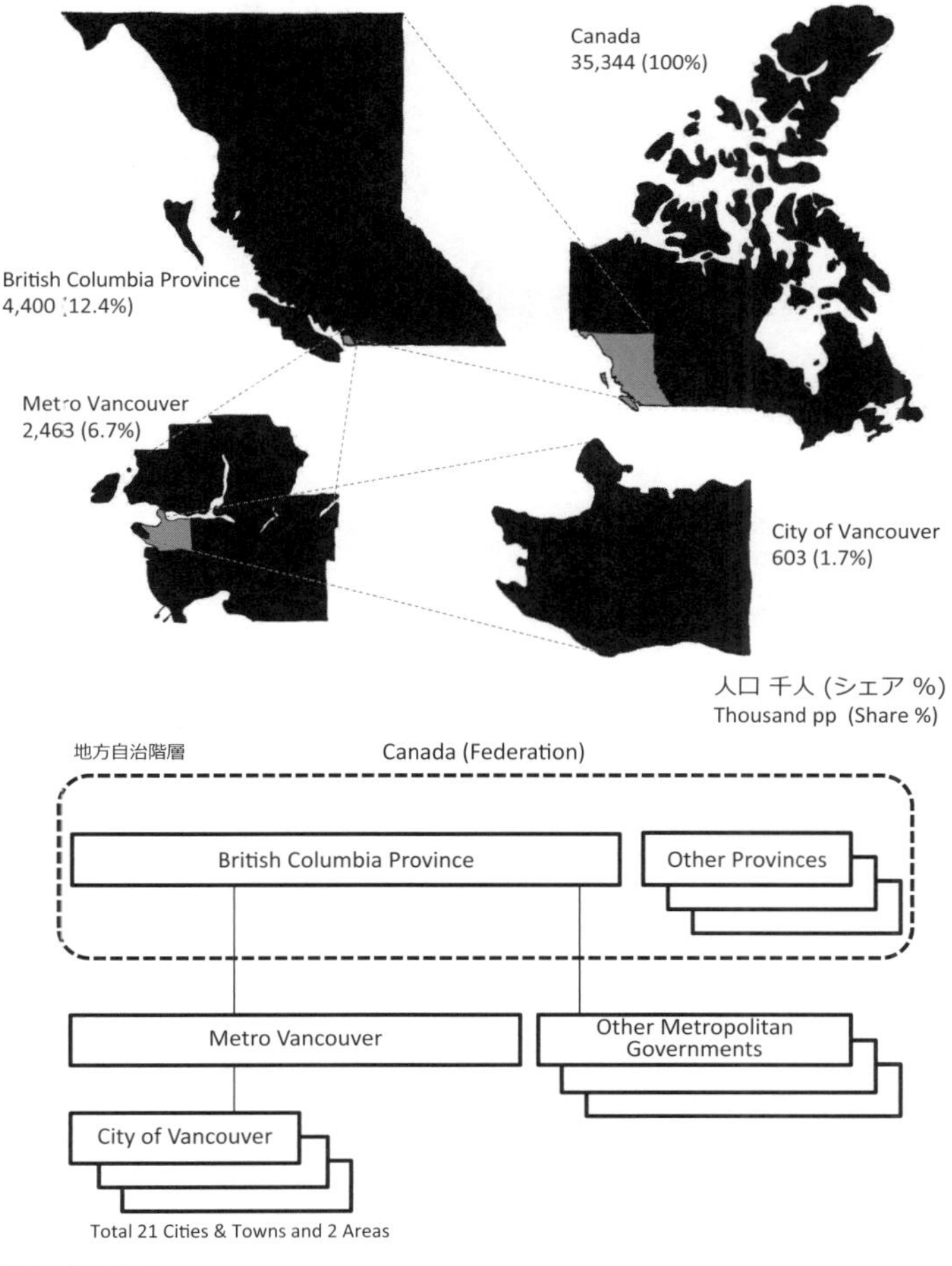

出所：筆者作成。

③バンクーバー

カナダにおいては、首都オタワ、最大都市のトロント、第2都市のモントリオールなどの主要都市が東部に集中するなかで、バンクーバーは、カナダ西海岸に位置する唯一の大都市として発展してきた。また、バンクーバーが属するブリティッシュコロンビア州は、歴史的にアジア系移民を多数受け入れてきており、とくに、1967年の移民制度改正、1997年の香港中国返還を契機に、中国、香港からの移民が増加した。アジアとのつながりは、地理的な近接性も作用しながら、この地域の経済発展の大きな原動力となっている。

カナダは、独立主権を有する10の州（Province）と、連邦政府の直轄地である3つの準州（Territory）による連邦制国家である。各州内の階層構造は、州直轄、郡と市町村の2層、郡のみ、市町村のみなど州によって異なる。[9] バンクーバーが属するブリティッシュコロンビア州では、基礎自治体と広域自治体の2層制が採用されている。バンクーバーはメトロ・バンクーバー都市圏に相当するメトロ・バンクーバー市を筆頭とした21の市町村によって構成された広域自治体であり（図8-4）、本章で比較する6都市において唯一都市圏レベルでの自治体を形成している。メトロ・バンクーバーは、バンクーバーの人口は約250万であり、カナダ全体の7％を占めるカナダ第3位の都市圏である。

④メルボルン

オーストラリア東海岸の最南端に位置するメルボルンは、かつては首都であり、現在はシドニーに

図8-5　メルボルンの国内的位置づけ

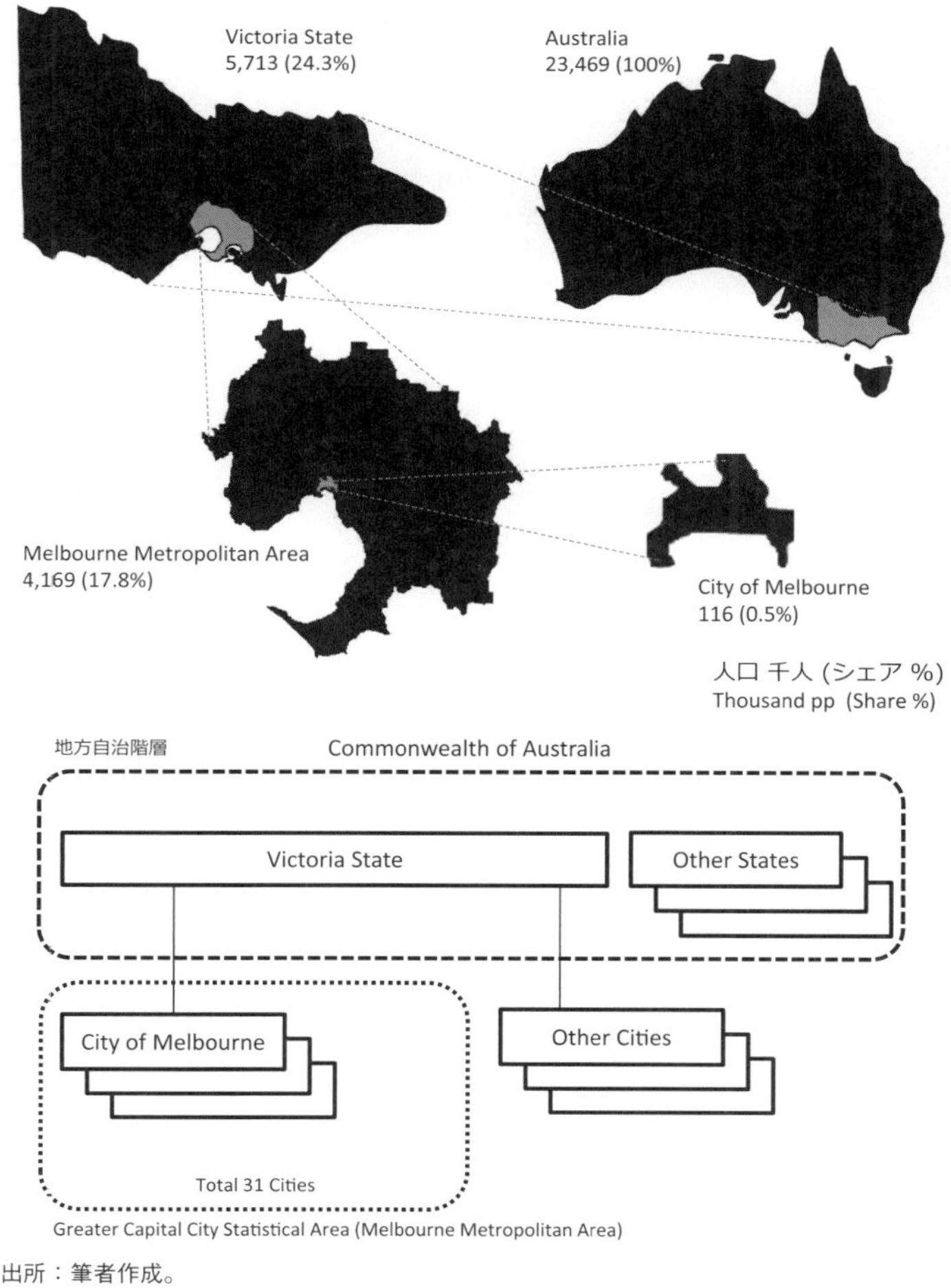

出所：筆者作成。

次ぐ第2の都市である。シドニーおよび首都キャンベラからは500㎞以上離れており、ヨーロッパや北米の都市からも遠方に位置している。にもかかわらず、メルボルンには多くの移民が集まり、市内在住者の48％が海外で生まれ、140以上もの言語が使われている。[10] メルボルンはその人材の多様性を強みとして、ユネスコによる創造都市ネットワーク（Creative Cities Network）に2008年に認定された。

オーストラリアは、6つの州（State）と2つの特別地域による連邦制国家であり、州下に基礎自治体が置かれる1層制である。ビクトリア州は、79の基礎自治体によって構成され、このなかで、メルボルン市を含む31の基礎自治体によってメルボルン都市圏（グレーター・メルボルン）が形成されている（図8-5）。福岡やシアトルと同様に自治機能はないが、州政府と個別自治体によって一体的な都市圏として計画・運営されている。都市圏人口は約410万であり、オーストラリア全人口の約18％を占めている。

⑤ミュンヘン

ドイツ南部バイエルン州に位置するミュンヘンは、首都ベルリン、第2都市のハンブルグ、経済首都のフランクフルトと並ぶ規模の独立した経済圏を形成している。ドイツ国家形成以前より、バイエルン地域は独自の国家としてミュンヘンを中心に発展してきた。かつては農業を主産業としていたが、第2次世界大戦以降、BMW、アウディ、シーメンス等の企業を中心に先端産業の集積するハイテク

図8-6　ミュンヘンの国内的位置づけ

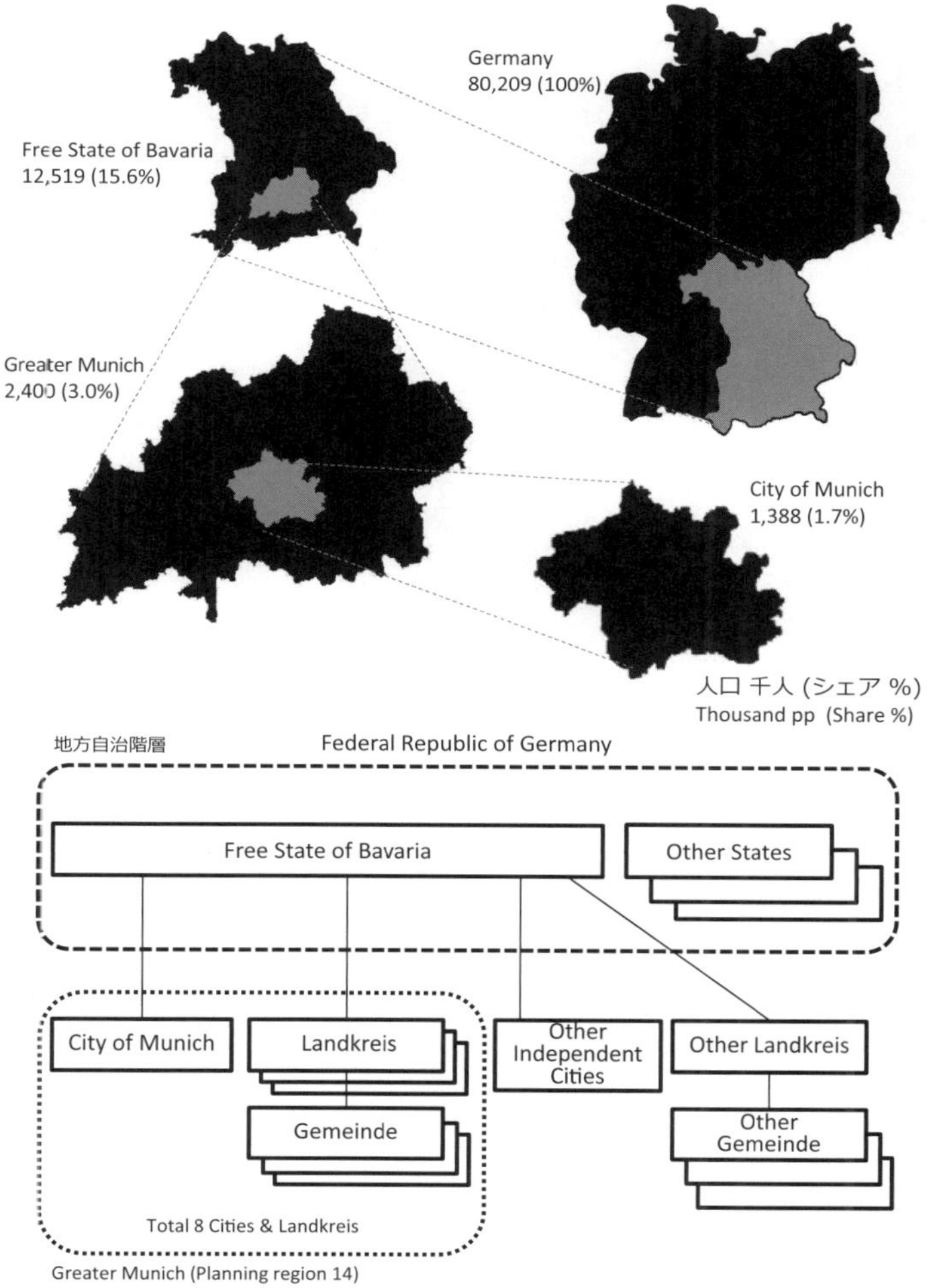

出所：筆者作成。

産業拠点として急成長した。近年ではさらに、ＩＴ、バイオ、メディカル、環境技術等の先端分野で、欧州有数のハイテクセンターへと発展した。[11]

ドイツは16の州（Land）から構成される連邦制国家である。各州における地方自治体は、基礎自治体である市町村（ゲマインデ）と、その上位レベルである郡（クライス）による2層制を基本とする。ミュンヘンは、バイエルン州のなかで、郡と同等の権限を有する「郡独立市」[12]である。ミュンヘン市と周辺自治体で形成されるミュンヘン都市圏（グレーター・ミュンヘン）には自治機能はないが、一体的な都市圏として都市計画が行われている[13]（図8-6）。都市圏人口は約２４０万であり、ドイツ全体に占める割合は約３％である。

⑥バルセロナ

バルセロナは、スペイン北東部カタルーニャ州の地中海に面する都市である。首都のマドリッドとは一線を画し、スペイン語とともにカタルーニャ語を公用語とするなど独立意識の強い地域として知られている。ここでは、スペインではいち早く産業革命がもたらされ、芸術面においても豊かな創造性を育んできた。１９８０年代には深刻な不況に苦しんだが、１９９２年のオリンピック開催を契機に都市は大きく発展し、「バルセロナ・モデル」と呼ばれる都市再生が進められた。[14]

スペインは、連邦制国家ではないが、権限の強い自治州の下に県が設置され、さらに市町村が設置される3層制である。バルセロナ市は、カタルーニャ州の州都であり、バルセロナ県の県都でもある。

図8-7　バルセロナの国内的位置づけ

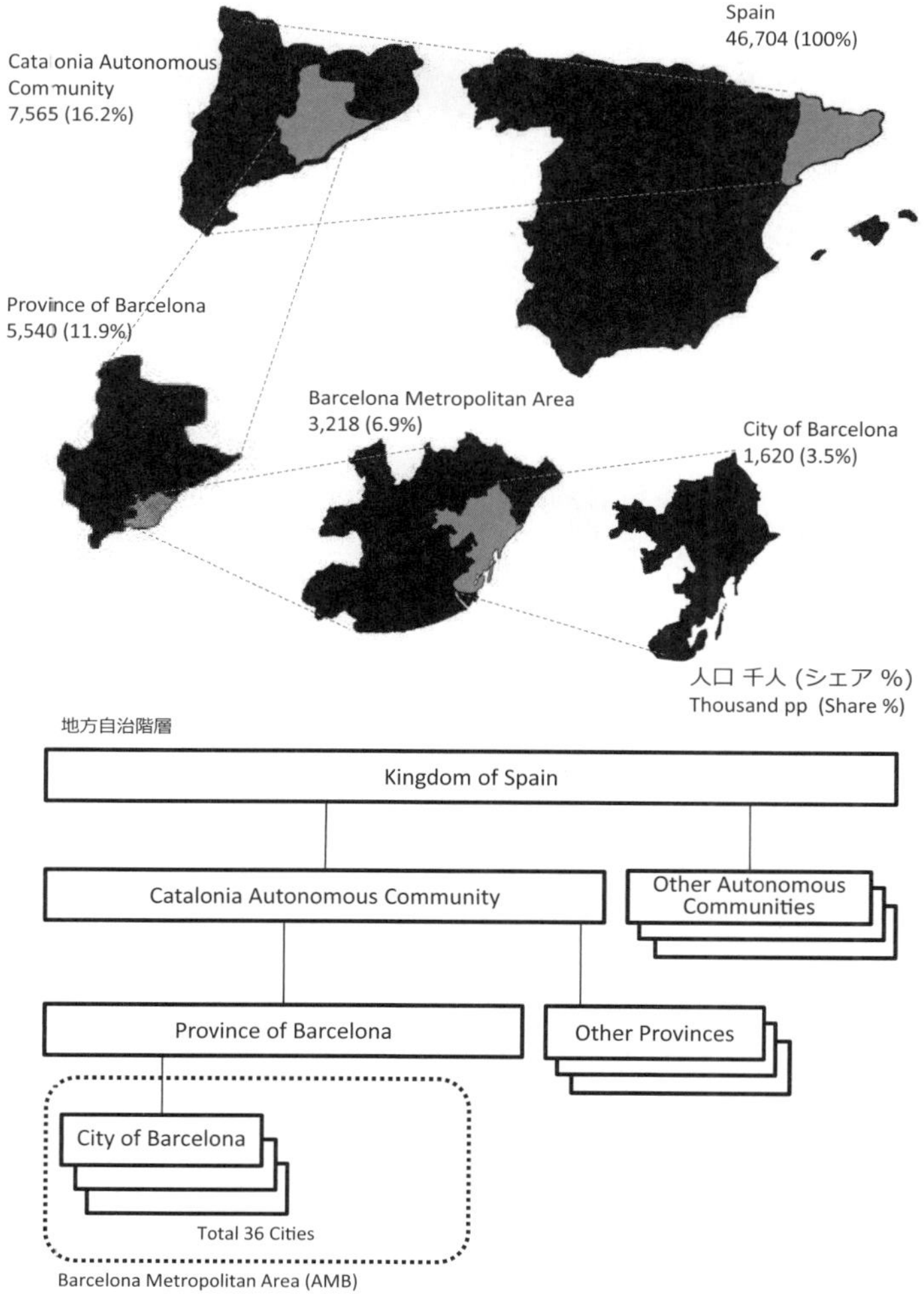

出所：筆者作成。

かつては、バルセロナ市と周辺市町村をあわせた都市圏政府が置かれていたが、現在は廃止され、自発的な非営利団体バルセロナ都市圏（Metropolitan Area of Barcelona：AMB）が設置されている（図8-7）。AMBでは、都市計画や市民サービスに加え都市圏戦略計画も策定されている。[15] バルセロナ都市圏の人口は約320万で、スペイン全人口の約7％を占めている。

6 都市の比較評価方法

(1) 比較都市の範囲の設定

福岡およびベンチマークとして選定した都市においては、すべての都市に都市圏レベルの広域自治体が存在するわけではない。バンクーバーのように、広域自治体が存在する場合は、都市圏の統計データの整備はある程度進んでいるが、福岡のような限定的な行政機能しか持たない都市圏においては、各基礎自治体レベルでしか統計データは整備されていないのが現状である。また、都市のパフォーマンスを評価する際に、都市の明確な範囲が問題となる場合とそうでない場合がある。たとえば、ある都市の知名度のような定性的な指標については、評価者によって都市の範囲は個別にイメージされるものである。これらをふまえ、本章では6都市の比較を都市圏レベルで行うことを原則としながらも、比較する指標に応じて、評価範囲の設定を行うこととした。

（２）評価指標の設定

都市の国際競争力評価の先行事例として先述した、ＧＰＣＩ、ＧＣＳ、ＧＣＣＩ、ＧＣＩの４つの世界都市ランキングでは、それぞれのランキングの目的に応じたテーマおよび評価項目の設定が行われている。本書での目的は、福岡の今後の競争戦略の方向性をベンチマーク都市との比較評価によって導き出すことにある。ここでは、評価結果の活用を意識して、福岡市が２０１２年に策定した「第９次福岡市基本計画」との整合性をふまえながら、テーマおよび評価指標の設定を行う。

「第９次福岡市基本計画」は、基本戦略として、「生活の質の向上と都市の成長の好循環を創り出し」、「福岡都市圏全体として発展し、広域的な役割を担う」ことをかかげている（図8‐8上）。さらに、基本戦略を実行するために、４つの都市像を描いたうえで、およそ10年後をターゲットとした８つの目標を定め（図8‐8下）、さらに各目標に応じた具体的な施策を示している。

本書では、生活の質の向上と都市の成長の好循環という基本戦略の達成状況を観測するという視点から、「生活の質」と「都市の成長」という2つの主要な評価軸を設定し、都市の競争力を評価する。2つの軸を構成する要素として、基本計画に示される４つの都市像に対応し、①生活・コミュニティ、②安全性・持続性、③リソース・生産力、④イノベーション・交流からなる４つのテーマを設定したうえで、各テーマに応じた評価項目を設定する。各評価項目については、データ取得の可能性を見据えるために既存の４つの都市ランキングにて用いられている評価要素を参考に以下のように設定する。

図8-8　福岡市基本計画の基本戦略および目標都市像

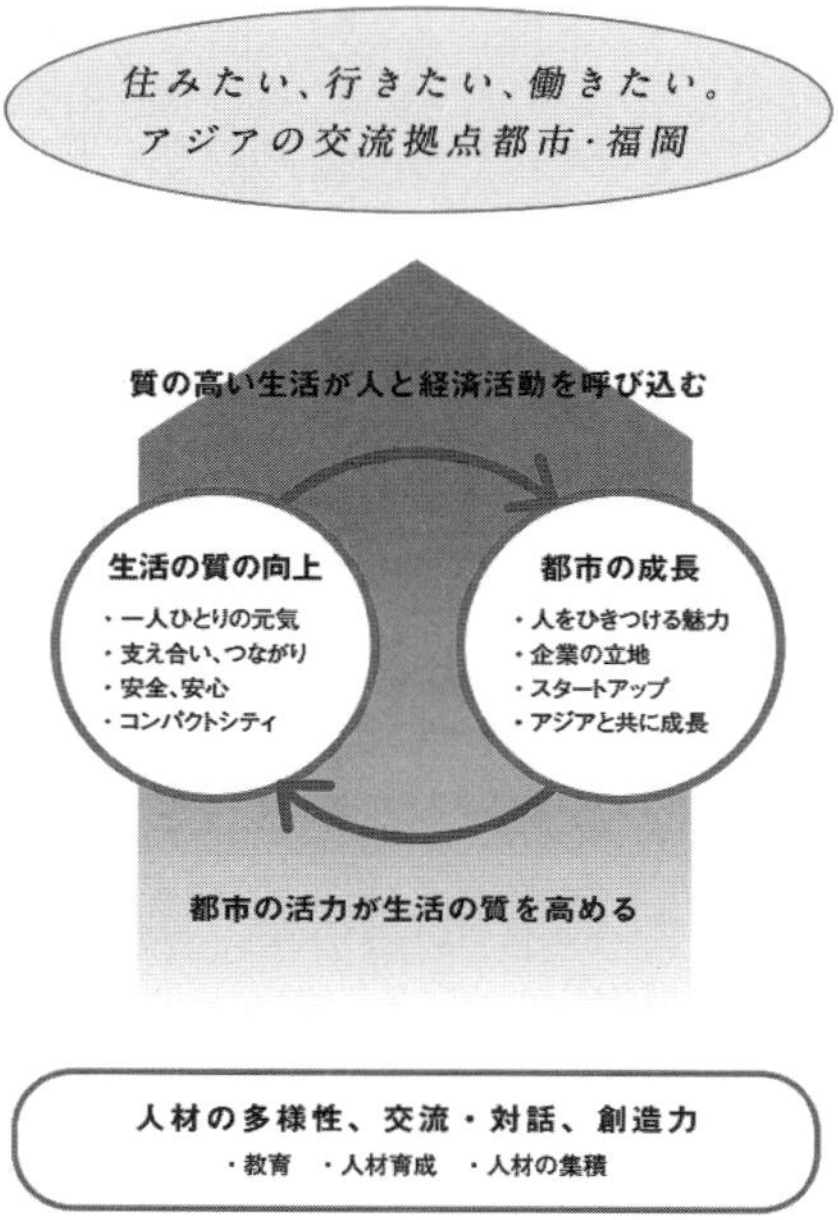

■ 基本構想と基本計画の8つの分野別目標

基本構想		基本計画	
4つの都市像	●自律した市民が支え合い心豊かに生きる都市 ●自然と共生する持続可能で生活の質の高い都市	目標1	一人ひとりが心豊かに暮らし、元気に輝いている
		目標2	さまざまな支え合いとつながりができている
		目標3	安全・安心で良好な生活環境が確保されている
		目標4	人と地球にやさしい、持続可能な都市が構築されている
	●海に育まれた歴史と文化の魅力が人をひきつける都市 ●活力と存在感に満ちたアジアの拠点都市	目標5	磨かれた魅力に、さまざまな人がひきつけられている
		目標6	経済活動が活発で、たくさんの働く場が生まれている
		目標7	創造的活動が活発で、多様な人材が新しい価値を生み出している
		目標8	国際競争力を有し、アジアのモデル都市となっている

出所：福岡市（2012）『福岡市基本構想 第９次福岡市基本計画』p.10（上）、p.14（下）。

〈生活の質〉

（1）生活・コミュニティ（都市像：自律した市民が支え合い心豊かに生きる都市）

A．人口構成、B．人口動態、C．生活と労働のバランス、D．金銭的な豊かさ

E．生活のコスト、F．寄附による支え合い

（2）安全性・持続性（都市像：自然と共生する持続可能で生活の質の高い都市）

A．犯罪の少なさ、B．災害頻度の少なさ、C．医療の充実度、D．汚染の少なさ

E．気候の快適さ、F．自然の豊かさ、G．都市のコンパクトさ、H．公共交通の充実度

〈都市の成長〉

（3）リソース・生産力（都市像：海に育まれた歴史と文化の魅力が人をひきつける都市）

A．観光資源の充実度、B．宿泊施設の充実度、C．芸術鑑賞施設の充実度

D．外食の充実度、E．スポーツ観戦施設の充実度、F．地域の知名度

G．人材の豊かさ、H．企業の売り上げ規模、I．経済力の強さ

（4）イノベーション・交流（都市像：活力と存在感に満ちたアジアの拠点都市）

A．特許申請件数の多さ、B．スタートアップの多さ、C．操業にかかわる税

D．大学のグローバル評価、E．海外人材の割合、F．訪問者の多さ

G．大規模国際会議の多さ、H．国際空港機能、I．国際港湾機能

6 都市の指標別比較

上記のテーマごとに設定した（1）A.～（4）I.の評価項目について、これらを具体的に数値にて示すことが可能となる指標を検討・選定し、データの直接比較を以下に行う。なお、指標については、評価項目を数値として示すデータが取得できるものはなるべく多く採用することを基本とするが、評価項目によっては単独の指標でしか構成できないものもある。これらの指標がそれぞれの評価項目のすべてを代弁するものではない。しかし、本書では、選定した指標データが評価項目の優劣に大きな影響をもたらすことを前提として分析を行うこととする。

各指標の取得範囲については、都市圏でのデータ取得が困難なものは、中心市、州（福岡の場合は九州・沖縄）、その他の階層の自治体、統計上の区分、または国のデータを代用する。この際、特定の都市の圏域でデータが公開されている場合であっても、その他の都市の圏域で同様のデータが取得できない場合は、ＯＥＣＤのようにすべての圏域のデータを一括で公開しているソースを優先して使用する。また、使用データによっては、圏域の明確な範囲が示されていないものも含まれていることを注記しておく。

〈生活の質〉

（1）生活・コミュニティ

A．人口構成（図8－9、図8－10）

各都市の人口構成からコミュニティの活力を把握する。6つの都市の人口規模は近いため、人口規模の相違は評価しない。ここでは、各都市圏または中心市の平均年齢[16]および各州（福岡は九州・沖縄：以下同様）の65歳以上の高齢者の割合[17]を指標として採用する。6都市のなかで、福岡の平均年齢、高齢者の割合はともに最も高い。なお、福岡市の高齢者比率（2012）は18・1％であり、九州・沖縄よりも低いが、バイエルン州を除く他都市の州データよりも高い。

B．人口動態（図8－11、図8－12）

各都市のコミュニティの成長性を評価するために、各都市圏の人口増加率[18]および各国の合計特殊出生率[19]を採用する。福岡の人口増加率は日本の政令指定都市では最も高いが、6都市では最も小さい。国別の合計特殊出生率ではミュンヘン（ドイツ）のみが福岡（日本）を下回っている。なお、福岡市の合計特殊出生率（2013）は、日本全国平均よりも低い1・24である。

図8-9

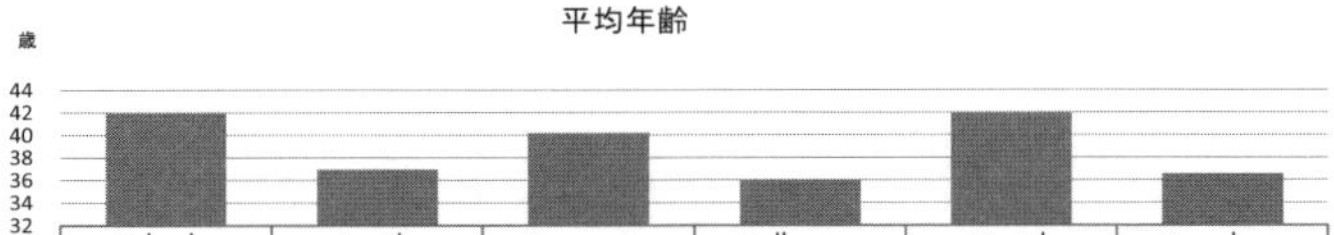

	Fukuoka	Seattle	Vancouver	Melbourne	Munich	Barcelona
平均年齢	41.9	37.0	40.2	36.0	41.9	36.5

出所：筆者作成（図8-58まで同様）

図8-10

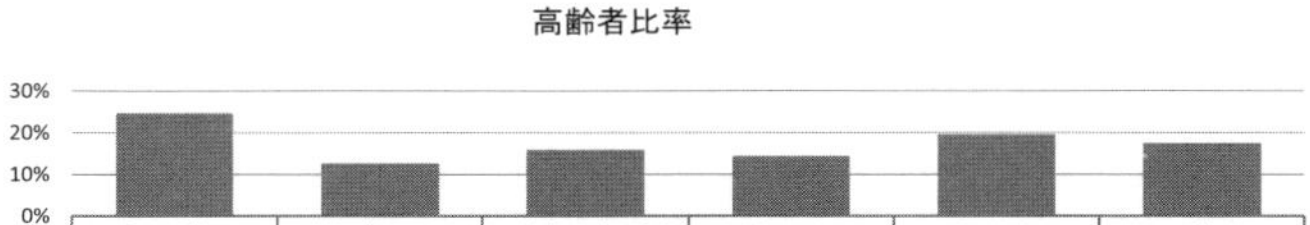

	Kyushu-Okinawa	Washington	British Columbia	Victoria	Bavaria	Catalonia
高齢者比率	24.70	12.70	15.90	14.40	19.60	17.50

図8-11

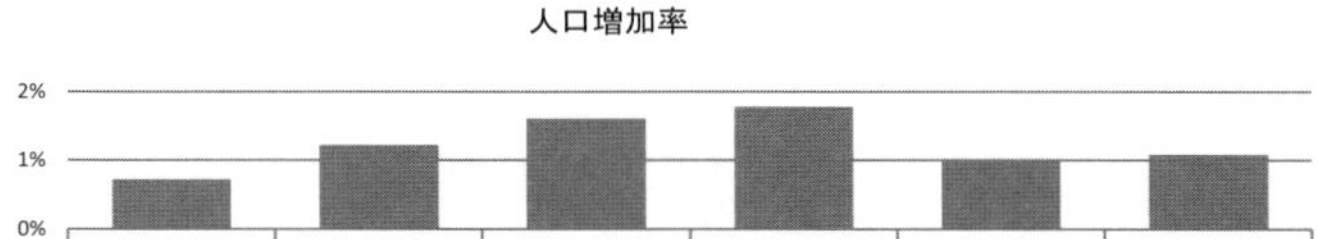

	Fukuoka	Seattle	Vancouver	Melbourne	Munich	Barcelona
人口増加率	0.72	1.22	1.61	1.78	1.02	1.08

図8-12

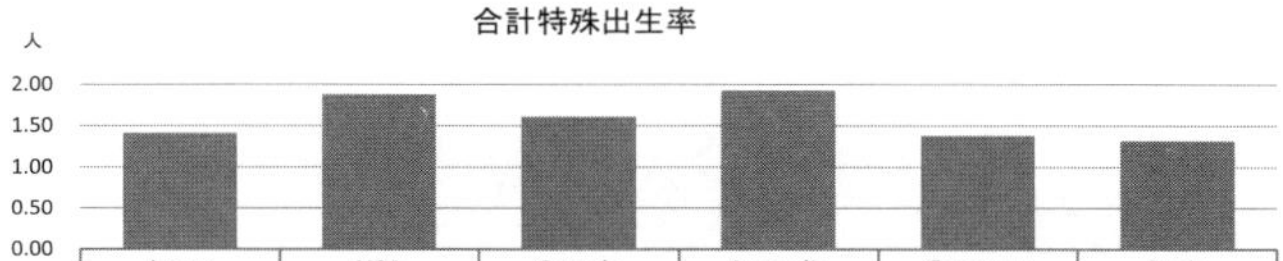

	Japan	USA	Canada	Australia	Germany	Spain
合計特殊出生率	1.41	1.88	1.61	1.93	1.38	1.32

C．生活と労働のバランス（図8－13）

都市別のデータの取得が困難なため、国別の年間労働時間[20]を採用する。6都市では、シアトル（米国）の年間労働時間は最も長く、福岡（日本）が次いでいる。

D．金銭的な豊かさ（図8－14、図8－15）

生活の豊かさを測る指標として、各州の1人当たり世帯年間平均可処分所得[21]および各都市圏（福岡は九州北部大都市圏）の1人当たりGDP[22]を採用する。福岡（九州・沖縄）はともに最も低い水準を示している。なお、福岡市の2011年度経済計算にもとづく1人当たりGDPは458万円である。

E．生活のコスト（図8－16）

各市域における各種物価水準[23]のインターネットによる定性的な調査データを採用する。3つの項目のなかで、福岡の家賃および外食価格は最も低い価格水準にある。

F．寄附によるささえあい（図8－17）

コミュニティのささえあいを評価する要素として、ジョンズ・ホプキンス大学の調査による各国の寄附金額の対GDP比[24]を採用する。シアトル（米国）は最も高く、福岡（日本）はミュンヘン（ドイツ）に次いで最も低い数値である。

図8-13

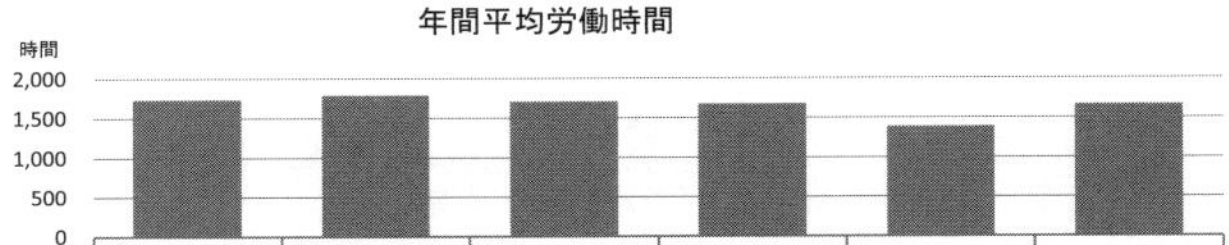

	Japan	USA	Canada	Australia	Germany	Spain
年間平均労働時間	1,735	1,788	1,706	1,676	1,388	1,665

図8-14

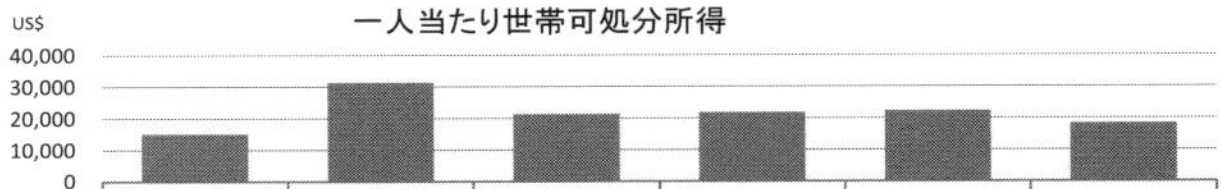

	Kyushu-Okinawa	Washington	British Columbia	Victoria	Bavaria	Catalonia
一人当たり世帯年間平均可処分所得	15,124	31,307	21,421	21,942	22,338	18,344

図8-15

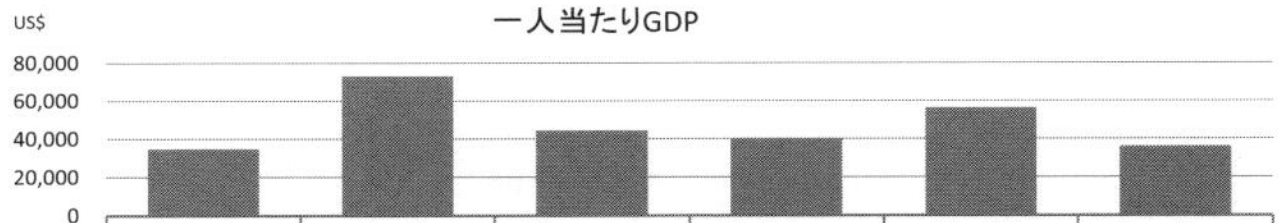

	Fukuoka	Seattle	Vancouver	Melbourne	Munich	Barcelona
一人当たりGDP	34,822	73,012	44,337	40,244	56,322	36,157

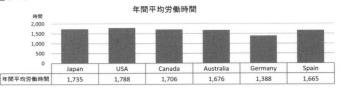

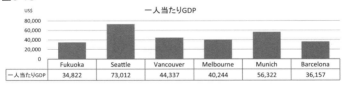

図8-16

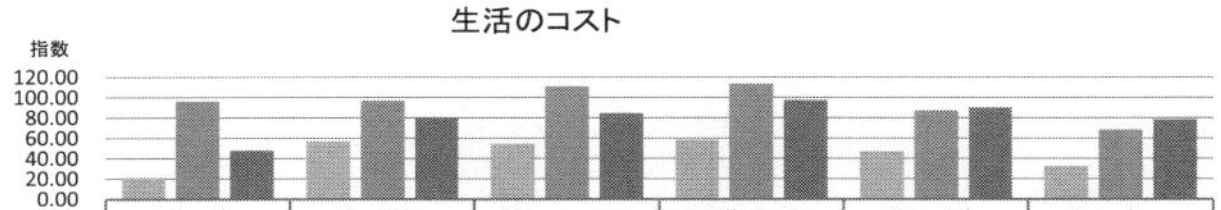

	Fukuoka	Seattle	Vancouver	Melbourne	Munich	Barcelona
家賃水準	21.27	57.15	54.65	58.32	46.79	32.63
食料雑貨類価格水準	96.25	97.22	111.23	113.59	87.17	68.45
外食価格水準	48.11	79.96	84.87	97.41	90.38	78.46

■家賃水準　■食料雑貨類価格水準　■外食価格水準

図8-17

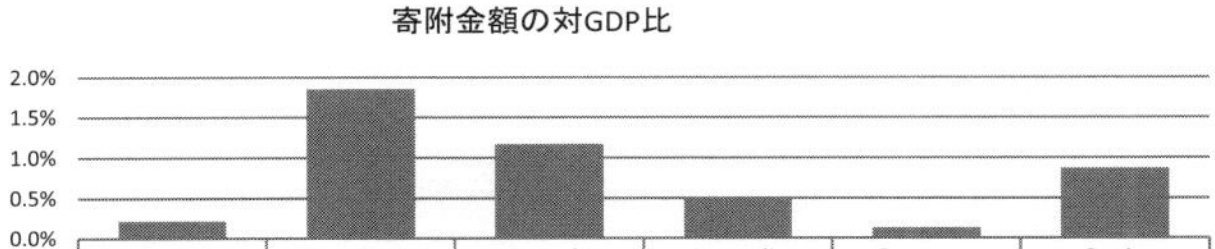

	Japan	USA	Canada	Australia	Germany	Spain
寄附金の対GDP比	0.22	1.85	1.17	0.51	0.13	0.87

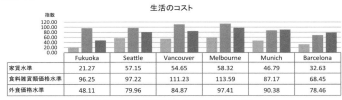

〈生活の質〉

(2) 安全性・持続性

A. 犯罪の少なさ(図8-18)

犯罪のなかで最も凶悪かつ明確なデータの取得ができる指標として、各都市の市域の人口当たりの殺人件数[25]を採用する。6都市のなかで福岡は最も低い数値である。

B. 災害頻度の少なさ(図8-19)

各都市での災害からの安全性を評価する指標として、コロンビア大学の調査による3つのタイプの災害発生頻度の世界分布図を採用し、各都市での災害頻度を4段階の数値[26]に換算して比較する。地震頻度においては、福岡はシアトルと同等に他都市と比較してやや高い。洪水については、福岡は中位に位置し、台風(サイクロン)の頻度は最も高い。

C. 医療の充実度(図8-20、図8-21)

各都市の医療の充実度を示す指標として、各州の人口当たりの医師数[27]および出生時平均余命[28]を採用

図8-18

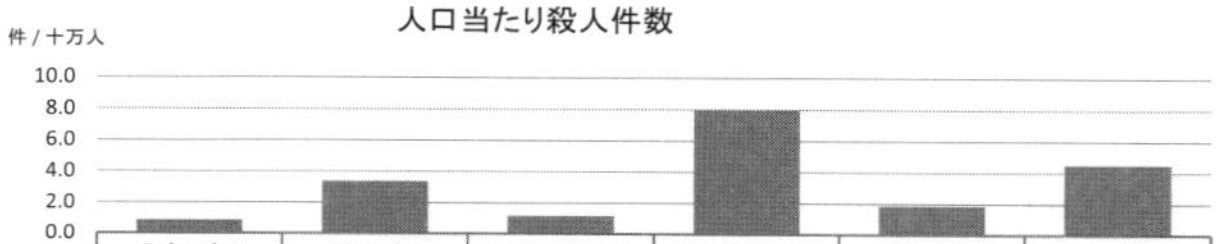

	Fukuoka	Seattle	Vancouver	Melbourne	Munich	Barcelona
人口当たり殺人件数	0.9	3.4	1.2	8.0	1.9	4.5

図8-19

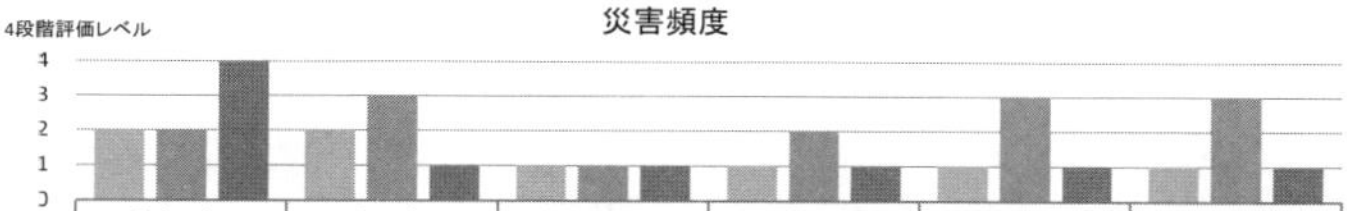

	Fukuoka	Seattle	Vancouver	Melbourne	Munich	Barcelona
地震	2	2	1	1	1	1
洪水	2	3	1	2	3	3
台風	4	1	1	1	1	1

図8-20

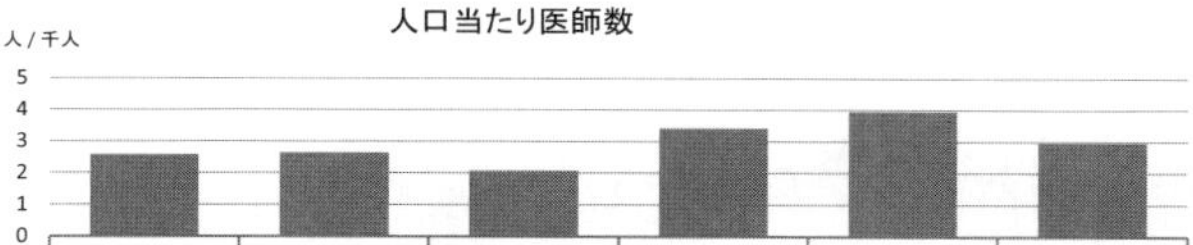

	Kyushu-Okinawa	Washington	British Columbia	Victoria	Bavaria	Catalonia
人口当たり医師数	2.57	2.64	2.07	3.42	3.95	2.97

図8-21

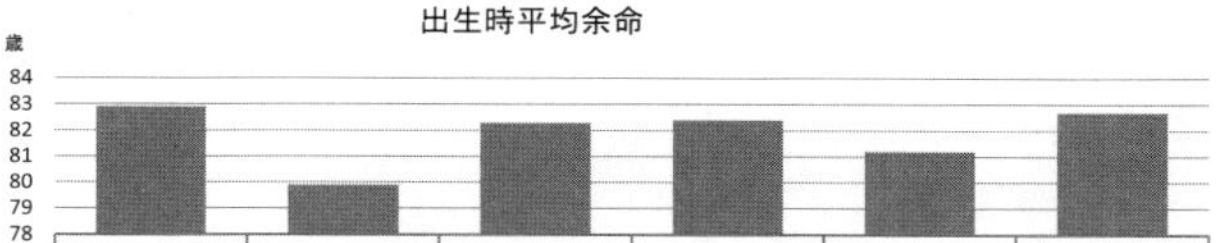

	Kyushu-Okinawa	Washington	British Columbia	Victoria	Bavaria	Catalonia
出生時平均余命	82.9	79.9	82.3	82.4	81.2	82.7

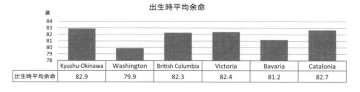

する。福岡（九州・沖縄）での人口当たりの医師数は下位にあるが、出生時平均余命は最も高い。

D．汚染の少なさ（図8－22、図8－23）

各都市圏における1人当たり年間CO_2排出量[29]およびPM2・5年間平均観測値[30]を採用する。福岡の1人当たり年間CO_2排出量は最も少ないが、PM2・5年間平均観測値はミュンヘンに次いで高い数値を示している。

E．気候の快適さ（図8－24、図8－25）

各都市での気候の快適性を示す指標として、各市の月別平均最低気温および最高気温が、10℃～25℃の範囲内となる年間快適気温月数[31]および各市の平均年間雨天日数[32]を採用する。福岡の快適気温月数は、シアトルおよびバンクーバーと同等である。福岡の平均年間雨天日数は、バルセロナに次いで少ない。

F．自然の豊かさ（図8－26）

都心部での自然の豊かさを測る指標として、各市の中心部（市庁舎所在地）より半径10㎞圏内の緑地および水面の占有率[33]を採用する。6都市のなかで、福岡の緑地比率はシアトル、バンクーバー、メルボルンと同等である。福岡の水面比率は、シアトル、バルセロナに次いで高い。

図8-22

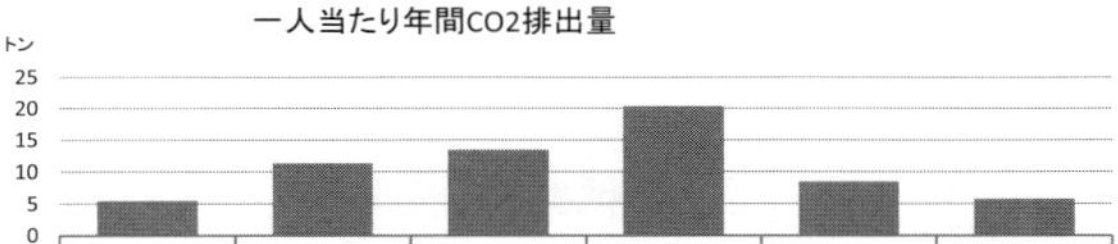

	Fukuoka	Seattle	Vancouver	Melbourne	Munich	Barcelona
一人当たり年間CO2排出量	5.5	11.3	13.4	20.4	8.5	5.7

図8-23

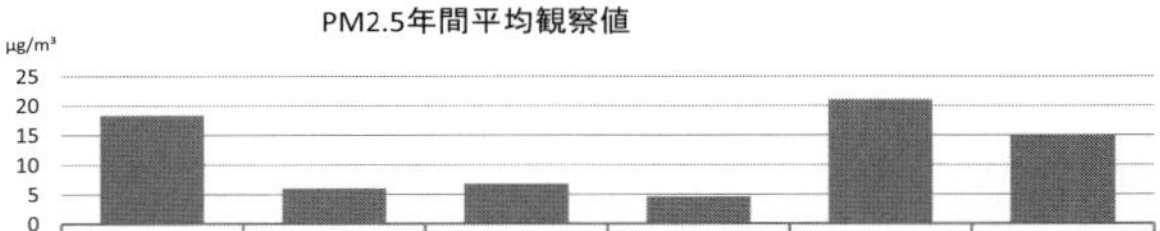

	Fukuoka	Seattle	Vancouver	Melbourne	Munich	Barcelona
PM2.5年間平均観察値	18.4	6.0	6.8	4.6	21.1	14.9

図8-24

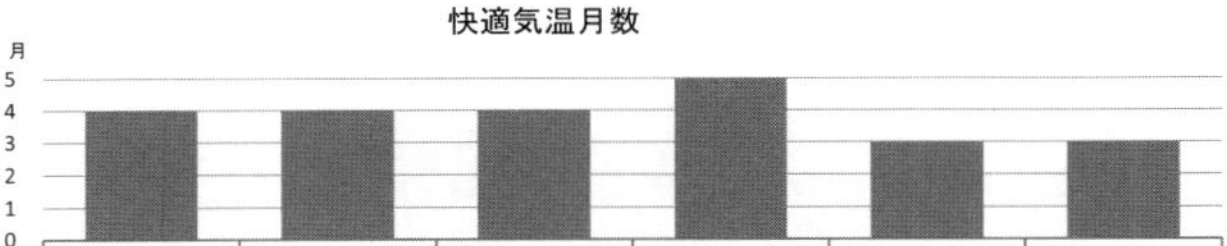

	Fukuoka	Seattle	Vancouver	Melbourne	Munich	Barcelona
快適気温月数	4	4	4	5	3	3

図8-25

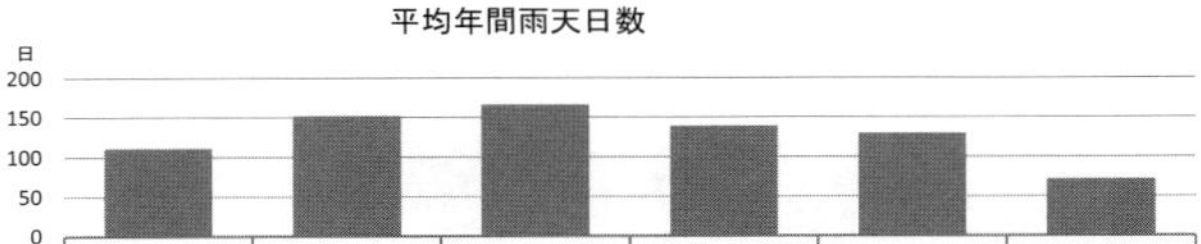

	Fukuoka	Seattle	Vancouver	Melbourne	Munich	Barcelona
平均年間雨天日数	111.2	152.0	166.0	138.7	129.4	72.0

図8-26

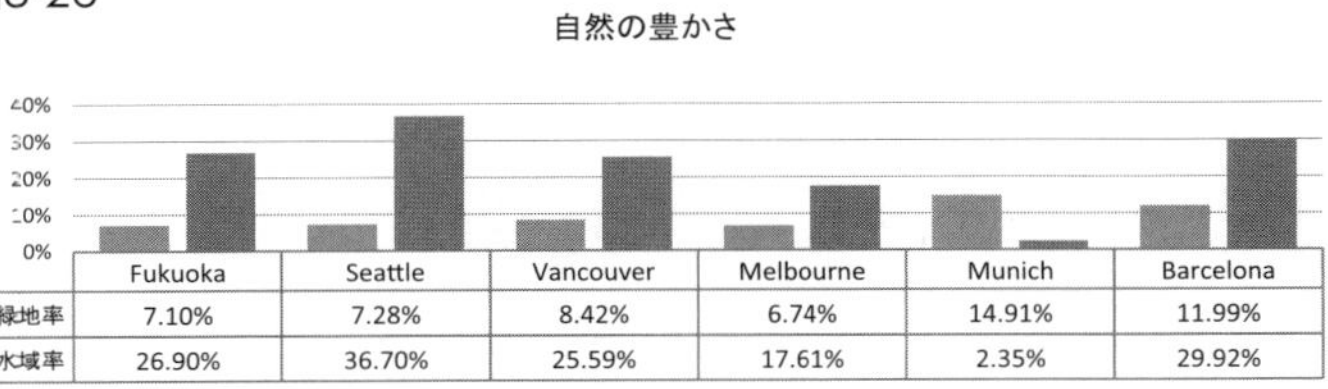

	Fukuoka	Seattle	Vancouver	Melbourne	Munich	Barcelona
緑地率	7.10%	7.28%	8.42%	6.74%	14.91%	11.99%
水域率	26.90%	36.70%	25.59%	17.61%	2.35%	29.92%

■緑地率　■水域率

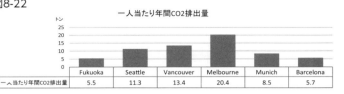

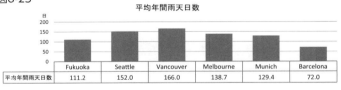

G．都市のコンパクトさ（図8－27）

コンパクトな都市には、より狭い地域により多くの人が居住するという観点より、各地域によって設定される都市圏および市域の人口密度[34]を採用する。両指標ともバルセロナは最も高く、福岡が次いでいる。

H．公共交通の充実度（図8－28）

大量の人員を正確な時間で輸送できる公共交通機関である鉄道の日常的な充実度を把握するため、各市域におけるトラムを除く鉄道駅の数を人口当たりの数値[35]に換算して評価する。バルセロナの人口当たり駅数は最も多く、福岡は次いでいる。

〈都市の成長〉

(3) リソース・生産性

A．観光資源の充実度（図8－29、図8－30）

各都市の100㎞圏内の世界遺産数[36]および総合トラベルサイトTripadvisor.comに掲載されている各都市の観光資源の件数[37]を種類別に採用する。本指標は、人口規模の近い都市のなかでのデスティ

図8-27

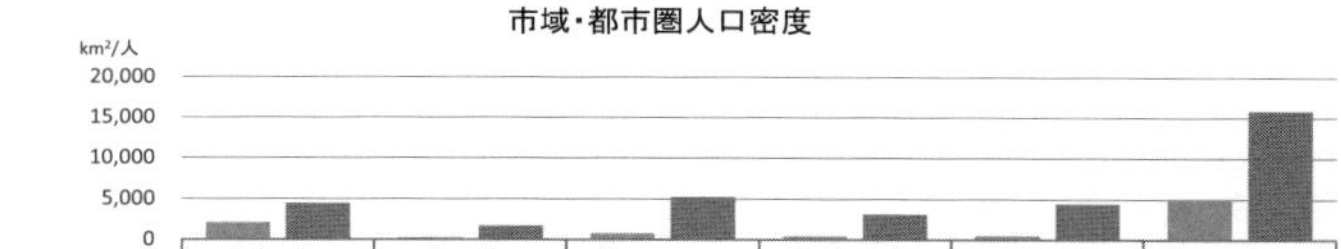

	Fukuoka	Seattle	Vancouver	Melbourne	Munich	Barcelona
都市圏人口密度	2,116	233	803	435	496	5,091
市域人口密度	4,455	1,719	5,249	3,147	4,472	15,853

■都市圏人口密度　■市域人口密度

図8-28

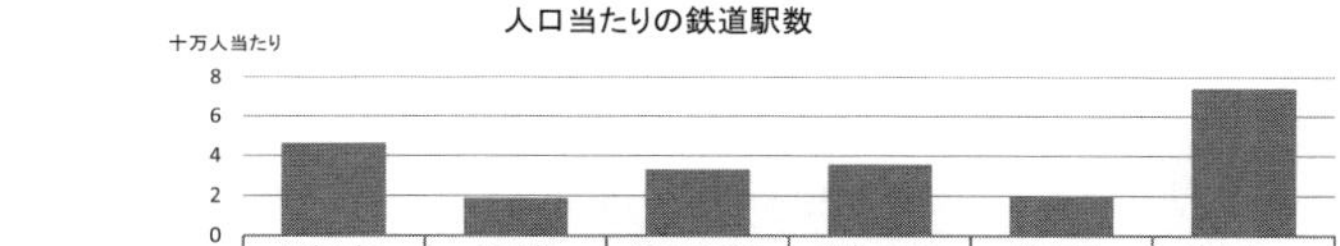

	Fukuoka	Seattle	Vancouver	Melbourne	Munich	Barcelona
人口当たりの鉄道駅数	4.62	1.89	3.31	3.57	2.02	7.43

図8-29

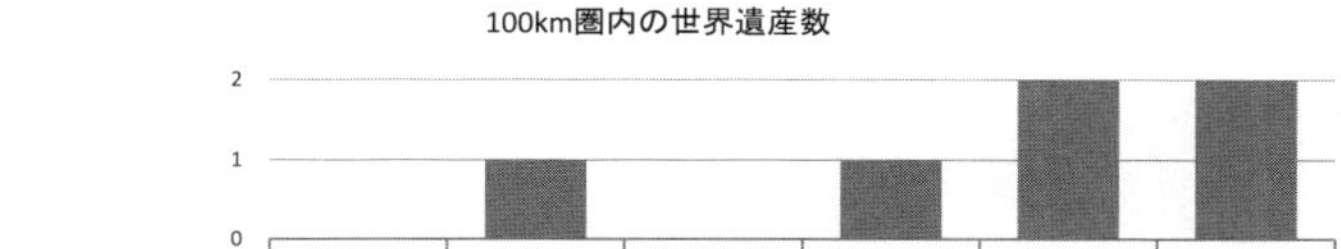

	Fukuoka	Seattle	Vancouver	Melbourne	Munich	Barcelona
100km圏内の世界遺産数	0	1	0	1	2	2

図8-30

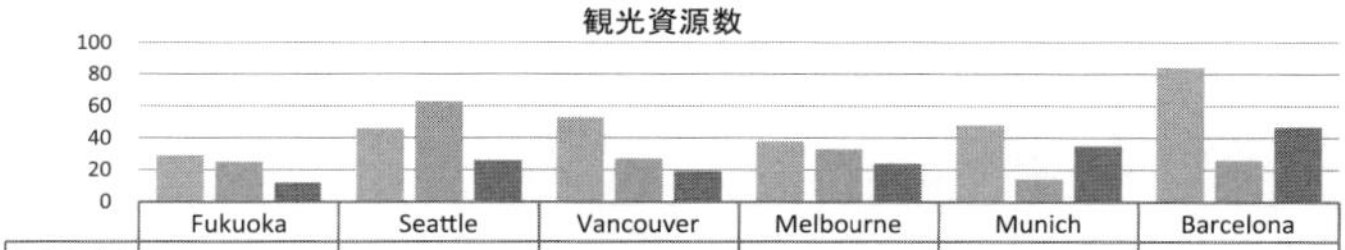

	Fukuoka	Seattle	Vancouver	Melbourne	Munich	Barcelona
文化(歴史)	29	46	53	38	48	84
アウトドア	25	63	27	33	14	26
ランドマーク	12	26	19	24	35	47

■文化(歴史)　■アウトドア　■ランドマーク

ネーションであることから、人口当たりの数値に換算せず、数値を直接比較する。福岡の100km圏内には本調査を行った2014年末時点では世界遺産は存在しない。福岡の各種観光資源については、文化（歴史）資源およびランドマークの件数は最も少ないが、アウトドアについては中位の件数である。

B．宿泊施設の充実度（図8－31）

ホテル予約サイトHotels.comおよびExpedia.comにて各都市名にて予約検索を行い、予約可能となったホテル件数の多いほうの数値[38]を採用する。これら予約サイトでは都市名に応じて市域外を含む都市圏レベルのホテルの検索が可能であり、数値を直接比較する。6都市のなかでは福岡のホテル件数は最も少ない。なお、福岡市観光統計による福岡市内のホテル・旅館数は199件（2012）である。ホテル検索サイトに登録されていないホテル・旅館は一定数存在すると考えられる。

C．芸術鑑賞施設の充実度（図8－32）

総合トラベルサイトTripadvisor.comに掲載されている各都市のミュージアムおよびシアター・ホールの件数[39]を採用する。観光資源、ホテルと同様に、数値を直接比較する。6都市のなかで福岡のミュージアムおよびシアター・ホールの件数はともに最も少ない。

図8-31

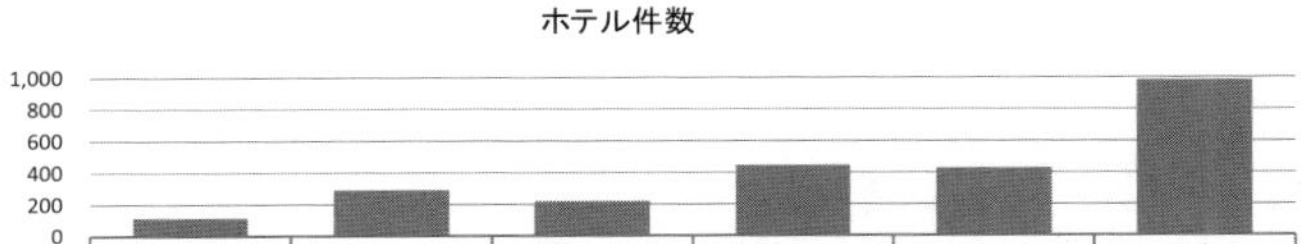

	Fukuoka	Seattle	Vancouver	Melbourne	Munich	Barcelona
ホテル件数	115	293	221	447	428	982

図8-32

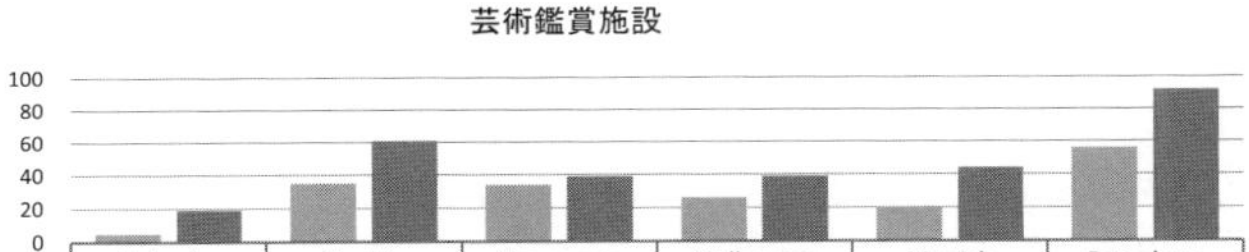

	Fukuoka	Seattle	Vancouver	Melbourne	Munich	Barcelona
シアター数	5	35	34	26	20	56
ミュージアム数	19	61	39	39	44	92

■シアター数　■ミュージアム数

図8-33

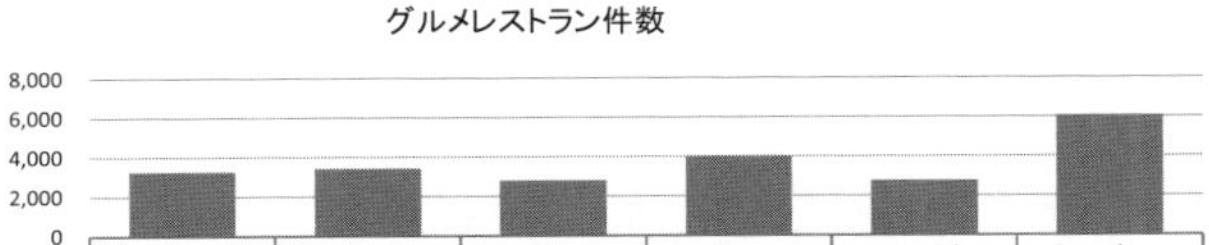

	Fukuoka	Seattle	Vancouver	Melbourne	Munich	Barcelona
グルメレストラン件数	3,262	3,431	2,811	4,035	2,756	6,070

図8-34

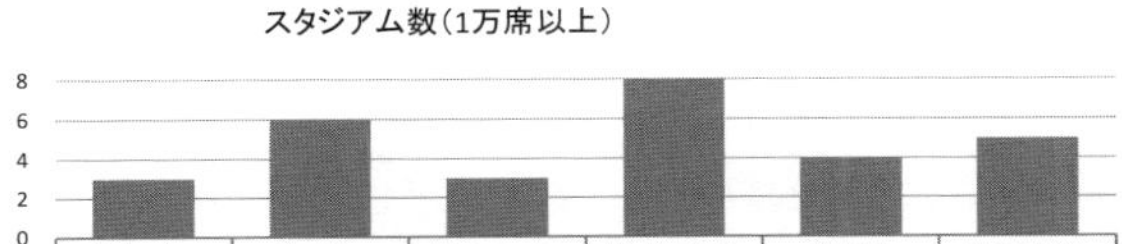

	Fukuoka	Seattle	Vancouver	Melbourne	Munich	Barcelona
スタジアム数（1万席以上）	3	6	3	8	4	5

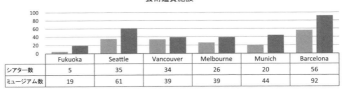

D．外食の充実度（図８－33）

総合トラベルサイトTripadvisor.comに掲載されている各都市のレストランの件数[40]を採用する。福岡のレストラン件数は、バルセロナ、シアトルに次いで上位にあり、Tripadvisorによる他の指標の評価よりも高い。

E．スポーツ観戦施設の充実度（図８－34、図８－35）

各都市における１万席以上のスタジアム数[41]およびオリンピック大会開催数[42]を指標として採用する。福岡のスタジアム数は６都市のなかで最も少ない。オリンピック大会は福岡とシアトルのみ開催されていない。

F．地域の知名度（図８－36）

Google検索ツールを利用し、各都市の名称を各国の言語によって各国のGoogleポータルサイトにて検索し、得たヒット件数の合計値[43]を指標として評価する。福岡の合計ヒット数は、６都市のなかで最も少ない。

G．人材の豊かさ（図８－37、図８－38、図８－39）

各都市圏における労働力人口増加率[44]、人口に占める労働力人口の割合[45]および各州の労働者に占める

図8-35

	Fukuoka	Seattle	Vancouver	Melbourne	Munich	Barcelona
オリンピック大会開催実績	0	0	1	1	1	1

図8-36

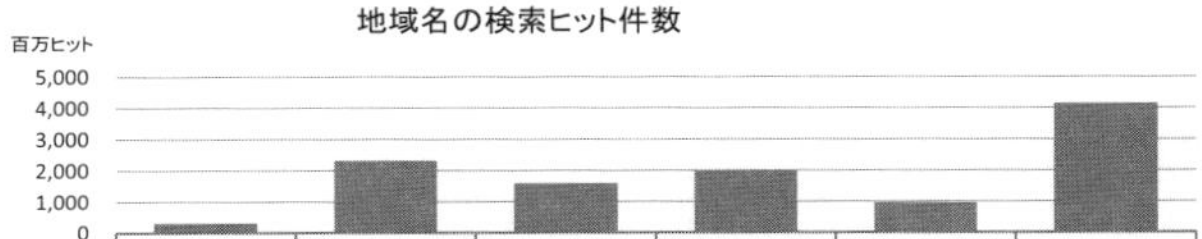

	Fukuoka	Seattle	Vancouver	Melbourne	Munich	Barcelona
地域名の検索ヒット件数	315	2,323	1,591	1,982	954	4,142

図8-37

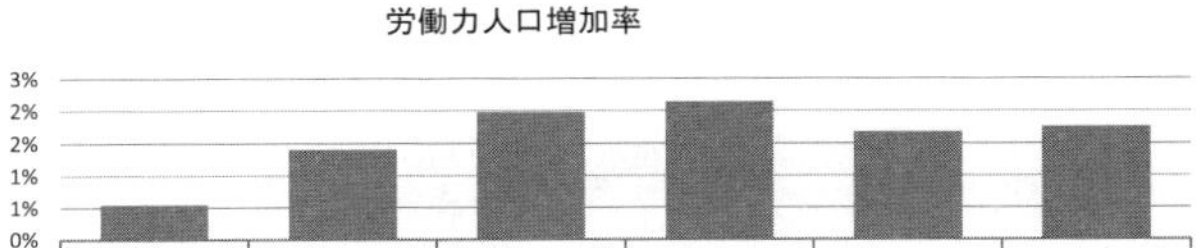

	Fukuoka	Seattle	Vancouver	Melbourne	Munich	Barcelona
労働力人口増加率	0.55	1.41	1.98	2.14	1.68	1.76

図8-38

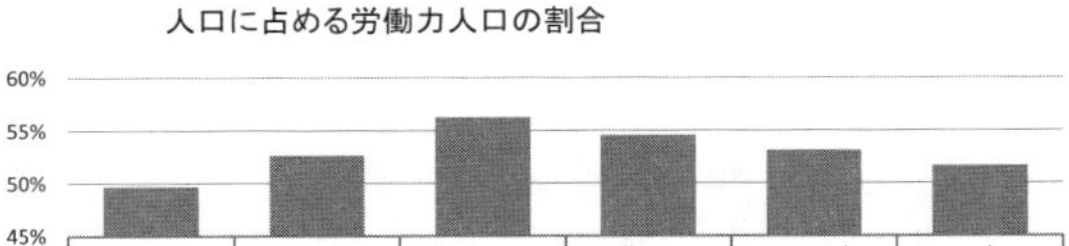

	Fukuoka	Seattle	Vancouver	Melbourne	Munich	Barcelona
人口に占める労働力人口の割合	49.7%	52.7%	56.3%	54.6%	53.1%	51.6%

図8-39

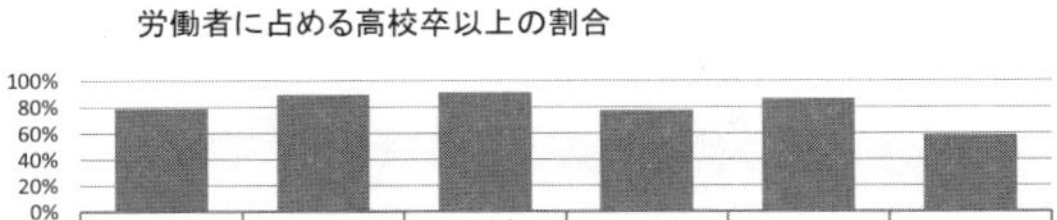

	Kyushu-Okinawa	Washington	British Columbia	Victoria	Bavaria	Catalonia
労働者に占める高校卒以上の割合	78.9	89.5	91.2	77.2	86.3	58.7

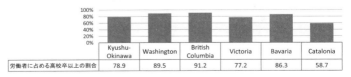

高校卒以上の割合[46]を指標として採用する。労働力人口の直接的な比較は行わない。福岡の労働力人口増加率および人口に占める労働力人口の割合は6都市にて最も低い。労働者に占める高校卒以上の割合については、福岡はバルセロナとメルボルンを上回る。

H．企業の売り上げ規模（図8－40、図8－41）

各都市の生産力を評価する指標として、各都市圏において、Fortune Global ５００（２０１４）に掲載された企業の本社数[47]および各地域内において売上金額の最も高い企業の売上金額[48]を採用する。福岡はバンクーバーとともにFortune Global ５００企業本社数はゼロであり、売上金額の最も高い企業の売上金額はバンクーバーに次いで少ない。

I．経済力の強さ（図8－42、図8－43）

経済力の評価においては、各都市の労働生産性を測る指標として、各都市圏（福岡は九州北部大都市圏）の従業者1人当たりＧＤＰ[49]および、成長性を測る指標として、各都市圏のＧＤＰ成長率[50]を採用する。福岡の従業者1人当たりのＧＤＰは6都市のなかで最も低く、ＧＤＰ成長率はミュンヘンに次いで最も低い。なお、福岡市の２０１１年度経済計算にもとづく従業者１人当たりＧＤＰは７４０万円である。

図8-40

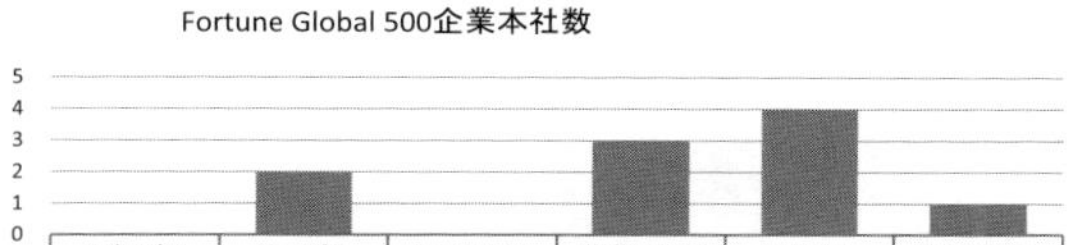

	Fukuoka	Seattle	Vancouver	Melbourne	Munich	Barcelona
Fortune Global 500企業本社数	0	2	0	3	4	1

図8-41

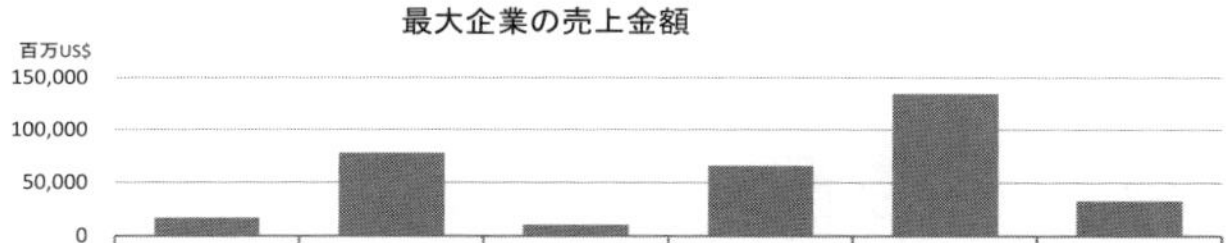

	Fukuoka	Seattle	Vancouver	Melbourne	Munich	Barcelona
最大企業の売上金額	17,069	77,849	10,713	65,968	134,636	33,148

図8-42

	Fukuoka	Seattle	Vancouver	Melbourne	Munich	Barcelona
従業者一人当たりGDP	73,667	140,610	84,700	80,531	94,202	86,358

図8-43

	Fukuoka	Seattle	Vancouver	Melbourne	Munich	Barcelona
GDP成長率	1.33	1.90	2.38	2.04	1.04	1.63

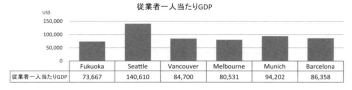

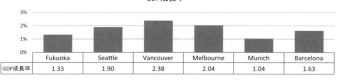

〈都市の成長〉

(4) イノベーション・交流

A．特許申請件数の多さ（図8－44）

イノベーション発生度合いを測る指標として、各都市圏の人口当たり年間特許申請件数[51]を採用する。福岡の人口当たり年間特許申請件数は、6都市のなかでバルセロナに次いで少ない。

B．スタートアップの多さ（図8－45）

スタートアップの多さを測る指標として、各国における年間新規開業率[52]を採用する。福岡（日本）の年間新規開業率は最も低い数値である。なお、福岡市の2013年度事業所開業率は7・1％で政令指定都市および東京区部のなかで最も高いが、バルセロナを除く都市の国レベルの水準よりも低い。

C．操業にかかわる税（図8－46）

各都市での操業のしやすさを測る指標として、各国の法人税実効税率[53]を採用する。福岡（日本）の法人税実効税率は、シアトル（米国）に次いで高い。

図8-44

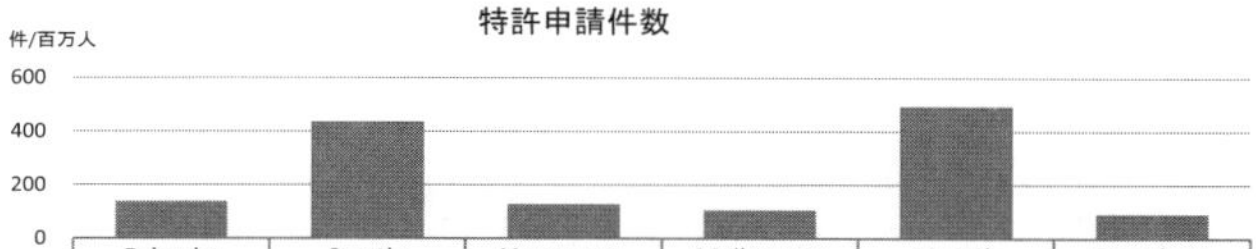

	Fukuoka	Seattle	Vancouver	Melbourne	Munich	Barcelona
特許申請件数	139	436	128	107	494	93

図8-45

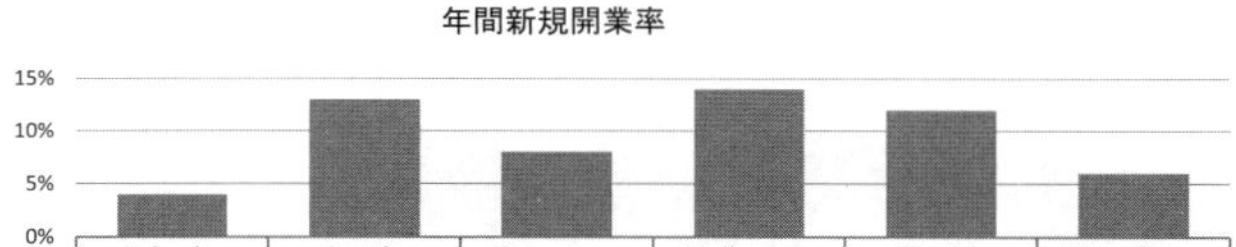

	Fukuoka	Seattle	Vancouver	Melbourne	Munich	Barcelona
年間新規開業率	4	13	8	14	12	6

図8-46

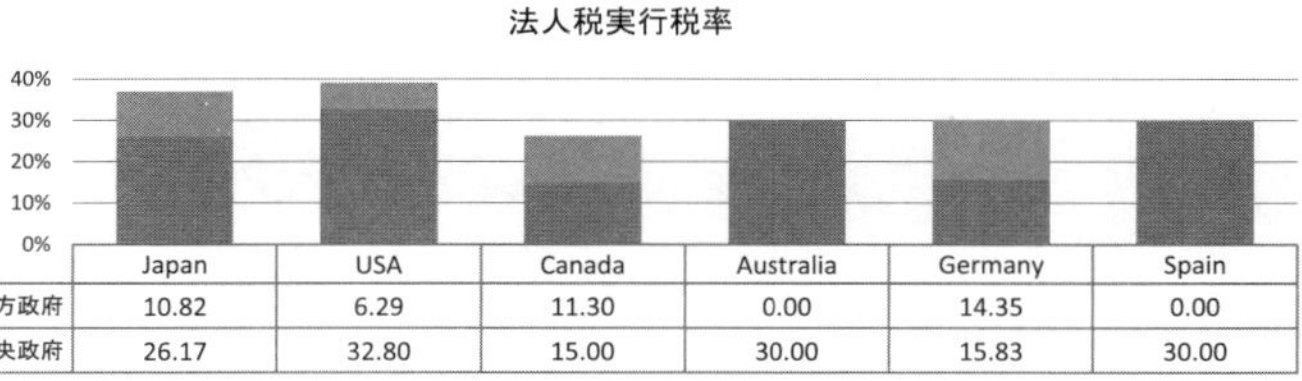

	Japan	USA	Canada	Australia	Germany	Spain
地方政府	10.82	6.29	11.30	0.00	14.35	0.00
中央政府	26.17	32.80	15.00	30.00	15.83	30.00

■中央政府　■地方政府

図8-47

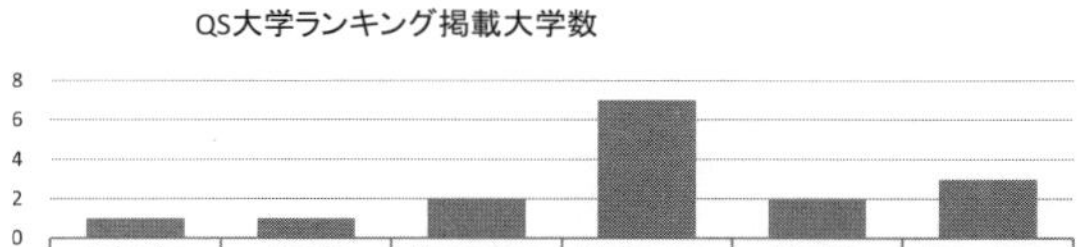

	Fukuoka	Seattle	Vancouver	Melbourne	Munich	Barcelona
QS大学ランキング掲載大学数	1	1	2	7	2	3

D．大学のグローバル評価（図8－47、図8－48）

各都市における大学のグローバル評価を測る指標として、各都市圏において、QS World Universities（2014）に掲載されている大学の数[54]および各都市で最も高い順位の大学の順位[55]を採用する。九州大学がランクインしている福岡は、シアトルとともに掲載大学数は1大学のみである。最上位大学の順位においては、バルセロナ以外の大学を下回っている。

E．海外人材の割合（図8－49、図8－50）

各都市の人材の多様性を評価する観点から、各都市圏の人口に占める外国生まれの居住者の割合[56]およびQS大学ランキング掲載の最上位校の留学生比率[57]を指標として採用する。福岡での海外人材の割合は、6都市のなかできわめて低い。QS大学ランキング掲載の最上位校の留学生比率では、6都市では最も低いものの、格差は小さい。

F．訪問者の多さ（図8－51）

各都市の域外との人的な交流の深さを測る指標として、各市域の国内および国外からの年間訪問者数[58]を採用する。福岡の国内からの訪問者数は、6都市では3番目に多いが、海外からの訪問者数は、シアトルに次いで2番目に少ない。

図8-48

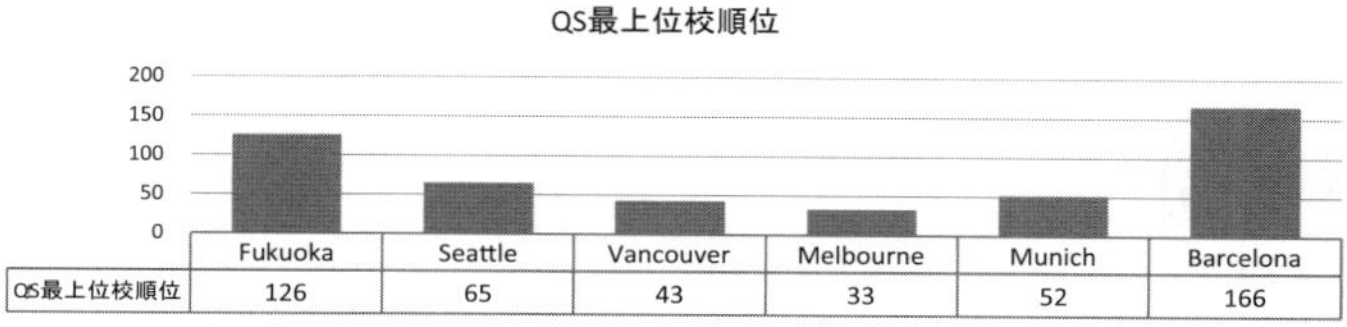

	Fukuoka	Seattle	Vancouver	Melbourne	Munich	Barcelona
QS最上位校順位	126	65	43	33	52	166

図8-49

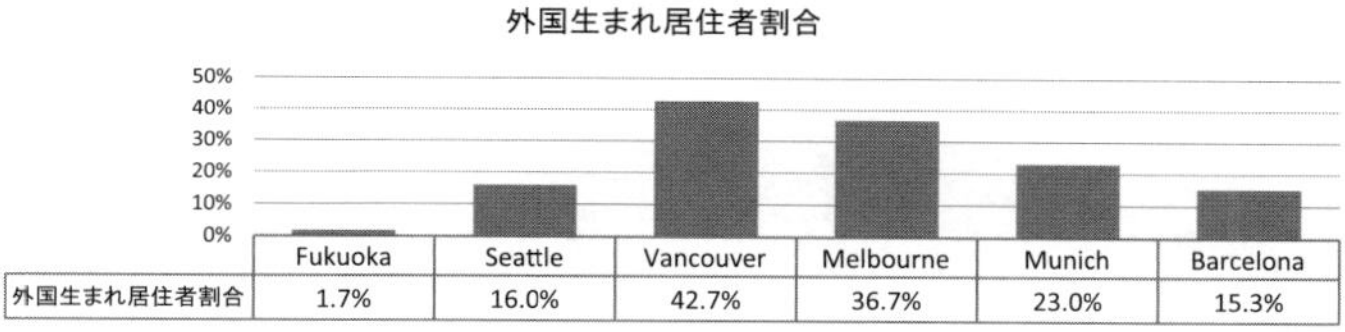

	Fukuoka	Seattle	Vancouver	Melbourne	Munich	Barcelona
外国生まれ居住者割合	1.7%	16.0%	42.7%	36.7%	23.0%	15.3%

図8-50

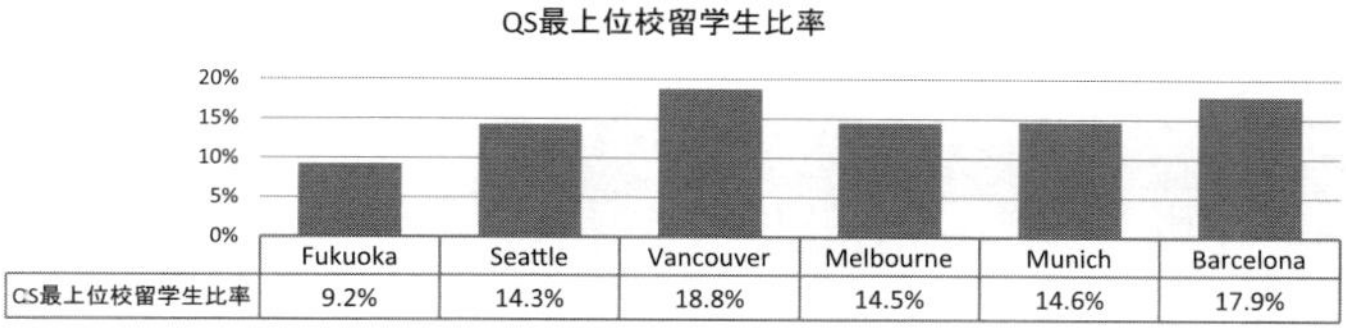

	Fukuoka	Seattle	Vancouver	Melbourne	Munich	Barcelona
QS最上位校留学生比率	9.2%	14.3%	18.8%	14.5%	14.6%	17.9%

図8-51

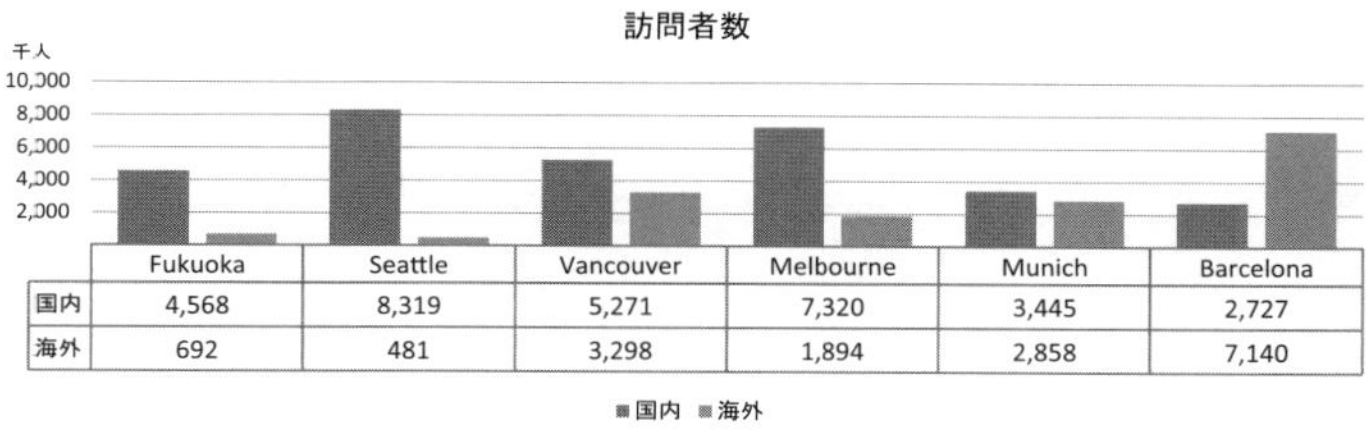

	Fukuoka	Seattle	Vancouver	Melbourne	Munich	Barcelona
国内	4,568	8,319	5,271	7,320	3,445	2,727
海外	692	481	3,298	1,894	2,858	7,140

G．大規模国際会議の多さ（図8－52）

各都市のMICEの推進状況を比較する指標として、各都市圏におけるICCA年間国際会議開催件数[59]を採用する。日本政府観光局（JNTO）が発表する国内における国際会議件数においては、福岡は東京に次いで国内で2位の336件（2014）をかぞえるものの、ICCAにて採用されている厳しい基準[60]による国際会議件数は、6都市のなかではシアトルに次いで少ない。

H．国際空港機能（図8－53～図8－56）

各都市の空のゲートウェイとしての機能を評価するため、各都市圏における主要国際空港の国内線年間旅客数[61]および国際線年間旅客数[62]を比較する。福岡の国内線年間旅客数はシアトル、メルボルンに次いで3番目に高い数値であるが、国際線年間旅客数は最も少ない。

次に、各都市圏内のすべての国際空港から発着している国内線直行便就航都市数[63]、同大陸内国際線直行便就航都市数[64]および大陸間国際線直行便就航都市数[65]を比較する。各都市の大陸の定義として、福岡はアジア大陸、シアトルおよびバンクーバーは北アメリカ大陸、メルボルンはオセアニア大陸、ミュンヘンおよびバルセロナはロシア西部を含むヨーロッパ大陸として就航都市数を集計する。福岡の国内線就航都市数は、ミュンヘンに次いで2番目に少ない。福岡の同大陸内国際線就航都市数は、メルボルンに次いで2番目に少なく、大陸間国際線就航都市数は、最も少ない。

さらに、各都市圏の主要国際空港の滑走路本数[66]および主要国際空港への公共交通によるアクセス時

図8-52

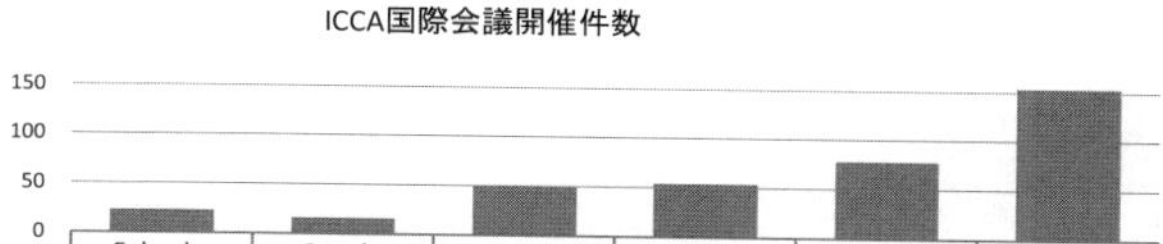

	Fukuoka	Seattle	Vancouver	Melbourne	Munich	Barcelona
ICCA国際会議開催件数	23	16	49	54	78	154

図8-53

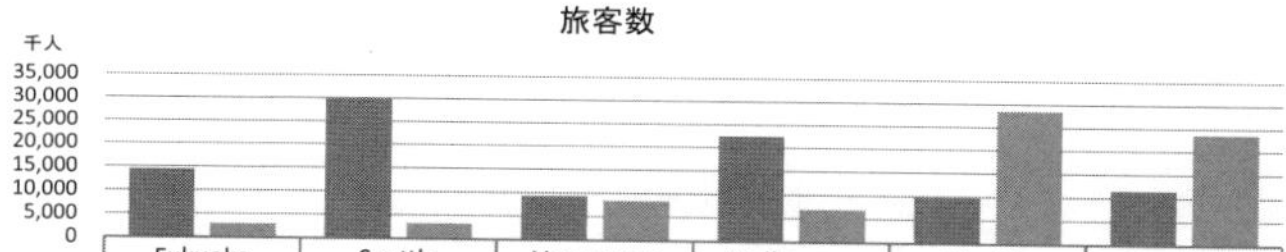

	Fukuoka	Seattle	Vancouver	Melbourne	Munich	Barcelona
国内線旅客数	14,439	29,975	9,316	22,464	9,775	11,492
国際線旅客数	2,978	3,248	8,426	6,942	28,586	23,640

■国内線旅客数　■国際線旅客数

図8-54

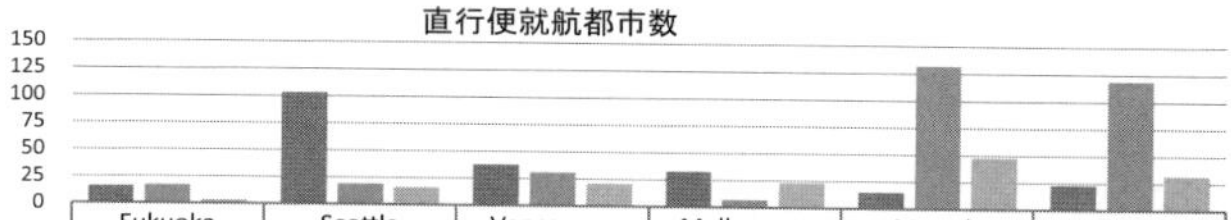

	Fukuoka	Seattle	Vancouver	Melbourne	Munich	Barcelona
国内線	16	103	38	33	15	23
同大陸内国際線	17	19	31	7	132	119
大陸間国際線	3	16	21	23	48	32

■国内線　■同大陸内国際線　■大陸間国際線

図8-55

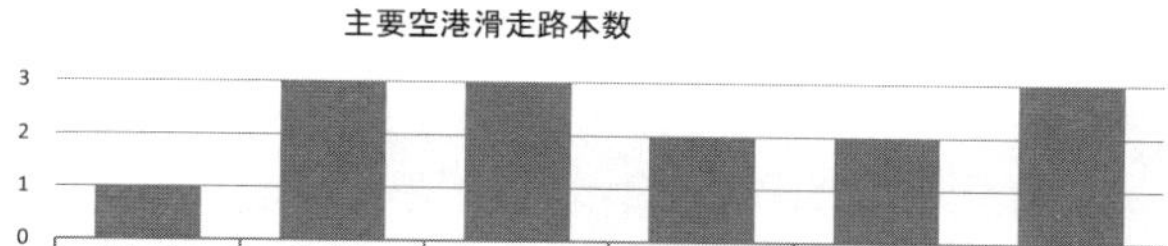

	Fukuoka	Seattle	Vancouver	Melbourne	Munich	Barcelona
主要空港滑走路本数	1	3	3	2	2	3

間[67]を指標として比較する。空港へのアクセスの基点として、各都市の市庁舎の最寄駅を設定する。福岡の滑走路本数は1本と最も少ないが、アクセス時間については最も短い。

I．国際港湾機能（図8－57、図8－58）

各都市の海のゲートウェイとしての機能を評価するため、各都市圏における主要国際港湾の年間国際・国内コンテナＴＥＵ[68]およびクルーズ客船乗降人員数[69]を採用し、比較する。福岡は港湾のないミュンヘンを除き、国際・国内コンテナでともに最も少ないＴＥＵである。クルーズ客船乗降人員数については、メルボルンよりは多いものの、その他の都市との差は大きい。

図8-56

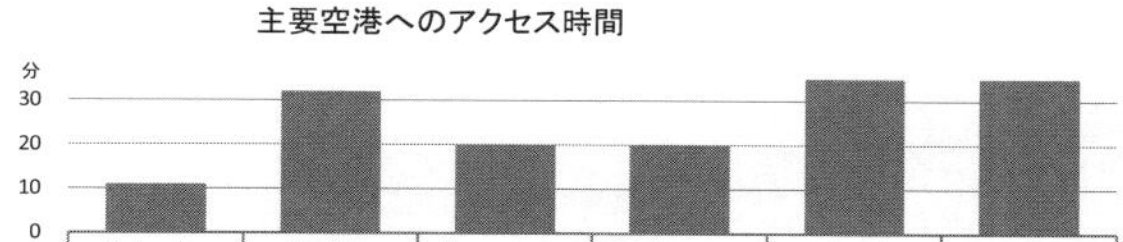

	Fukuoka	Seattle	Vancouver	Melbourne	Munich	Barcelona
主要空港へのアクセス時間	11	32	20	20	35	35

図8-57

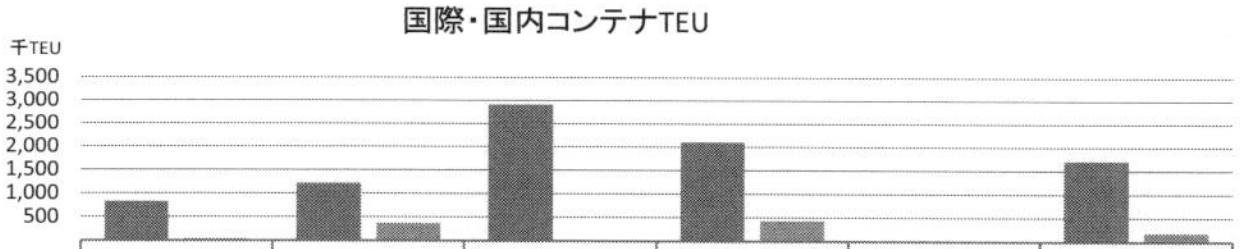

	Fukuoka	Seattle	Vancouver	Melbourne	Munich	Barcelona
国際コンテナTEU	830	1,219	2,913	2,104		1,706
国内コンテナTEU	38	374		429		187

■国際コンテナTEU　■国内コンテナTEU

図8-58

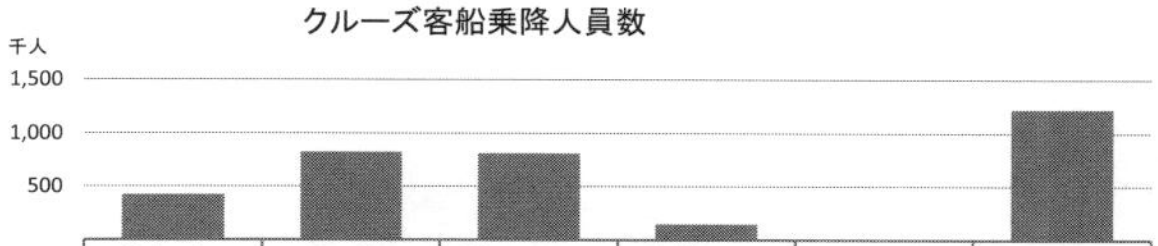

	Fukuoka	Seattle	Vancouver	Melbourne	Munich	Barcelona
クルーズ客船乗降人員数	422	824	812	148		1,222

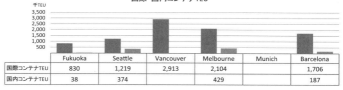

福岡の国際競争力評価

（1）6都市における福岡の評価方法

ここまで、6都市について、「生活の質」および「都市の成長」の2つの評価軸を構成する（1）生活・コミュニティ、（2）安全性・持続性、（3）リソース・生産力、（4）イノベーション・交流の4つのテーマのもとに、32の評価項目を設置し、これらを構成する64の指標の数値の直接比較を行った。次に、6都市について、2つの主要評価軸と各評価項目を同一尺度で分析することによって、比較対象都市のなかでの福岡の総合的なポジションの把握を試みる。

筆者が作成に取り組んだ森記念財団都市戦略研究所「世界の都市総合力ランキング」においては、第6章でも論じたとおり、70（2011年までは69）の指標データをそれぞれ指数化したうえで、都市の評価をスコアとして示した。ここでの指数化の方法は、指標ごとに最も評価の高い数値のスコアを100点とし、最も評価の低い数値を0点として、この間に存在する数値をすべてスコアに置き換えた。さらに、ある都市の相対的な強みと弱みを把握するために、指標グループごとに平均したスコアを偏差値に置き換えて分析を行った。

本書では、比較するサンプル都市数は6つと少ないため、偏差値による指標の比較はなじまないと考える。また、指標データを0～100点に置き換える指数化についても、サンプル都市数が少ないため極度な差がつきすぎ、分析に支障が出ることが懸念される。したがって、本章では、第7章でも取り組んだように、6都市における指標ごとのデータ間の比率について、最も評価の高い数値を100点とした場合のその他の数値の割合をスコア化して比較することとする。筆者が作成に取り組んだ森記念財団都市戦略研究所（2011）『世界の都心総合力インデックス2010』においても、サンプル都市数が8都市と少なかったため同様の手法をとった。

具体的には、指数化する指標において、最も大きい数値の評価が高い場合は、以下の計算式を用いて各都市のスコアを算定する。

スコア＝評価する都市の数値÷各都市のなかでの最大数値×100（最も大きい数値が100点）

また、指数化する指標において、最も小さい数値の評価が高い場合は、以下の計算式を用いて各都市のスコアを算定する。

スコア＝各都市のなかでの最小数値÷評価する都市の数値×100（最も小さい数値が100点）

前記の計算式にもとづき、64の指標データをすべて100点を最大値とするスコアに置き換える。これをもとに、図8-59に示すように、それぞれの指標が属する評価項目ごとに、複数の指標が存在するものについては平均値を算定し、単独の指標についてはそのまま移行する。さらに、すべての評価項目の数値を「生活の質」および「都市の成長」の2つの評価軸のもとで、それぞれの平均値を算定する。前記の算定結果を表8-2ab、表8-3abに示す。

表8-2a 「生活の質」を構成する各指標の指数スコア

	Fukuoka	Seattle	Vancouver	Melbourne	Munich	Barcelona
生活の質 総合スコア	**62.16**	**65.25**	**66.18**	**60.79**	**57.15**	**72.52**

1. 生活・コミュニティ		Fukuoka	Seattle	Vancouver	Melbourne	Munich	Barcelona
A.	人口構成	**68.6**	**98.7**	**84.7**	**94.1**	**75.4**	**85.5**
A.1	平均年齢	85.8	97.4	89.6	100.0	85.9	98.5
A.2	高齢者比率	51.4	100.0	79.9	88.2	64.8	72.6
B.	人口動態	**54.8**	**79.6**	**82.4**	**100.0**	**61.6**	**61.5**
B.1	人口増加率	36.4	61.6	81.3	100.0	51.5	54.5
B.2	合計特殊出生率	73.2	97.6	83.5	100.0	71.6	68.5
C.	生活と労働のバランス	**80.0**	**77.6**	**81.4**	**82.8**	**100.0**	**83.4**
C.1	年間平均労働時間	80.0	77.6	81.4	82.8	100.0	83.4
D.	金銭的な豊かさ	**48.0**	**100.0**	**64.6**	**62.6**	**74.2**	**54.1**
D.1	1人当たり世帯年間平均可処分所得	48.3	100.0	68.4	70.1	71.4	58.6
D.2	1人当たりGDP	47.7	100.0	60.7	55.1	77.1	49.5
E.	生活のコスト	**90.4**	**55.9**	**52.4**	**48.7**	**59.1**	**75.5**
E.1	家賃水準	100.0	37.2	38.9	36.5	45.5	65.2
E.2	食料雑貨類価格水準	71.1	70.4	61.5	60.3	78.5	100.0
E.3	外食価格水準	100.0	60.2	56.7	49.4	53.2	61.3
F.	寄附によるささえあい	**11.9**	**100.0**	**63.2**	**27.6**	**7.0**	**47.0**
F.1	寄附金額の対GDP比	11.9	100.0	63.2	27.6	7.0	47.0

注記：太字は総合スコアおよび各評価項目スコア。
出所：図8-9～図8-17のデータをもとに筆者作成。

表8-2b 「生活の質」を構成する各指標の指数スコア

2. 安全性・持続性		Fukuoka	Seattle	Vancouver	Melbourne	Munich	Barcelona
A.	犯罪の少なさ	**100.0**	**25.3**	**74.0**	**10.7**	**45.8**	**19.0**
A.1	人口当たり殺人件数	100.0	25.3	74.0	10.7	45.8	19.0
B.	災害頻度の少なさ	**41.7**	**61.1**	**100.0**	**83.3**	**77.8**	**77.8**
B.1	地震発生頻度	50.0	50.0	100.0	100.0	100.0	100.0
B.2	洪水発生頻度	50.0	33.3	100.0	50.0	33.3	33.3
B.3	台風（サイクロン）発生頻度	25.0	100.0	100.0	100.0	100.0	100.0
C.	医療の充実度	**82.5**	**81.6**	**75.8**	**93.0**	**99.0**	**87.5**
C.1	人口当たり医師数	65.1	66.8	52.4	86.6	100.0	75.2
C.2	出生時平均余命	100.0	96.4	99.3	99.4	97.9	99.8
D.	汚染の少なさ	**62.5**	**62.3**	**54.1**	**63.4**	**43.1**	**63.0**
D.1	1人当たり年間CO_2排出量	100.0	48.2	40.6	26.8	64.4	95.1
D.2	PM2.5年間平均観測値	25.0	76.4	67.6	100.0	21.8	30.9
E.	気候の快適さ	**72.4**	**63.7**	**61.7**	**76.0**	**57.8**	**80.0**
E.1	快適気温月数	80.0	80.0	80.0	100.0	60.0	60.0
E.2	平均年間雨天日数	64.7	47.4	43.4	51.9	55.6	100.0
F.	自然の豊かさ	**60.4**	**74.4**	**63.1**	**46.6**	**53.2**	**81.0**
F.1	市域中心部の緑地の比率	47.6	48.8	56.5	45.2	100.0	80.4
F.2	市域中心部の水面の比率	73.3	100.0	69.7	48.0	6.4	81.5
G.	都市のコンパクトさ	**34.8**	**7.7**	**24.4**	**14.2**	**19.0**	**100.0**
G.1	市域人口密度	28.1	10.8	33.1	19.8	28.2	100.0
G.2	都市圏人口密度	41.6	4.6	15.8	8.5	9.8	100.0
H.	公共交通の充実度	**62.2**	**25.5**	**44.6**	**48.1**	**27.2**	**100.0**
H.1	人口当たりの鉄道駅数（トラム除く）	62.2	25.5	44.6	48.1	27.2	100.0

注記：太字は総合スコアおよび各評価項目スコア。
出所：図8-18〜図8-28のデータをもとに筆者作成。

表8-3a 「都市の成長」を構成する各指標の指数スコア

	Fukuoka	Seattle	Vancouver	Melbourne	Munich	Barcelona
都市の成長 総合スコア	**30.1**	**57.2**	**53.7**	**65.1**	**63.6**	**71.2**

3. リソース・生産力		Fukuoka	Seattle	Vancouver	Melbourne	Munich	Barcelona
A.	観光資源の充実度	**24.9**	**65.0**	**36.6**	**49.7**	**63.5**	**85.3**
A.1	100km圏内の世界遺産	0.0	50.0	0.0	50.0	100.0	100.0
A.2	文化（歴史）資源	34.5	54.8	63.1	45.2	57.1	100.0
A.3	ランドマーク	25.5	55.3	40.4	51.1	74.5	100.0
A.4	アウトドア	39.7	100.0	42.9	52.4	22.2	41.3
B.	宿泊施設の充実度	**11.7**	**29.8**	**22.5**	**45.5**	**43.6**	**100.0**
B.1	ホテル件数	11.7	29.8	22.5	45.5	43.6	100.0
C.	芸術鑑賞施設の充実度	**13.7**	**40.6**	**51.5**	**43.8**	**46.7**	**100.0**
C.1	ミュージアム	17.3	38.7	28.0	40.0	53.3	100.0
C.2	シアター・ホール	10.0	42.5	75.0	47.5	40.0	100.0
D.	外食の充実度	**53.7**	**56.5**	**46.3**	**66.5**	**45.4**	**100.0**
D.1	グルメレストラン件数	53.7	56.5	46.3	66.5	45.4	100.0
E.	スポーツ観戦施設の充実度	**18.8**	**37.5**	**68.8**	**100.0**	**75.0**	**81.3**
E.1	スタジアム数（1万席以上）	37.5	75.0	37.5	100.0	50.0	62.5
E.2	オリンピック大会開催実績	0.0	0.0	100.0	100.0	100.0	100.0
F.	地域の知名度	**7.6**	**56.1**	**38.4**	**47.9**	**23.0**	**100.0**
F.1	地域名の検索ヒット件数	7.6	56.1	38.4	47.9	23.0	100.0
G.	人材の豊かさ	**66.8**	**85.8**	**97.5**	**93.9**	**89.2**	**79.4**
G.1	労働力人口増加率	25.7	65.9	92.5	100.0	78.5	82.2
G.2	人口に占める労働力人口の割合	88.2	93.5	100.0	96.9	94.4	91.7
G.3	労働者に占める高校卒以上の割合	86.5	98.1	100.0	84.6	94.6	64.4
H.	企業の売り上げ規模	**6.3**	**53.9**	**4.0**	**62.0**	**100.0**	**24.8**
H.1	Fortune Global 500企業本社数	0.0	50.0	0.0	75.0	100.0	25.0
H.2	地域内売上金額最大企業の売上金額	12.7	57.8	8.0	49.0	100.0	24.6
I.	経済力の強さ	**54.1**	**89.9**	**80.1**	**71.4**	**55.3**	**65.0**
I.1	従業者1人当たりGDP（生産性）	52.4	100.0	60.2	57.3	67.0	61.4
I.2	GDP成長率	55.9	79.8	100.0	85.5	43.7	68.5

注記：太字は総合スコアおよび各評価項目スコア。
出所：図8-29～図8-43のデータをもとに筆者作成。

表8-3b 「都市の成長」を構成する各指標の指数スコア

4. イノベーション・交流		Fukuoka	Seattle	Vancouver	Melbourne	Munich	Barcelona
A.	特許申請件数の多さ	**28.1**	**88.3**	**25.9**	**21.7**	**100.0**	**18.8**
A.1	人口当たり年間特許申請件数	28.1	88.3	25.9	21.7	100.0	18.8
B.	スタートアップの多さ	**28.6**	**92.9**	**57.1**	**100.0**	**85.7**	**42.9**
B.1	年間新規開業率（国別）	28.6	92.9	57.1	100.0	85.7	42.9
C.	操業にかかわる税	**71.1**	**67.3**	**100.0**	**87.7**	**87.2**	**87.7**
C.1	法人税実効税率	71.1	67.3	100.0	87.7	87.2	87.7
D.	大学のグローバル評価	**20.2**	**32.5**	**52.7**	**100.0**	**46.0**	**31.4**
D.1	QS大学ランキング掲載大学数	14.3	14.3	28.6	100.0	28.6	42.9
D.2	QS大学ランキング最上位校の順位	26.2	50.8	76.7	100.0	63.5	19.9
E.	海外人材の割合	**26.6**	**56.8**	**100.0**	**81.6**	**66.0**	**65.5**
E.1	外国生まれの居住者の割合	4.0	37.5	100.0	86.0	53.9	35.9
E.2	QS大学ランキング最上位校留学生比率	49.2	76.1	100.0	77.2	78.0	95.0
F.	訪問者の多さ	**32.3**	**53.4**	**54.8**	**57.3**	**40.7**	**66.4**
F.1	訪問者数（国内から）	54.9	100.0	63.4	88.0	41.4	32.8
F.2	訪問者数（海外から）	9.7	6.7	46.2	26.5	40.0	100.0
G.	大規模国際会議の多さ	**14.9**	**10.4**	**31.8**	**35.1**	**50.6**	**100.0**
G.1	ICCA国際会議開催件数	14.9	10.4	31.8	35.1	50.6	100.0
H.	国際空港機能	**32.4**	**56.2**	**45.7**	**43.7**	**63.6**	**61.7**
H.1	国内線年間旅客数	48.2	100.0	31.1	74.9	32.6	38.3
H.2	国際線年間旅客数	10.4	11.4	29.5	24.3	100.0	82.7
H.3	国内線直行便就航都市数	15.5	100.0	36.9	32.0	14.6	22.3
H.4	同大陸内国際線直行便就航都市数	12.9	14.4	23.5	5.3	100.0	90.2
H.5	大陸間国際線直行便就航都市数	6.3	33.3	43.8	47.9	100.0	66.7
H.6	主要空港滑走路本数	33.3	100.0	100.0	66.7	66.7	100.0
H.7	主要空港へのアクセス時間	100.0	34.4	55.0	55.0	31.4	31.4
I.	国際港湾機能	**23.9**	**65.4**	**55.5**	**61.4**	**0.0**	**67.4**
I.1	国際コンテナTEU	28.5	41.8	100.0	72.2	0.0	58.6
I.2	国内コンテナTEU	8.8	87.1	0.0	100.0	0.0	43.6
I.3	クルーズ客船乗降人員数	34.5	67.4	66.5	12.1	0.0	100.0

注記：太字は総合スコアおよび各評価項目スコア。
出所：図８-44～図８-58のデータをもとに筆者作成。

図8-59　指標項目スコアおよび総合スコア算定方法

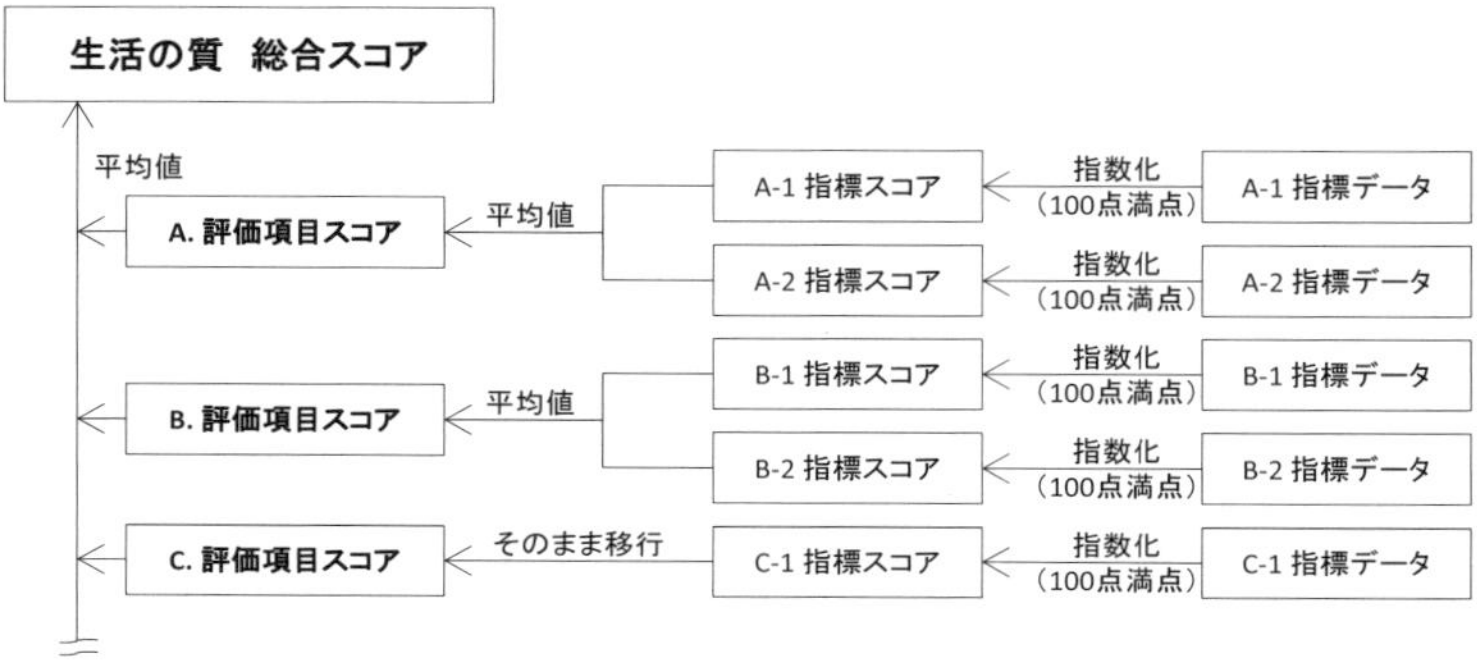

出所：筆者作成。

（2）福岡の総合評価と位置づけ

図8-60は、「生活の質」と「都市の成長」の2評価軸のスコアにもとづき、各都市の相対的な位置を示したものである。福岡は、「生活の質」においては他都市と同等のスコアを有するものの、「都市の成長」においては他都市と大きな格差が生じている。

従来の世界都市ランキングの場合、算出した各都市のスコアにもとづいて順位を決定する。たとえば、これら6都市では、「生活の質」分野では、1位バルセロナ、2位バンクーバー、3位シアトル、4位福岡、5位メルボルン、6位ミュンヘンとなる。「都市の成長」分野では、1位バルセロナ、2位メルボルン、3位ミュンヘン、4位シアトル、5位バンクーバー、6位福岡である。そして、2つの分野を合わせた総合ランキングは、1位バルセロナ、2位メルボルン、3位シアトル、4位ミュンヘン、5位バンクーバー、6位福岡、といった結果となる。

しかし、先に論じたように、ランキングの順位のみに

図8-60　総合スコアにもとづく各都市の位置付け

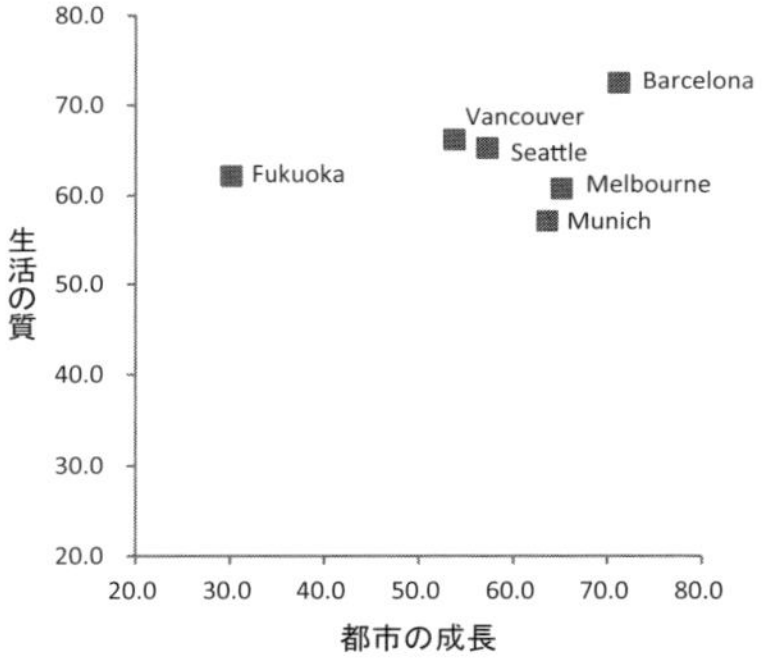

	Fukuoka	Seattle	Vancouver	Melbourne	Munich	Barcelona
生活の質スコア	62.2	65.2	66.2	60.8	57.2	72.5
都市の成長スコア	30.1	57.2	53.7	65.1	63.6	71.2
総合スコア	46.1	61.2	60.0	63.0	60.4	71.9

出所：筆者作成。

よって都市の評価を下すことは望ましいとはいえない。小さなスコアの差によって生じている順位差は、採用する指標の変更や、指標のグループ化によって生じる各指標のウェイトの変化によって、容易に変動しうるからである。また、「都市の成長」における福岡のように、他都市とスコアが大きく離れていても、順位差は一つしか生じない。お互いの都市のスコアの差に着目して分析しなければならない。

図８-60から明らかなように、福岡は「生活の質」のスコアでは、他の５都市と同等の水準にある。一方、「都市の成長」においては、大きな格差が生じている。この格差は、採用する指標の変更や指標のウェイトづけを変えても解消することは不可能であろう。「都市の成長」というテーマを形成する指標間には、一定の相関性があると考えられるからである。また、「生活の質」につい

ても同様に、相関する指標は多いと思われる。したがって、福岡には、ベンチマークする5都市との間に、「都市の成長」において大きなギャップがあるといわざるを得ない。

グローバルな観点からの福岡の戦略的な課題は、ベンチマーク都市と同等に高い「生活の質」を維持しながら、「都市の成長」を持続的にもたらすことである。

福岡のグローバルな強みと弱みの把握と戦略的な課題抽出

本章では、日本の地方都市である福岡の国際競争力を、グローバルな観点から評価するための方法論を構築した。首都でないことなどのクライテリアを設定したうえで、世界のグローバル都市をスクリーニングし、福岡と類似性が高く、国際競争力の高いグローバル都市を5都市選定し、福岡とともに競争力の評価を行った。属性の異なる世界の多数の都市を序列化する既存の世界都市ランキングにおいて、福岡が受けている評価と比較して、本章で行った評価では、福岡の特性をより明確に示せたと考える。

既存の世界都市ランキングにおいては、人口規模の大きさ等の属性の異なる都市を混在させたまま、比較評価が行われている。人口規模の大きい都市は、経済規模も大きい。それゆえ、人口・経済規模の大きさもランキングの評価要素に含まれている。都市をランクづけする観点からは、間違っていないかもしれないが、ランキングの結果から戦略を検討するうえでは、都市の規模の格差は解消しがたい要素である。首都であるかどうかも、地域レベルではどうにもならない要素である。戦略を導出する観点から、都市圏レベルで人口規模等、属性の近い都市をベンチマークする意義は大きいといえよう。

本章で構築した方法論による評価の結果、福岡の「生活の質」の評価は、ベンチマーク５都市と同等でありながらも、「都市の成長」の評価において大きな格差がみられた。福岡以外の５都市間の序列については、異なる指標を採用することによって若干の序列の変動は生じると考えられる。しかし、福岡と５都市に生じたギャップについては、指標を入れ替えても埋めがたいものがある。採用した指標間には一定の相関性があると考えられるため、「都市の成長」において５都市と比較して福岡は劣位にあることは否めない。これらのギャップをポテンシャルとみなして、評価項目別にさらに詳しくベンチマーキングしながら、競争戦略の検討を進めるべきである。

また、ベンチマーク５都市のすべてにおいて、福岡よりも地方分権は進んでおり、市域を超えた都市圏レベルでの都市経営も進んでいる。「都市の成長」を実現していくうえで、より強い地域の自主性の確保は、日本の地方圏の共通する課題であると示唆できよう。

本章で示した方法論の検証もするべきであろう。本章での評価の方法として、４つの異なるテーマに応じて32の評価項目を設定し、これらの評価項目を数値によって比較することが可能な指標を各項目にあてはめていった。各評価項目は、なるべく複数の指標にて構成することを目指したが、単数に終わったものもある。また、都市圏データが取得できない場合は、市や州、国などの単位でのデータを代用させた。単独の指標のみで構成した評価項目の指標の複数化と、データ取得の範囲をより都市圏と合致する範囲に絞ることができれば、結果はより緻密なものになることはまちがいないであろう。

さらに、データ取得においては、都市ごとに公表されているデータよりも、ＯＥＣＤ等にて一括で公表されているデータの使用を重視した。これは、本書で各都市を評価するためのデータの透明性を高くすることによって、第三者による結果の検証を容易にするとともに、日本の他の都市においても本書で提示した評価方法を応用しやすくするためである。また、Tripadvisor.comなどのインターネットによるユーザーの評価にもとづく情報も多用した。これを情報の容易な取得方法と捉えることもできるが、マーケットからの定性的な評価情報として重宝するとも考えられる。都市あるいは地域の評価は、政策立案者ではなく、マーケットが決めるものである。それゆえ、都市政策には競争戦略という視点が重要であり、マーケットの声を掴むための指標は必須であると考える。

次章では、福岡の競争力の優位性と課題について、各評価項目に照らし合わせながら検討する。そのうえで、競争戦略の方向性について、議論を進めていくこととしたい。

第9章　世界都市ランキングの手法にもとづく福岡の競争戦略の構想

福岡のグローバル競争戦略を導出

本章では、前章で提示した世界都市ランキングの手法にもとづく福岡の国際競争力の評価結果をもとに、福岡のグローバル競争戦略について検討する。

福岡の「生活の質」は、総合評価においては、ベンチマーク5都市と同等水準にある。一方、「都市の成長」の水準は、ベンチマーク5都市との間に格差がある。これらを踏まえ、まず、各評価項目をベンチマーク5都市と個別に比較し、福岡の優位性と課題を抽出する。さらに、個別の課題ごとに課題解決の方向性を提示する。

次に、6都市のデータを用いて本書の関心事項である、都市のグローバル化と階層性・序列の関係性について、分析する。第7章では、日本の4つの地方中枢都市において、福岡市では突出してグローバル化が進行し、都市システムでの序列も向上してきたことを明らかにした。しかし、第8章では、福岡市および都市圏は、ベンチマーク5都市と比較して、「都市の成長」におけるグローバル化水準を示す指標値は、低いことが明らかになっている。福岡のグローバル化指標の向上による、「都市の成長」の促進の可能性について検討する。

最後に、本書で構築した、世界都市ランキングの手法にもとづく都市の国際競争力の評価システムを用いて、競争戦略の効果を検討する。「都市の成長」を構成する指標において、向上しうる、あるいは目標となりうる指標値を設定し、評価システムに入力することによって、将来的な競争力をシミュレーションする。さらに、２０１４年に福岡市が国家戦略特区に指定されてからおよそ2年間での「都市の成長」の検証を試みる。

福岡の国際競争力を形成する最も主要なステークホルダーは、福岡市政である。さらに、産学官における多様なステークホルダーが存在する。ステークホルダーが競争戦略を描くうえで、目標となる成果指標（ＫＰＩ）は今後必要となるであろう。本章でのシミュレーションは、ＫＰＩの設定に活用されることを意識して提示するものである。

「生活の質」における福岡のグローバルな優位性と課題

ここではまず、「生活の質」を構成する2つのテーマ、「生活・コミュニティ」および「安全性・持続性」の評価項目について、各都市を横断的に比較する。

(1) 生活・コミュニティ

「生活の質」における「1．生活・コミュニティ」（都市像：自律した市民が支え合い心豊かに生きる都市）にかかわる各評価項目の都市ごとのスコアについて、図9-1に示す。

福岡の「1-A．人口構成」、「1-B．人口動態」、「1-D．金銭的な豊かさ」のスコアは、6都市のなかで最も低い。若者の人口比率や人口増加率、市民所得において、日本の地方中枢都市やその他の政令指定都市のなかでは優位にある福岡であっても、ここでベンチマークしている都市よりは低い水準にある。

福岡の人口増加は、後背地にあたる九州からの人口流入によって支えられている。図9-2は、福岡市と他の都道府県との間に2014年の1年間に生じた人口移動を転出入にて示している。福岡市に市外から69，628人転入し、市内から市外へ62，170人転出しており、7，458人の転入超過であった。福岡市外の福岡県を別にすると、福岡市への転入超過数の最も多い都道府県は、長崎県、佐賀県、熊本県、大分県、鹿児島県、宮崎県の順である。さらに、山口県からも446人転入超過している。一方、福岡市から東京都、大阪府、愛知県へは転出超過しており、このなかでも東京都へは最大の1，764人の転出超過である。東京都への転出超過数の最も多い年代は、20～24歳である。大学進学および就職を機に東京へ移動する若者が多いためだと考えられる。ベンチマーク5都市との格差は、若者に対する魅力の高い大学や就業先の少なさによって生じていると考えられる。

ベンチマーク都市の一つのシアトルが属するキング郡（人口200万人）の全米での人口移動を図

9-3にまとめた。これによれば、全米の多くの州からキング郡への転入超過がみられる。西海岸のカリフォルニア州のみならず、東海岸のニューヨーク州やワシントンDCからも転入超過となっており、シアトルは多くの人材から住まい働く都市として選択されている。

福岡市の人口推計では、生産年齢人口は2015年以降、減少に転じると推計されている。日本の他の都市とも共通する課題であるが、若者の流出を食い止め、労働力を担保しながら、生産性を向上させる方策が求められる。そのためには、より良い生活環境と就労環境を整備し、若者のみならず、女性や高齢者、身体障がい者で、従来労働市場に参加していなかった人材や、海外からの高度人材の市場への取り込みを促進しなければならない。

福岡市第9次基本計画によれば、「住んでいる住宅及び住環境に対する満足度」は2008年アンケートベースで75・2%と高い。一方、「高齢者の居住する住宅のうちの一定のバリアフリー化が行われた割合」は32・9%であり、「通学路における安全な歩行空間の確保度」は56・7%である。これらを2022年までにそれぞれ80%程度に向上させる目標を設定しているが、実現できれば、都市の魅力を着実に向上させるであろう。これらに加え、女性の就労環境の向上や、外国人が居住しやすい街づくり等の目標を設定するべきである。

「1-E. 生活のコスト」においては、福岡のスコアは最も高い。国内でも優位性の高い項目であるが、国外に向けてさらに訴求することによって、人材の魅了につなげるべきである。同時に、不動産の投機的な売買といった行為を監視し、急激な物価上昇を抑制していかなければならない。

図9-1　生活・コミュニティの指標項目別スコア比較

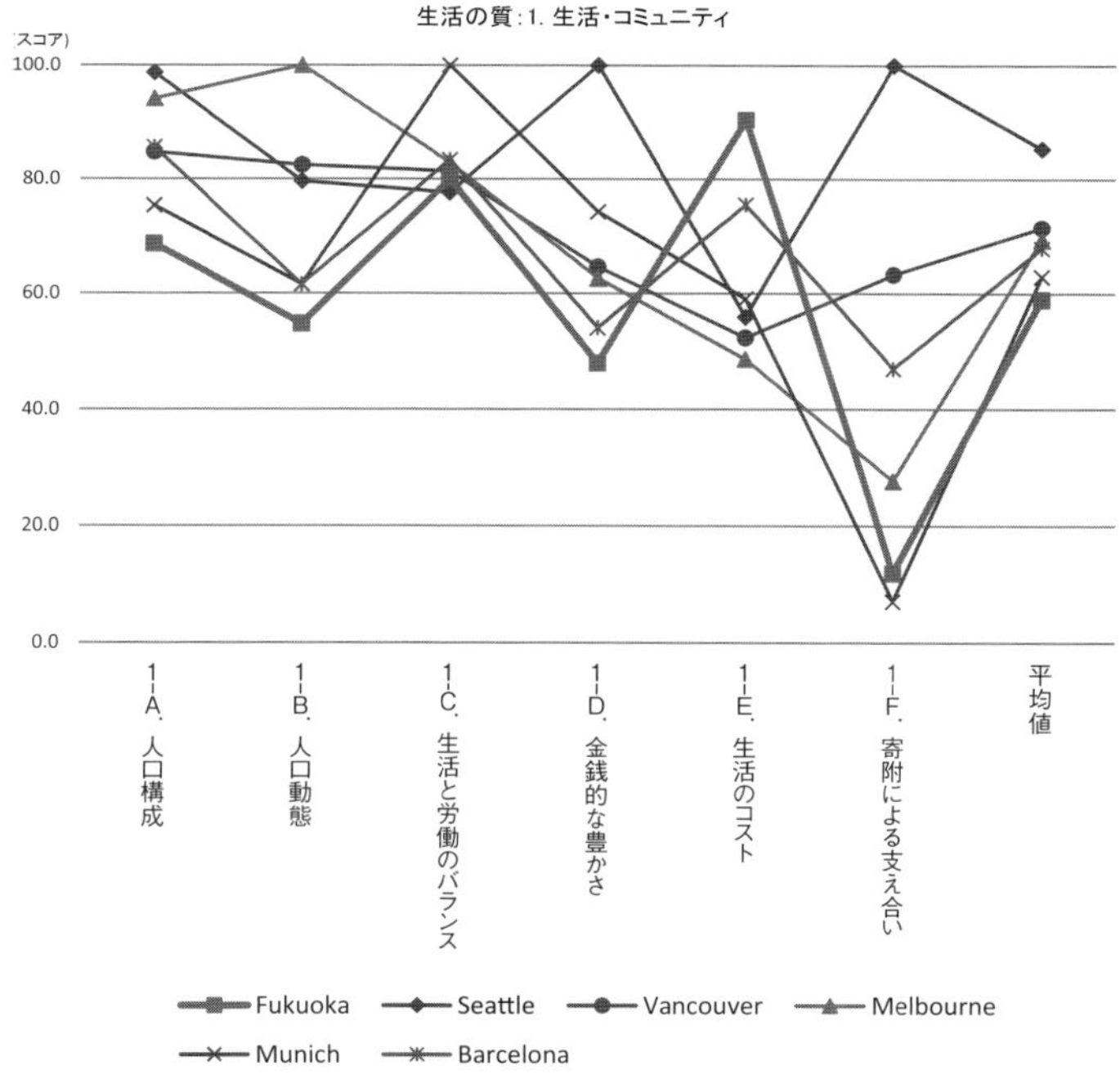

出所：表8-2aのデータをもとに筆者作成。

図9-2　福岡市・都道府県間の人口移動（2014転出入超過数）

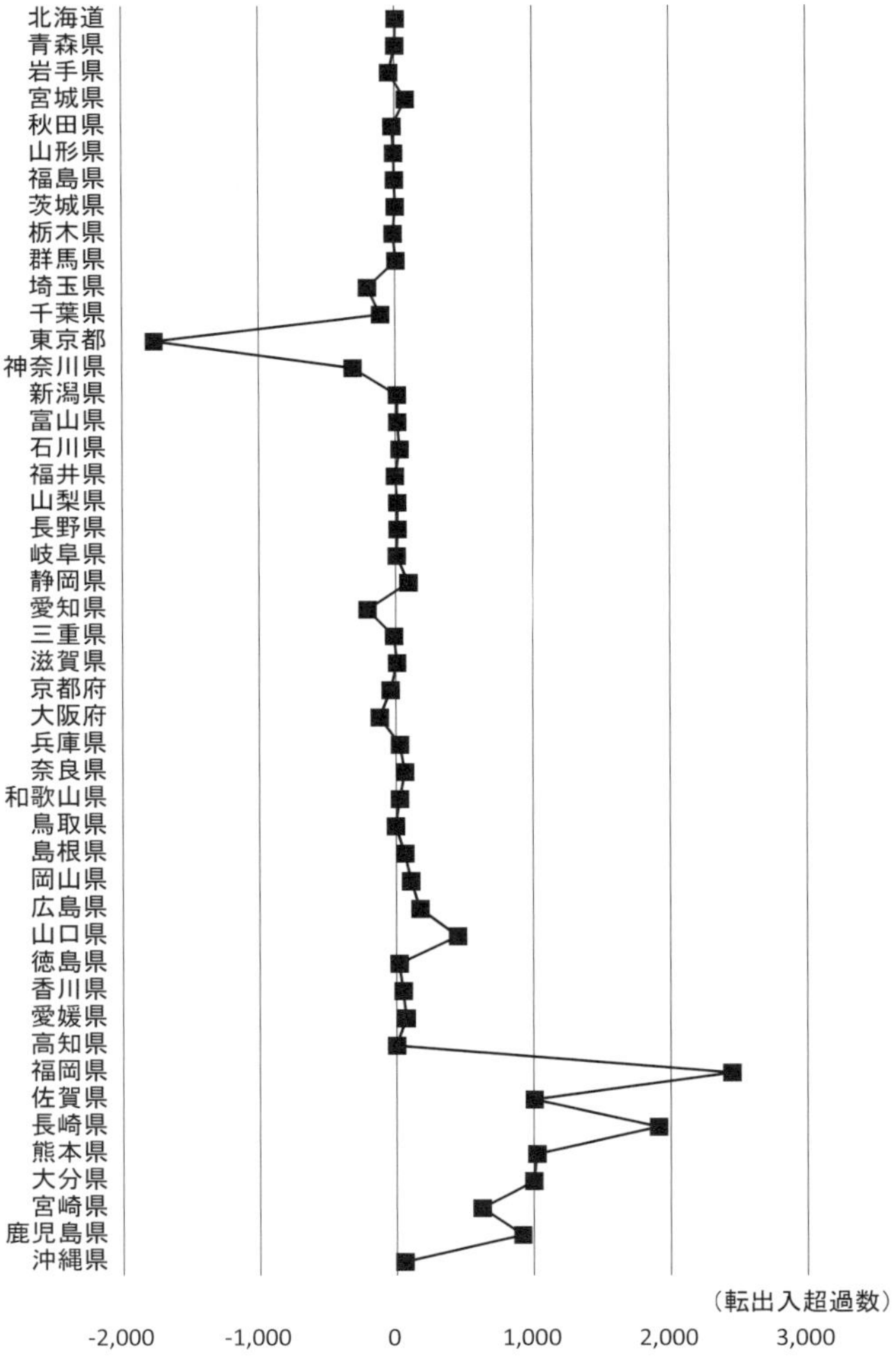

出所：総務省「住民基本台帳人口移動報告」（2014年）をもとに筆者作成。

注記：福岡県は福岡市を除く地域。日本人の国内移動のみで外国人および国外移動は含まない。

図9-3　キング郡（シアトル）・全米州間の人口移動
（2008-2012の1年あたりの転出入超過数）

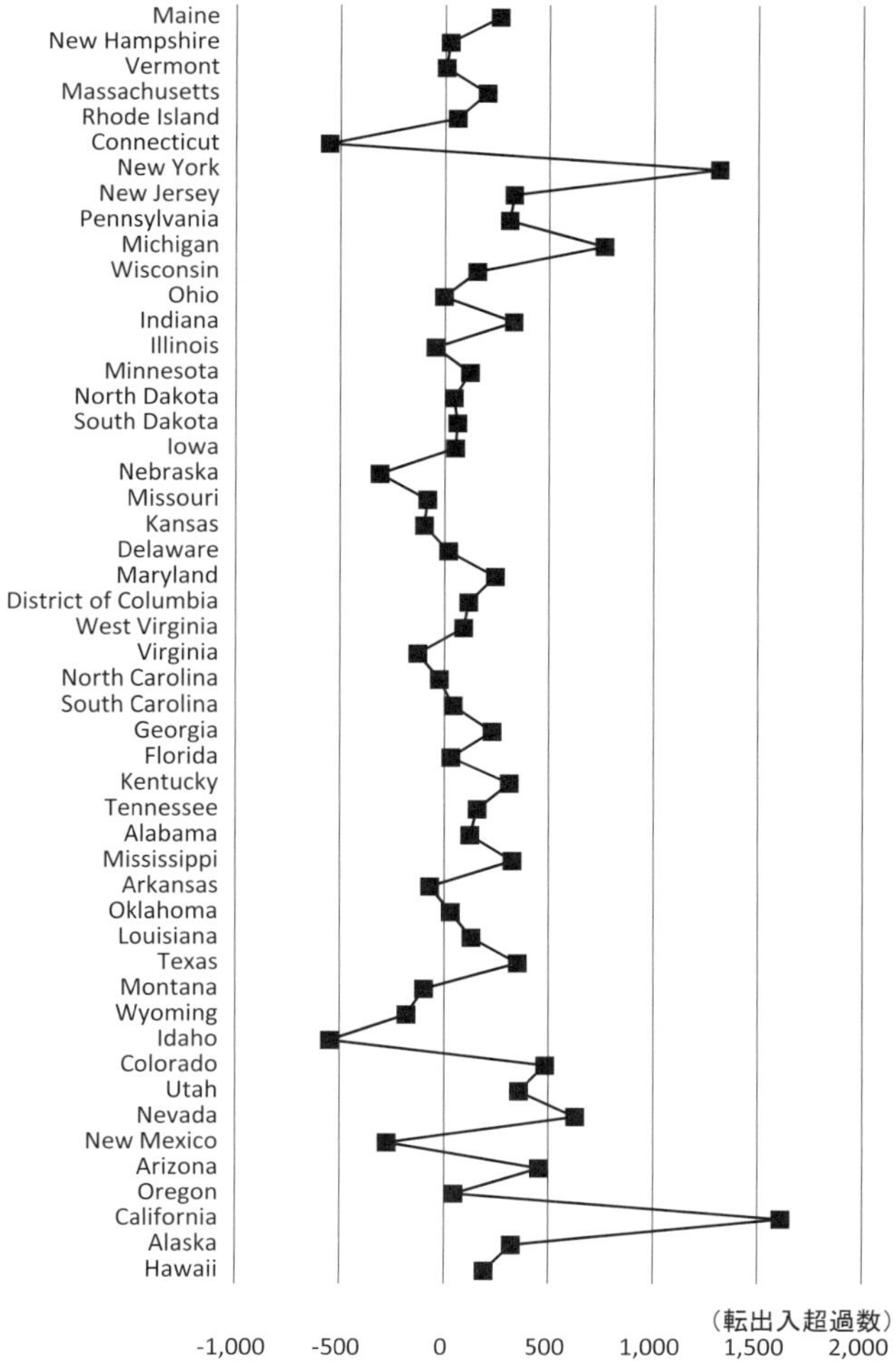

出所：U.S. Census Bureau “American Community Survey Data on Migration/Geographic Mobility” “County-to-County Migration Flows 2008-2012”をもとに著者作成
注記：ワシントン州内および国外移動は含まない。

(2) 安全性・持続性

「生活の質」の「2. 安全性・持続性」(都市像:自然と共生する持続可能で生活の質の高い都市)においては、福岡の評価は全般的に高い(図9-4)。

「2-A. 犯罪の少なさ」のスコアは6都市で最も高い。生活コストの低さと同様に、国外に向けての大きな訴求要素になるであろう。一方、「2-B. 災害頻度の少なさ」については、福岡のスコアは最も低い。福岡は、過去の地震発生頻度や被害履歴から、国内では比較的安全性の高い地域であるとの認識が強い。しかし、2016年4月に発生した熊本地震によって、九州地域の地震に対する安全神話は崩壊し、国内外での認識も変化している。熊本地震では、福岡市政による被災地へのタイムリーかつ機動的な支援は、高く評価されている[1]。支援・受援を含む、震災対策の一層の強化を進め、国内外へ向けた情報配信をより積極的に進めるべきである。

「2-F. 自然の豊かさ」、「2-G. 都市のコンパクトさ」、「2-H. 公共交通の充実度」での福岡のスコアは、ベンチマーク都市のなかでは高い。市街化区域を抑制し、コンパクトな都市づくりを進めてきた福岡市の政策の成果は、グローバルな比較においても優位性として浮かび上がっている。図9-5は、6都市の中心部から半径10キロ圏内の緑地スペースと水面スペースおよび、鉄道駅の分布を同スケールで示している。福岡の都心部での自然環境の豊かさは、他都市にひけをとっていない。鉄道駅もバンクーバー、シアトルよりも多く、ミュンヘン、メルボルンとほぼ同じ水準となっている。

図9-6は、福岡市内の人口密度と、鉄道駅の位置と乗降人員を示している。鉄道駅から離れてい

図9-4　安全性・持続性の指標項目別スコア比較

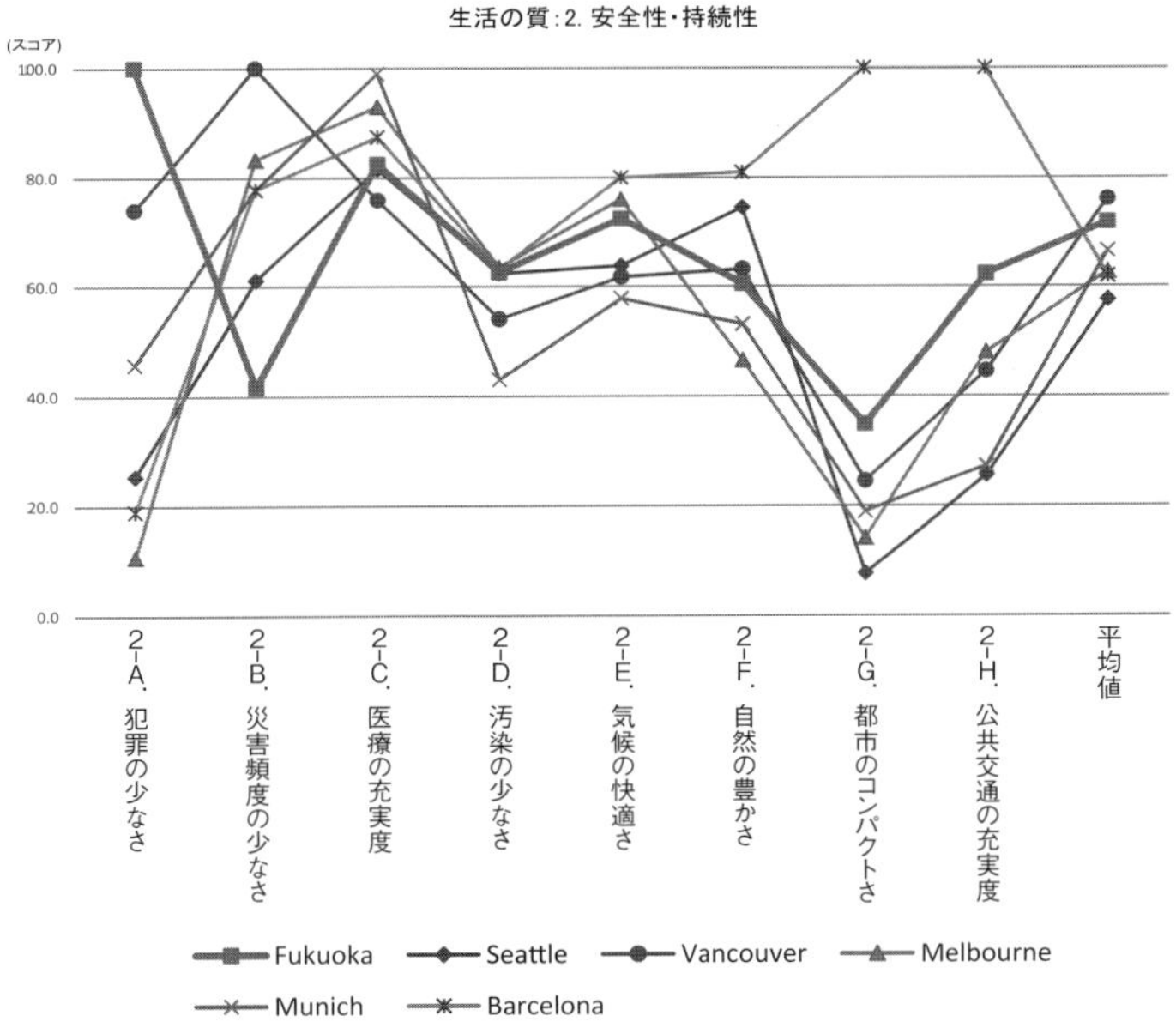

出所：筆者作成。

図9-5　半径10km圏内の緑地、水面、鉄道駅の分布

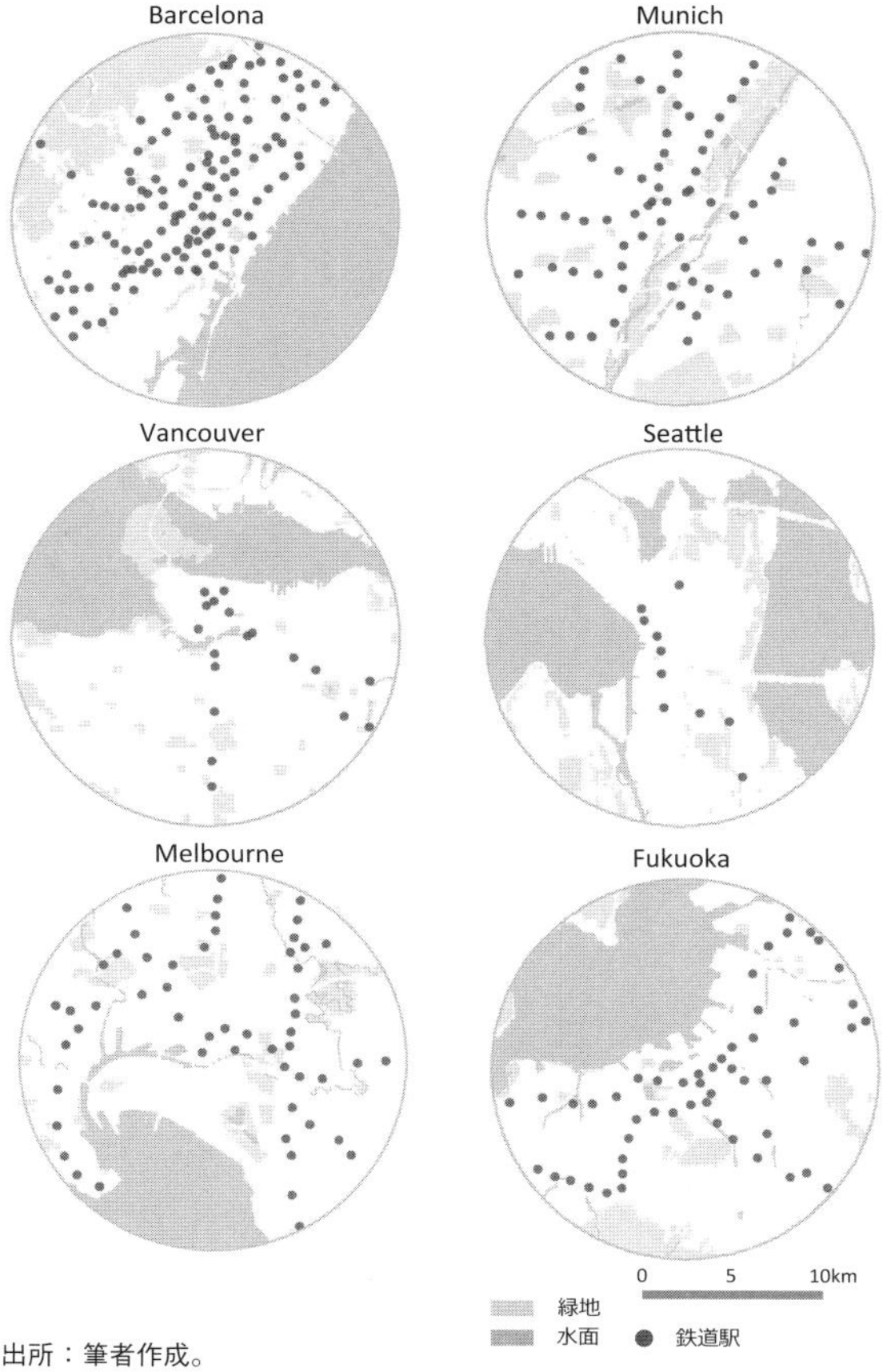

出所：筆者作成。

図9-6　福岡市の人口密度、鉄道駅乗降人員、発生・集中の多い地域、増加の見込まれる地域

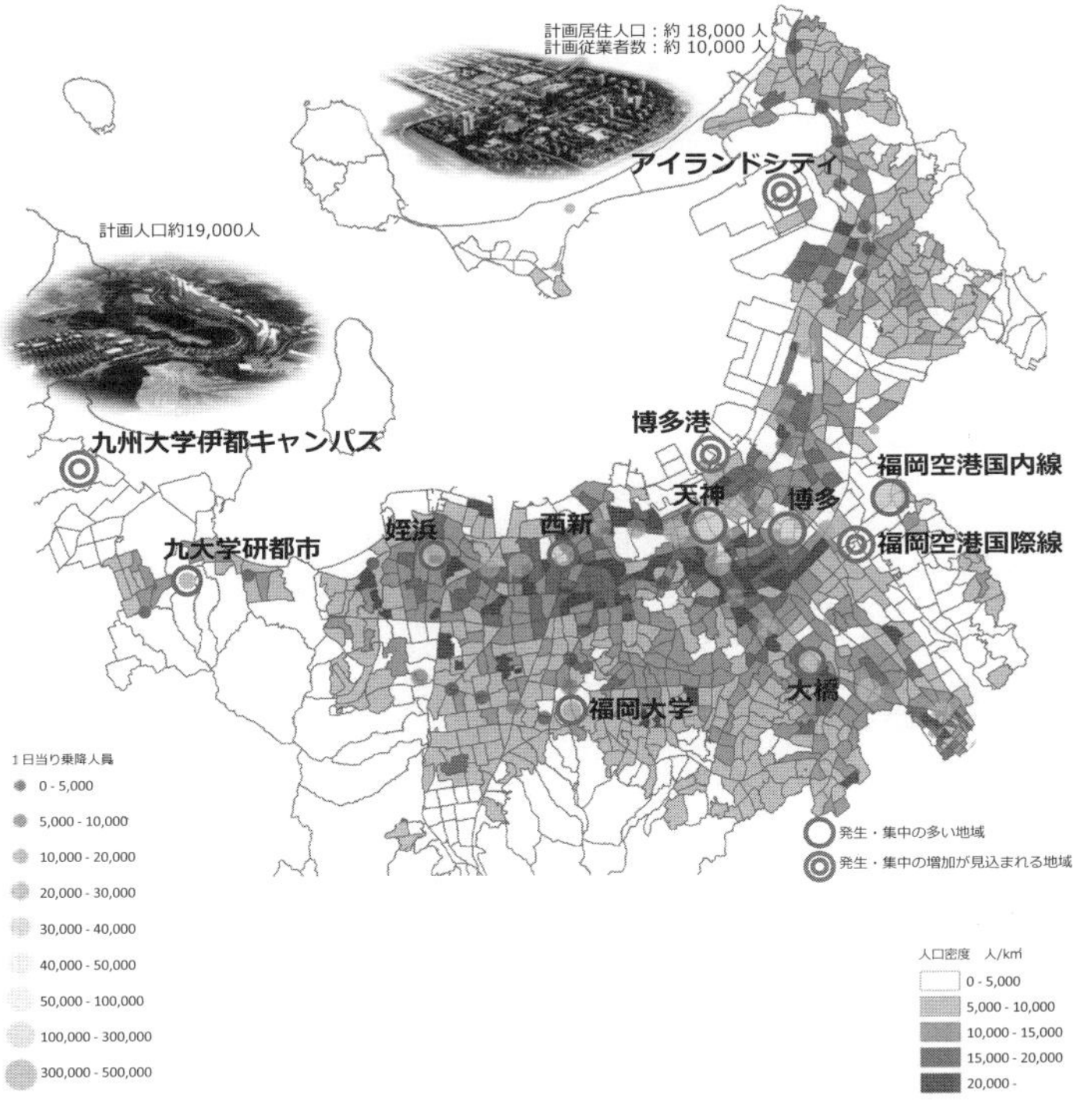

出所：「国勢調査」、「福岡市統計書」等をもとに筆者作成。

る人口密度の高い地区は多く存在し、これらの地区からの通勤・通学はバスや自家用車で賄われている。○印は、鉄道駅の乗降人員のとくに多い地点である。福岡の2大ターミナルである天神駅と博多駅での乗降人員は最も多い。これらに次いで、福岡空港国内線ターミナル駅での乗降人員は、年間1,500万人以上と多く、福岡空港国内線の年間旅客数とほぼ同等の人数となっている。地下鉄にて同駅より博多駅までは5分、天神駅までは11分というアクセスの良さは、空港利用者の地下鉄利用を促しているといえよう。これらのほかでは、九大学研都市駅、西新駅（西南学院大学）、福岡大学駅、大橋駅（九州大学）など大学の最寄り駅での乗降人員が多い。

◎丸で印した地点は、将来にわたり人員の発生と集中の増加が予測される場所である。国際クルーズ船ターミナルを擁し、国際コンベンションセンターや商業施設の集積する博多港周辺、現在国内線ターミナルからバスでの乗り継ぎが必要な福岡空港国際線ターミナル、物流・業務・居住機能の集積が進行しているアイランドシティ、箱崎地区より移転中の九州大学伊都キャンパスである。これらの地点は、いずれも鉄道で結ばれていない。これらのグローバルなゲートウェイやイノベーション拠点の公共交通システムへの組み込みは、福岡のグローバルなポジションの向上のためにも対処するべき戦略的課題である。

「都市の成長」における福岡のグローバルな優位性と課題

「都市の成長」を構成する「3．リソース・生産力」（都市像：海に育まれた歴史と文化の魅力が人をひきつける都市）（図9-7）および「4．イノベーション・交流」（都市像：活力と存在感に満ちたアジアの拠点都市）（図9-8）にまたがる評価項目においては、福岡のスコアは全般的に低い。ここでは、双方にまたがるいくつかの要素に分けて議論を進めたい。

(1) 観光・MICE

福岡の「3-A．観光資源の充実度」、「3-B．宿泊施設の充実度」、「3-C．芸術鑑賞施設の充実度」、「4-F．訪問者の多さ」は総じて低いスコアとなっている。図9-9は、指標3-A．2、3-A．3、3-A．4のベースとなるトリップアドバイザー（Tripadvisor.com）に掲載されている6都市での観光スポットを種類別に分布したものである。福岡の観光スポットの集積と比較して、他都市のほうが地域に拡散していることがわかる。図9-10に示すホテルの集積についても、福岡と他都市との差は顕著である。しかし、同じくトリップアドバイザーに掲載されているレストランの集積（図9-11）においては、福岡と他都市との差は小さい。福岡の「食」は、SNSなどの「口コミ」によって、すでにグローバルに評価されていると思われる。

図9-7 リソース・生産性の指標項目別スコア比較

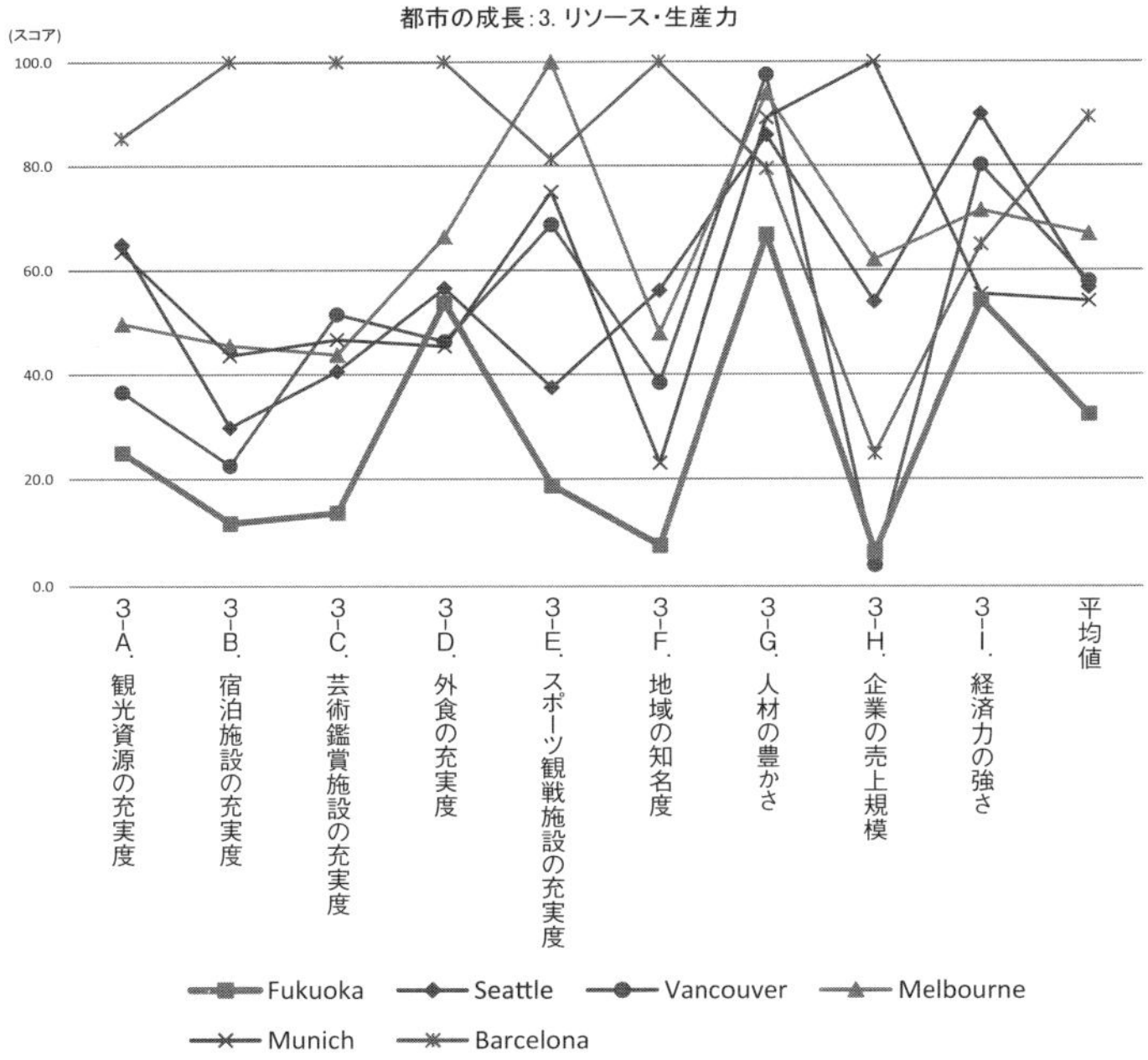

出所：表8-3aのデータをもとに筆者作成。

図9-8　イノベーション・交流の指標項目別スコア比較

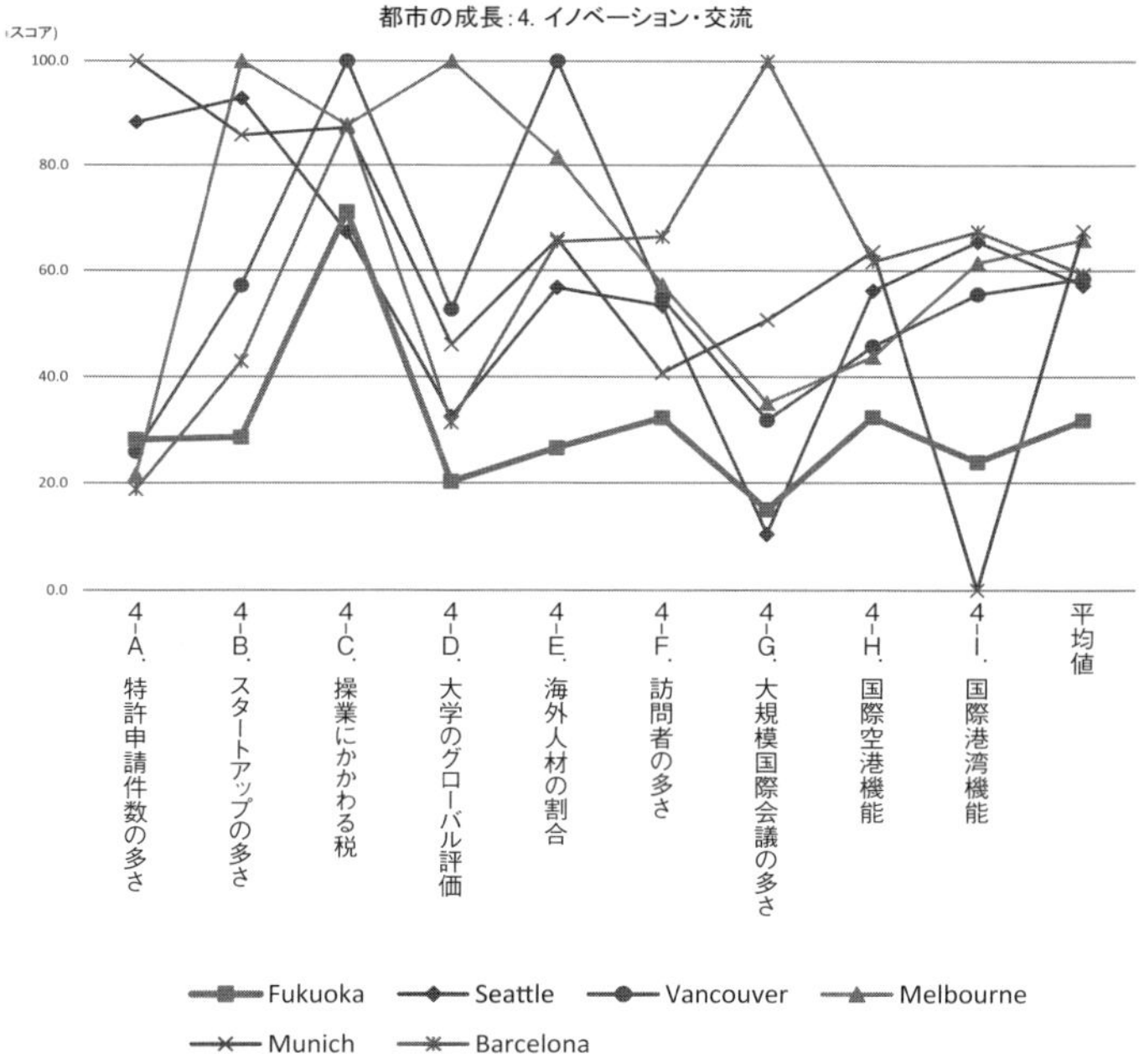

出所：表8-3bのデータをもとに筆者作成。

図9-9　半径10km圏内の観光スポットの分布

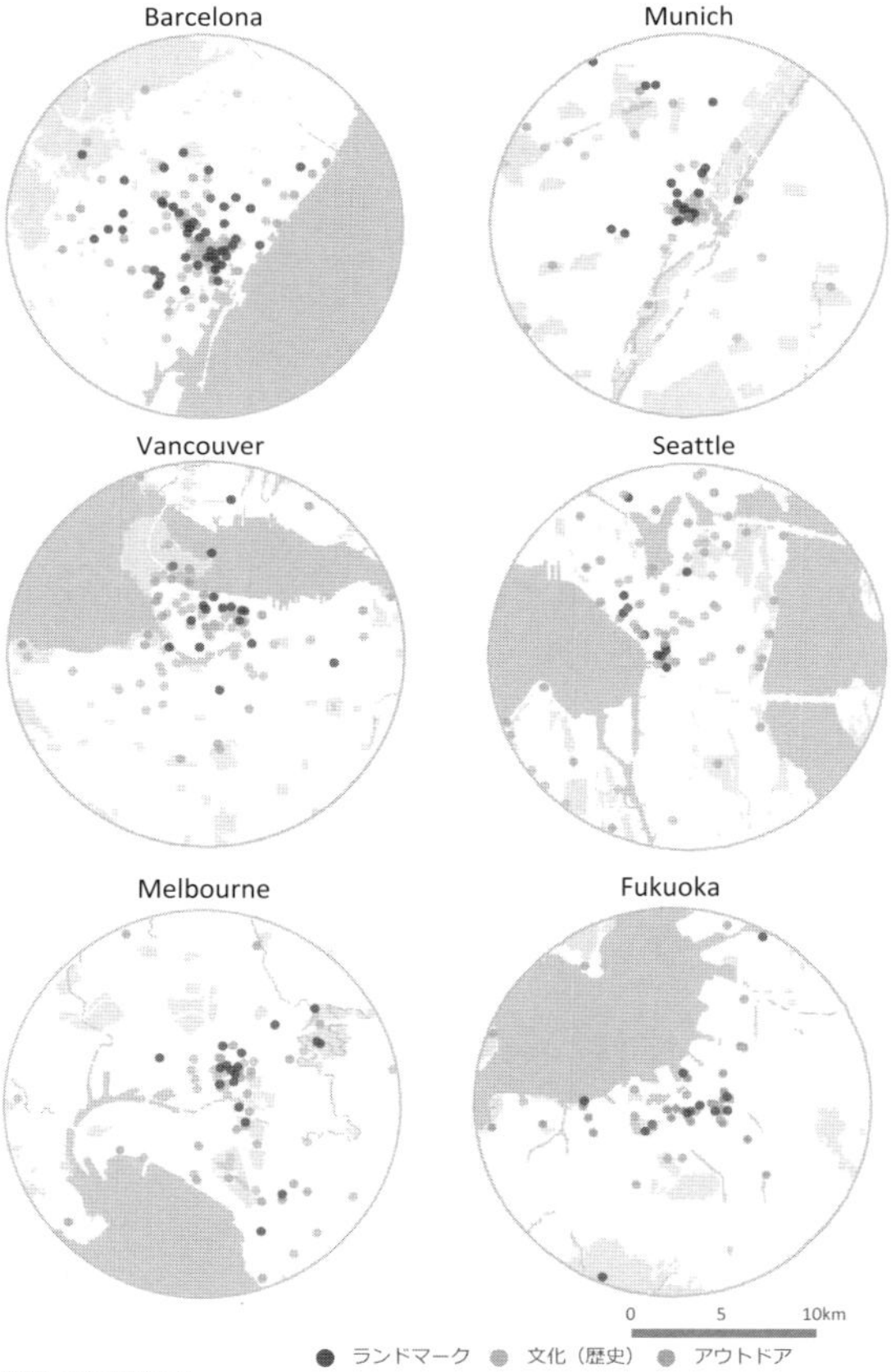

出所：筆者作成。

図9-10　半径10km圏内のホテルの分布

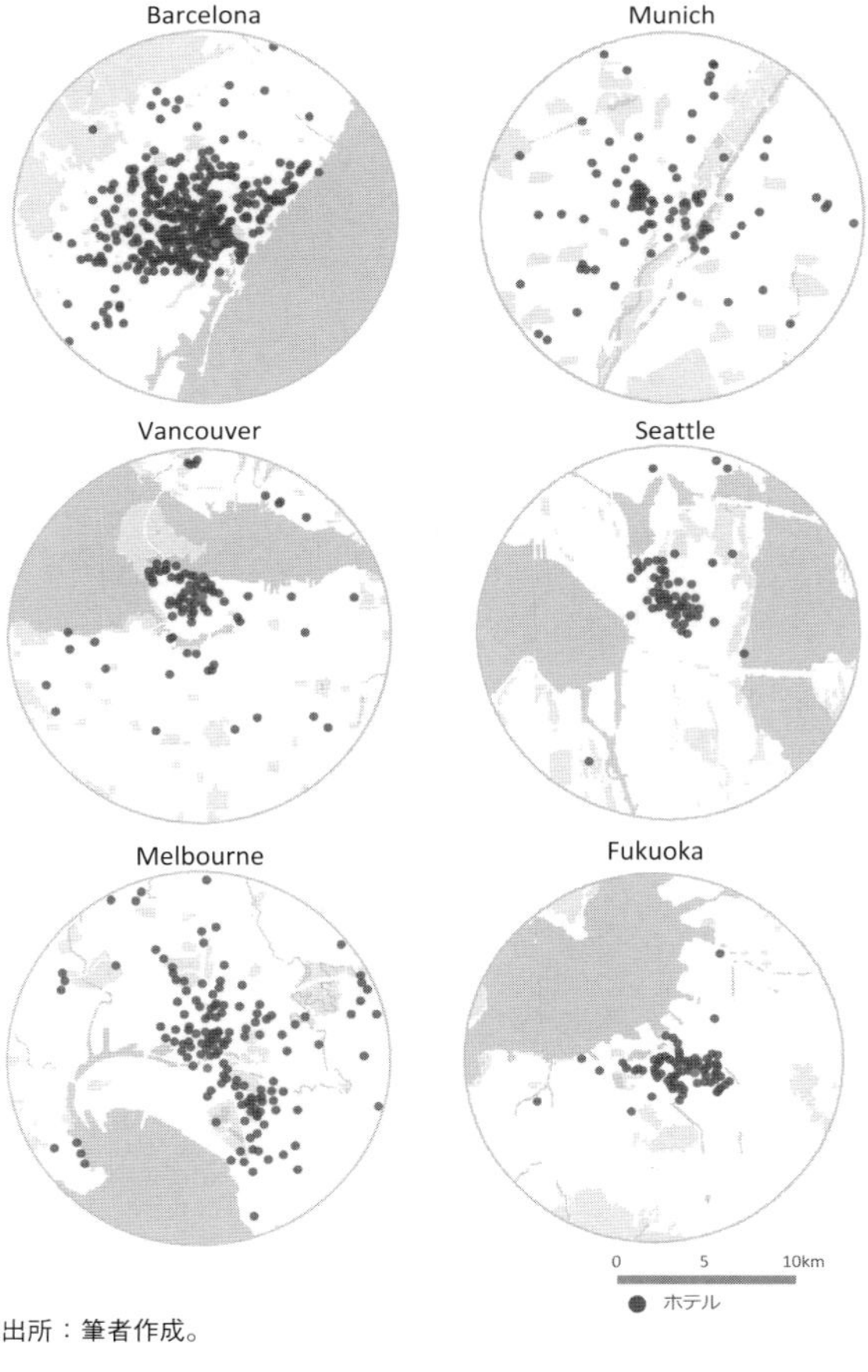

出所：筆者作成。

図9-11　半径10km圏内のグルメレストランの分布

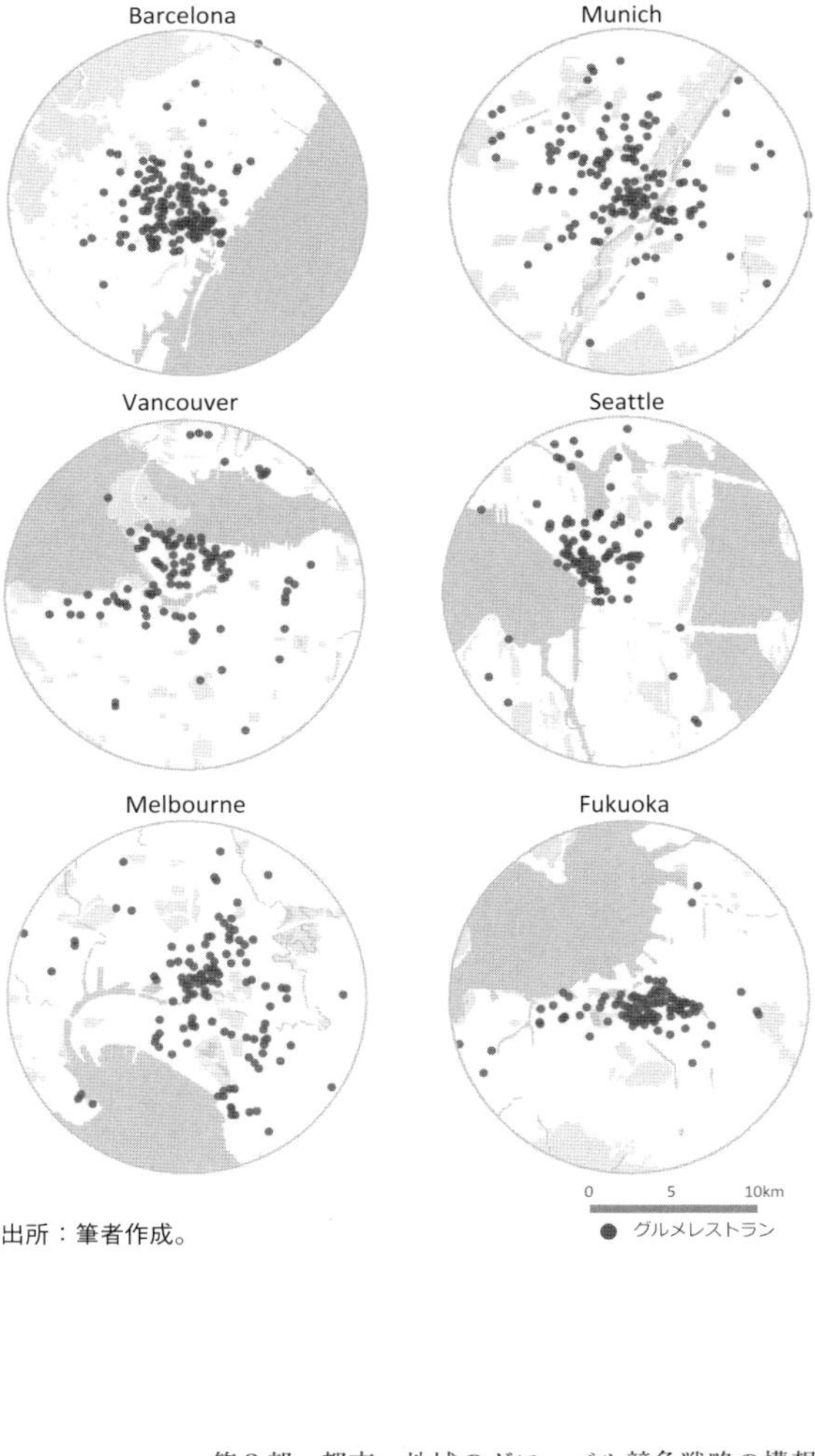

出所：筆者作成。

近年のインバウンドの急増は、外国人の多様な価値観による新たな観光資源の開拓へとつながっている。福岡においても、多様なメディアを通じた多言語による都市の情報配信は、最も効果的な取り組みとなる。このことは、「3-F．地域の知名度」をも、持続的に向上させるであろう。

福岡の国際会議開催件数は、国内では都市別で東京に次いで2位と多いにもかかわらず、「4-G．大規模国際会議の多さ」でのベンチマーク都市との比較においては、低位に甘んじている。最高位のバルセロナは、ＩＣＣＡによる厳しい基準にもかかわらず、世界5位（２０１４年）の国際会議件数を誇るＭＩＣＥ都市である。評価されている観光資源数も多く、ＭＩＣＥの両輪であるMeetingsとIncentivesが相乗しているともいえる。バルセロナはベンチマークするには目標がやや高いかもしれないが、福岡の国際コンベンション機能は、バルセロナと同様に都心部からきわめて近いウォーターフロント地区に集約しており、類似点が多い。ただし、バルセロナでは、コンベンション機能・商業機能に加えて、ケーブルカーによるアクセスや、歴史博物館、コンドミニアムなどの複合的な用途構成を実現することによって、地区に高い賑わいを創出している。福岡の博多港周辺のウォーターフロント地区で計画されている第2期展示場の整備を、単なる施設の拡張に終わらせてはならない。都心再生とともに、観光を含めた複合的な魅力のあるゾーンへと発展させなければならない。福岡のＭＩＣＥ機能は国内では高いが、今後は国外の都市をベンチマークするべきである。ホテルについても近年のインバウンドの急増に応じて、急速に不足が露呈している。民泊を含む宿泊施設のキャパシティ増強は、喫緊の課題である。

⑵ ダイバーシティ

福岡の「4-B．スタートアップの多さ」、「4-D．大学のグローバル評価」、「4-E．海外人材の割合」は、ベンチマーク都市と比較して低いスコアとなっている。

福岡市の新規開業率は、7・1％（2013年）と国内大都市では最も高い。しかし、ベンチマーク都市については、国別のデータであるが、10％前後とさらに高い。ベンチマーク都市をキャッチアップするためには、より多くのベンチャー企業が生まれやすい環境を創出する必要がある。ベンチマーク都市の一つであるシアトルのワシントン大学では、キャンパスの内外にそれぞれインキュベーションセンターを設置し、学生や教員の起業を支援している。2014年6月から1年間で、18のベンチャー企業を誕生させている[2]。

福岡においても、大学発ベンチャーの育成は急務である。学生のインターンシップによる社会人との交流機会の増加や、社会人学生や社会人教員の比率を高めていくことは、第一に必要となろう。さらに、外国人教員の増加、在学生のアウトバウンド留学の促進、インバウンド留学生の増加、留学生の卒業後の就職支援など、大学のグローバル化を進めていかなければならない。このことによって、大学のグローバル評価も持続的に向上していくであろう。

ベンチマーク都市の人材の多様性（外国生まれの居住者の比率・上位大学の留学生比率）は、これら都市のイノベーションの原動力となっている可能性が高い。シアトル、バンクーバーおよびメルボルンは、移民国家にあって多様な人種をかかえる基盤は大きい。ミュンヘンとバルセロナは、EUと

図9-12　福岡市の国籍別外国人居住者数

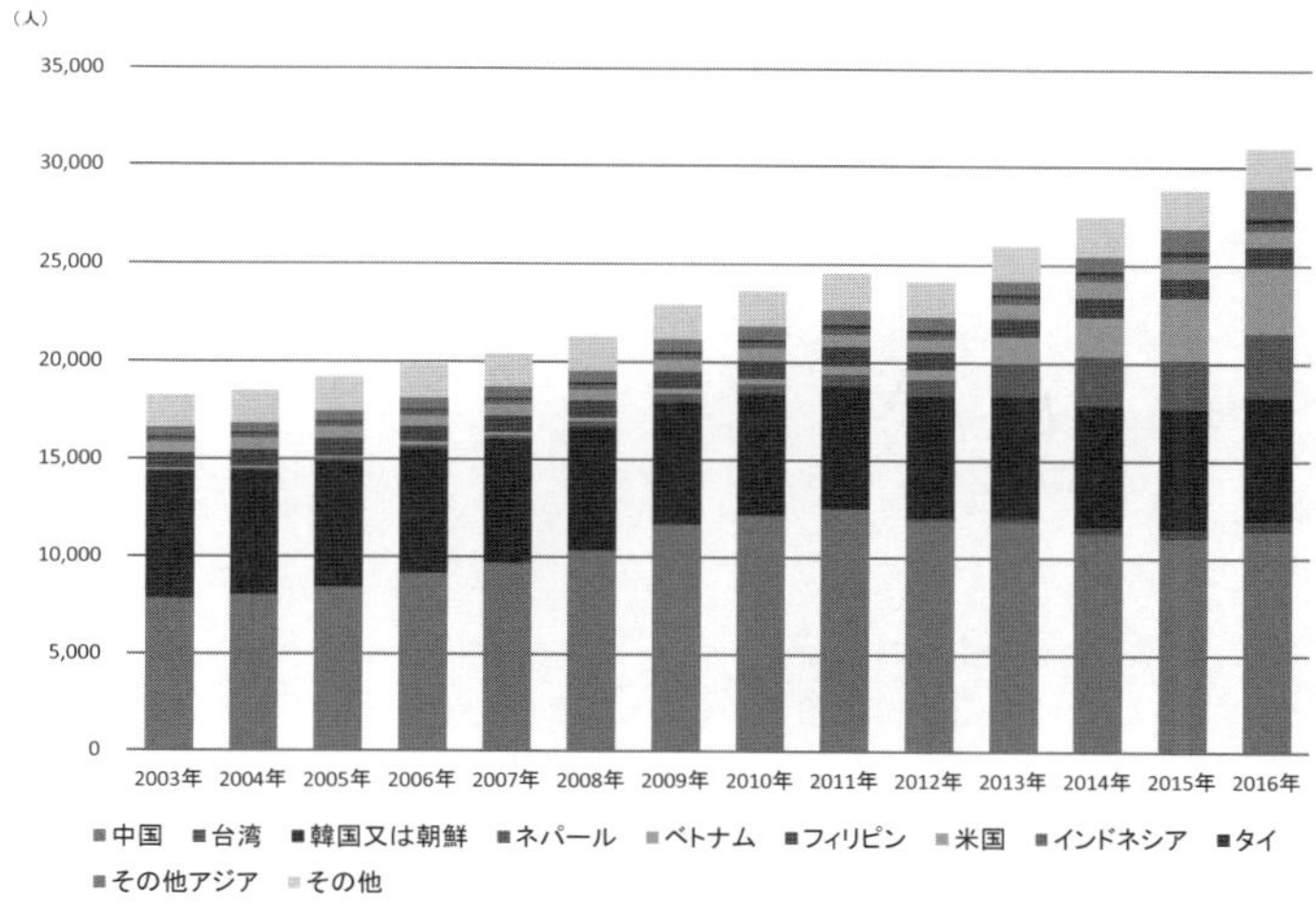

出所：福岡市「住民基本台帳」をもとに筆者作成。
注記：2011年以前は外国人登録者数。台湾は2012年からの数値。

いう枠組みのなかでの国籍の異なる人材の流動性の高さは日本とは比較にならない。しかし、福岡は、歴史的にアジアとの交流が深いながらも、外国人居住者割合は1・7％（2014年）と全国平均値をやや上回る程度にすぎない。一方、九州大学の留学生比率は9％（2014年）であり、大学キャンパス内でのダイバーシティは、福岡市内のダイバーシティを大きく上回っている。多様な人材と有力な大学の融合は、イノベーションには欠かせない。世界のイノベーションを牽引するシリコンバレーは、いまや国際競争力の高い地域の成功モデルとなっている。[3] 図9-12に示すように、福岡市内では、外国人居住者数の増加とともに、近年ではアジアを中心に国籍の多様化も進んでいる。これら外国人人材の増加と多様化を、イノベーション創出につなげなければならない。

福岡市は2014年に国家戦略特区に指定され、「グローバル創業・雇用創出特区」の名称のもと、規制改革が進められている。福岡市は特区の成果目標として、2014年より5年間で開業率を2倍の13％に増やすことを掲げた。[4] 規制改革によって操業環境を向上させるとともに、国内外からのイノベイティブな人材を活用しなければ、目標達成は困難であろう。2015年に設置された専門コンシェルジュが常駐するスタートアップカフェや、2016年に創設されたスタートアップ・ビザによる外国人スタートアッパーの誘致は、これらの課題へのピンポイントな対応であるといえよう。

(3) 国際ゲートウェイ

福岡の「4-H．国際空港機能」のスコアは、ベンチマーク都市と比較して低い。第1章でもふれ

図9-13　各都市主要空港の同スケール比較

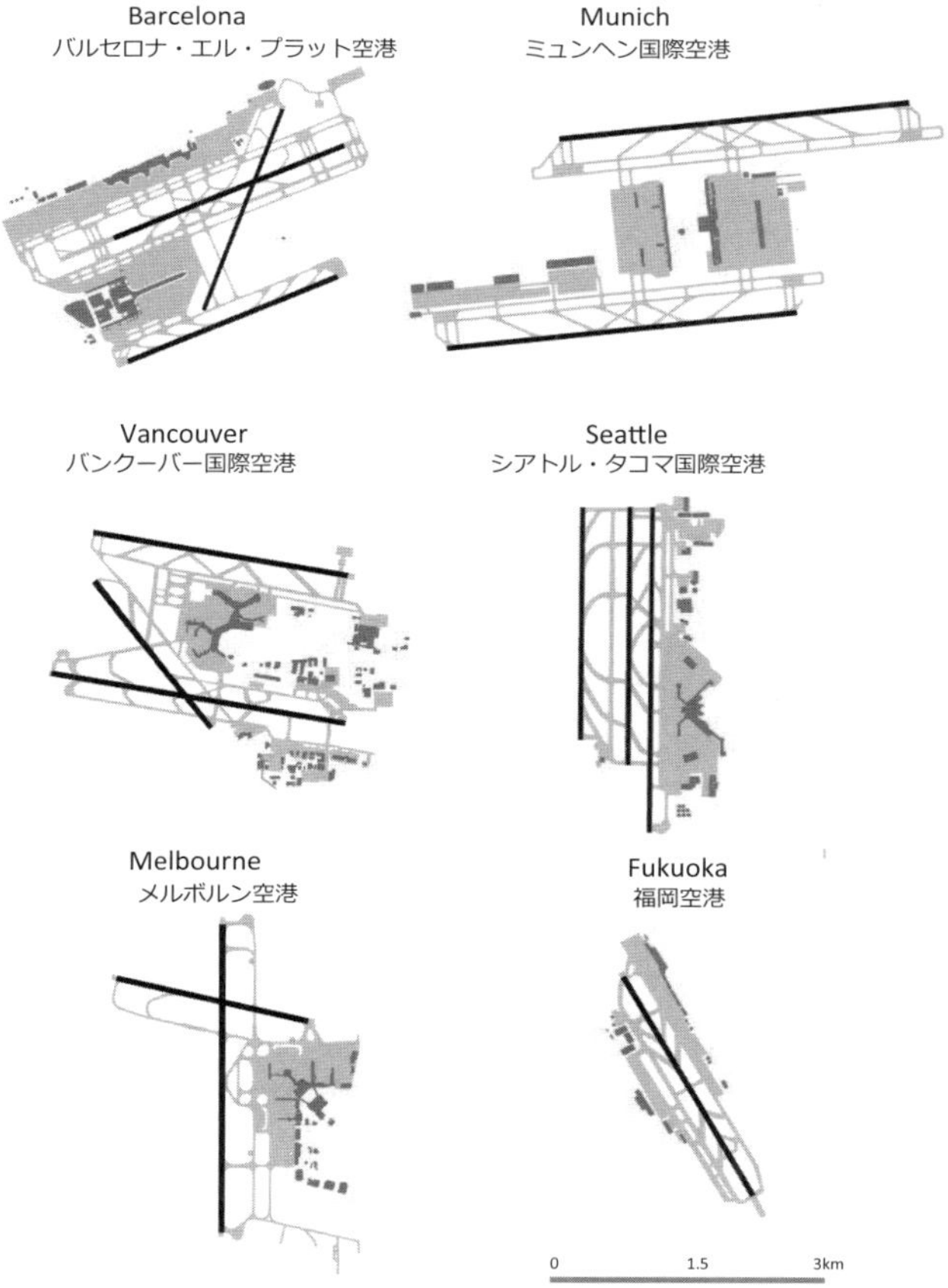

出所：筆者作成。

たとおり、日本の地方都市は、国による国際競争力向上の観点からの政策は進めてこられなかった。福岡を含む地方圏の空港に「国際空港」の名称がないことは、このことを象徴している。

福岡空港とベンチマーク都市の主要空港を比較すると、施設としての格差は歴然としている（図9－13）。しかし、現在の福岡空港の立地条件で、これら空港と同等の機能を備えることは不可能である。一方、福岡空港の都心からのアクセスの良さは、世界でも屈指のレベルであり、都市の競争力を高めている重要な要素である。2本目となる平行滑走路の設置、空港運用時間の延長、国際線ターミナルへの地下鉄接続など、現在の福岡空港の機能を可能な範囲で早期に改善するべきである。そのうえで、北九州空港および佐賀空港との連携を進めるべきである。

北九州空港は、博多駅より直線約60キロ、佐賀空港は博多駅より直線約50キロの地点に立地している。成田空港は東京駅より約55キロの距離で機能していることを視野に入れると、これら2空港を福岡の地域空港に位置づけることは可能である（図9－14）。北九州空港は、最寄りの小倉駅まで博多駅より新幹線にて最短16分で接続されている。佐賀空港の最寄り駅である筑後船小屋駅まで博多駅より新幹線にて最短24分で接続されている。各新幹線駅から各空港へのアクセスを大幅に改善すれば、これら空港はそれぞれの都市圏のみならず、福岡都市圏・九州圏の航空旅客需要を取り込むことが可能となる。

新幹線の料金に競争力を持たせるなど課題は多いが、地域の連携によって、ベンチマーク都市と同等の国際空港機能を確保することは十分可能である。旅客便と貨物便、ＬＣＣなどを3つの空港で効

図9-14　各都市主要空港・主要港湾の立地比較

出所：筆者作成。

率良く分担することができれば、それぞれの空港は現在よりもさらに活用されるであろう。

「4-I．国際港湾機能」についても、空港と同様のことがいえよう。博多港は、ベンチマーク都市の保有する港湾と比較して、規模は大きくない。物流機能においては、福岡県内で博多港と同様に国際拠点港湾として整備されている北九州港は、博多港の3倍を超える年間1億52万トン（2013年）を輸送している。コンテナ取扱量は、博多港の約半分の49万TEU（2013年）であり、博多港と比較して余裕があるといえる。博多港の物流機能の限界は、北九州港との連携によって補うことは可能である。

博多港では、クルーズ客船寄港回数は近年急増しており、乗降人員数はベンチマーク都市に近づいている。ベンチマーク都市のように、グローバルな海の玄関にふさわしい空間整備を進めなければならない。

グローバル化指標とその他の成長指標との相関性

繰り返し述べてきたように、福岡では、日本の地方圏の他の都市と同様に、東京のような世界都市化戦略はとられなかった。福岡は、今世紀までは、世界都市システムに組み込まれることなく、グローバル空間での力学に晒されることもなかった。しかし、近年のグローバリゼーションの進展と、グローバリゼーションの多様化によって、福岡も世界都市ランキングといったグローバルな都市の序列に組み込まれるようになってきた。

ここでベンチマークした5都市も、福岡と同様に、１９８０年代後半には世界都市としての明確な位置づけはなされていなかった。しかし、これら5都市は、２０００年代を待たずしてJ．フリードマン（Friedmann, 1995）やＧａＷＣ世界都市一覧に取り上げられるようになり、福岡よりも早くグローバル空間に編入されていった。

福岡と5都市に生じている「都市の成長」の評価軸でのスコア格差は、グローバル空間への編入状況、すなわち構築しているグローバル・ネットワークの数、容量、多様性の相違から生じていると想定される。グローバル都市化すればするほど、その都市の後背地はグローバルに拡大する。ベンチマーク5都市の人口規模は、福岡と同等であるが、グローバルな後背地の大きさに相違がある。

グローバルなヒトやモノの出入りの多い都市ほど、国際線ネットワークは多いと考えられる。図9-15、9-16、9-17に福岡を含む6都市の主要空港の航空路線ネットワーク（２０１６年7月時点）を示す。福岡を除く5都市はいずれも自都市から複数の大陸をつなぐ国際路線を保有している。国際線ネットワークの多さは、国境を超えた域内外での人的交流や域内外での市場取引の活発さを示し、国境を超えた後背地の大きさを示しているともいえよう。都市のグローバル化は、都市の成長に作用しているはずである。これを検証するため、福岡とベンチマーク都市のグローバル化にかかわる合成指標スコアと、その他の合成指標スコアを算定し、相関性について検討する。

「都市の成長」の評価軸を構成する評価項目のなかで、各都市のグローバル化レベルを測る評価項

図9-15　主要国際空港の航空路線ネットワーク

福岡

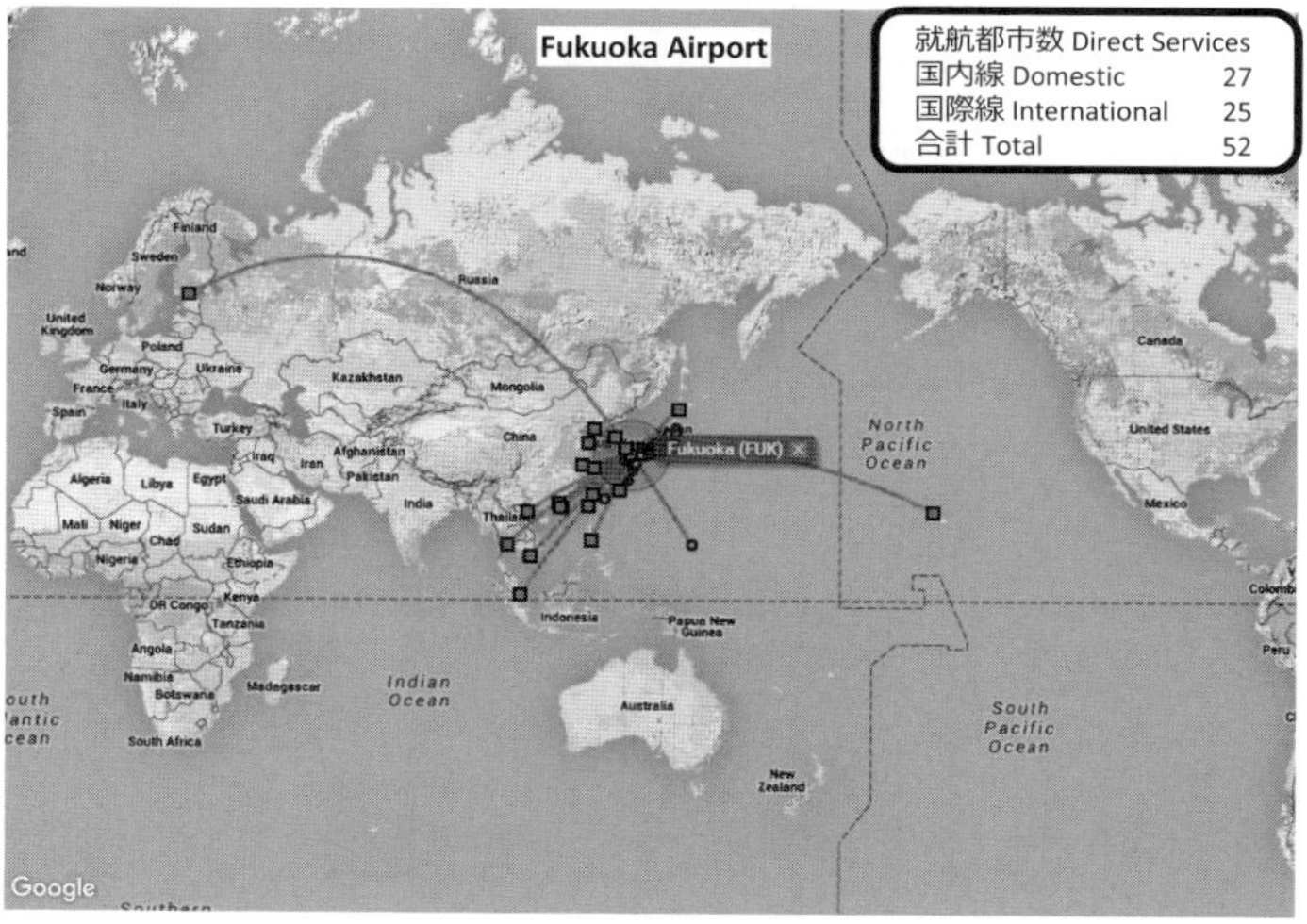

シアトル

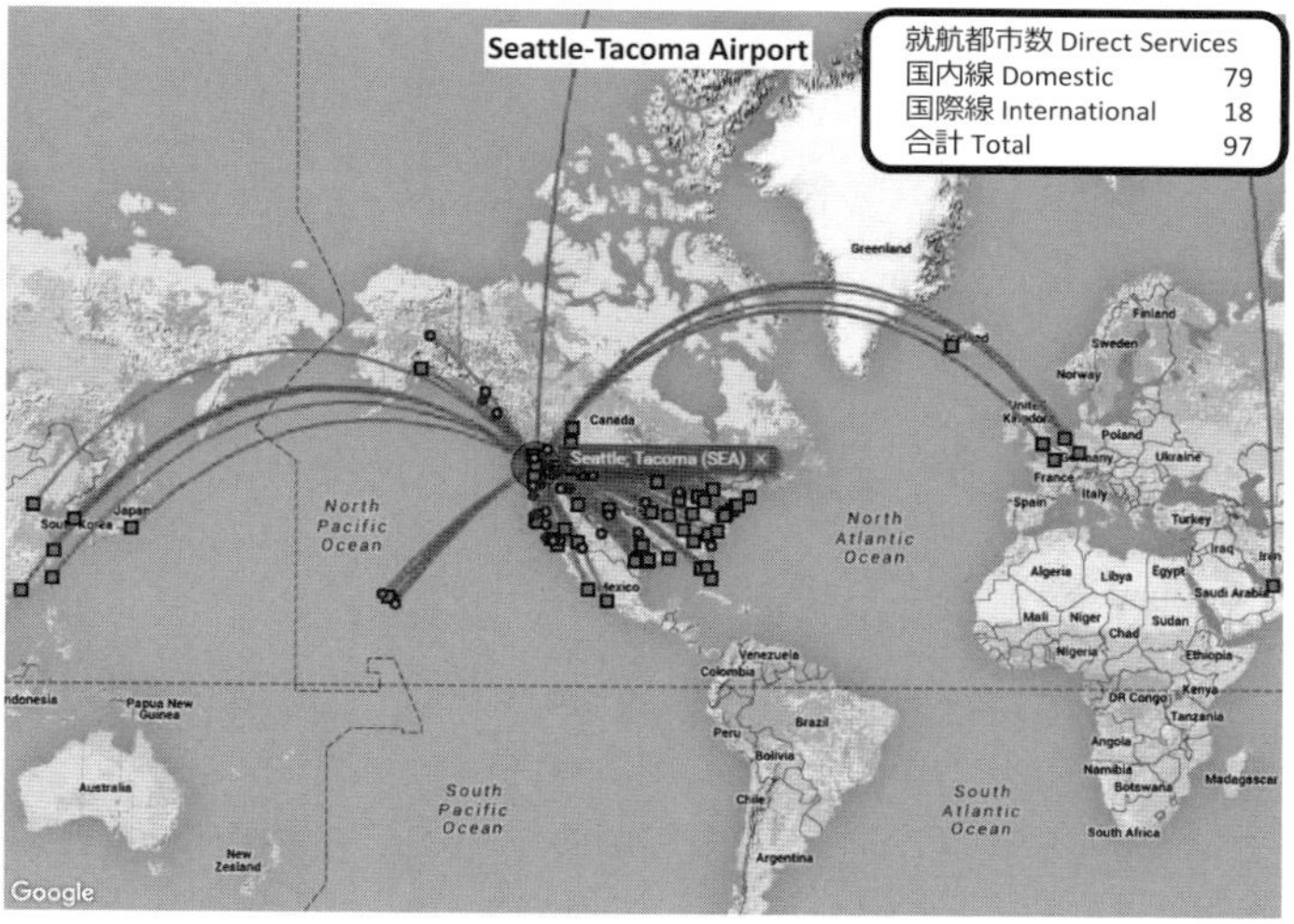

出所：福岡アジア都市研究所（2017b）pp.68-69。

図9-16　6都市の主要国際空港の航空路線ネットワーク

バンクーバー

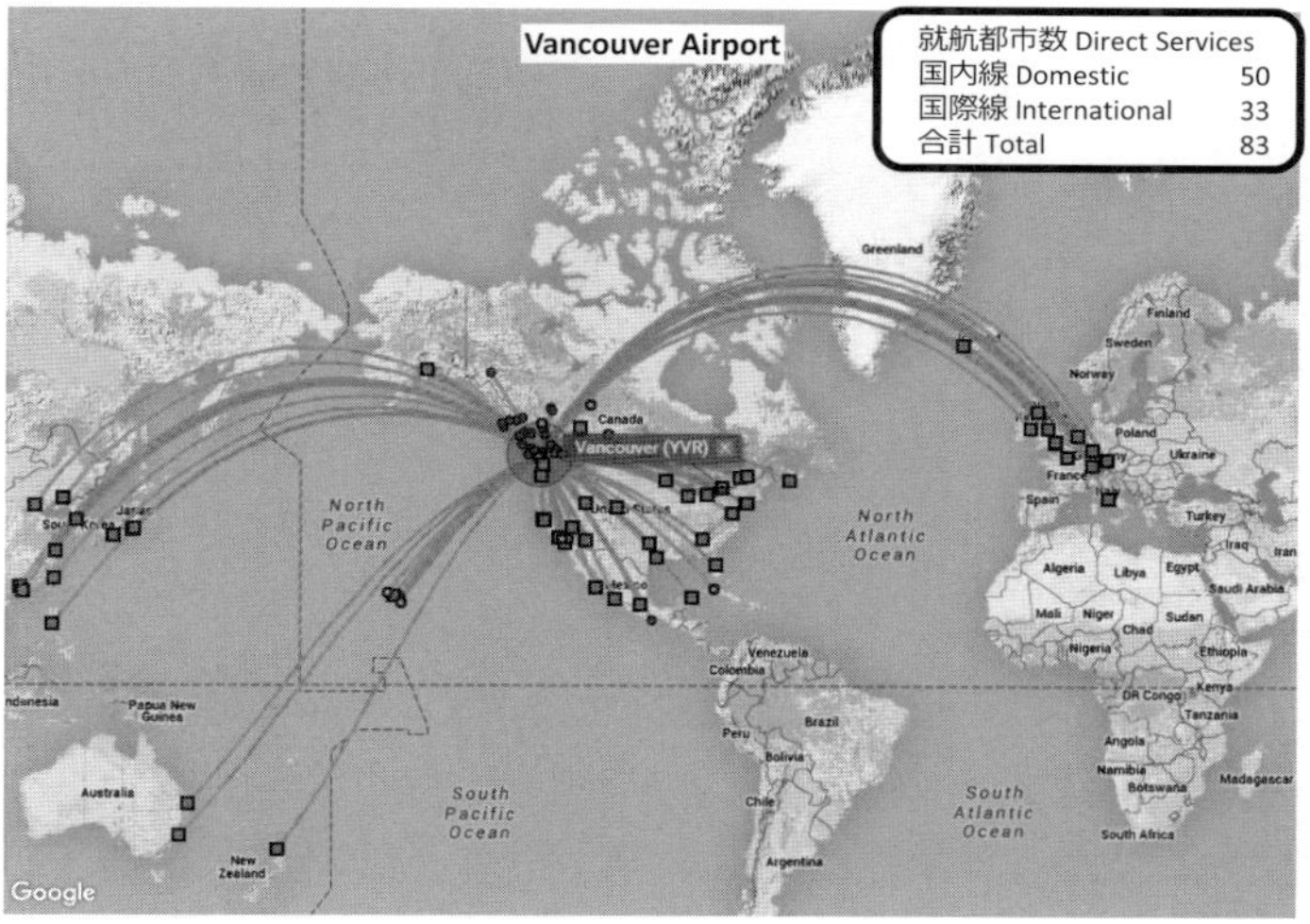

メルボルン

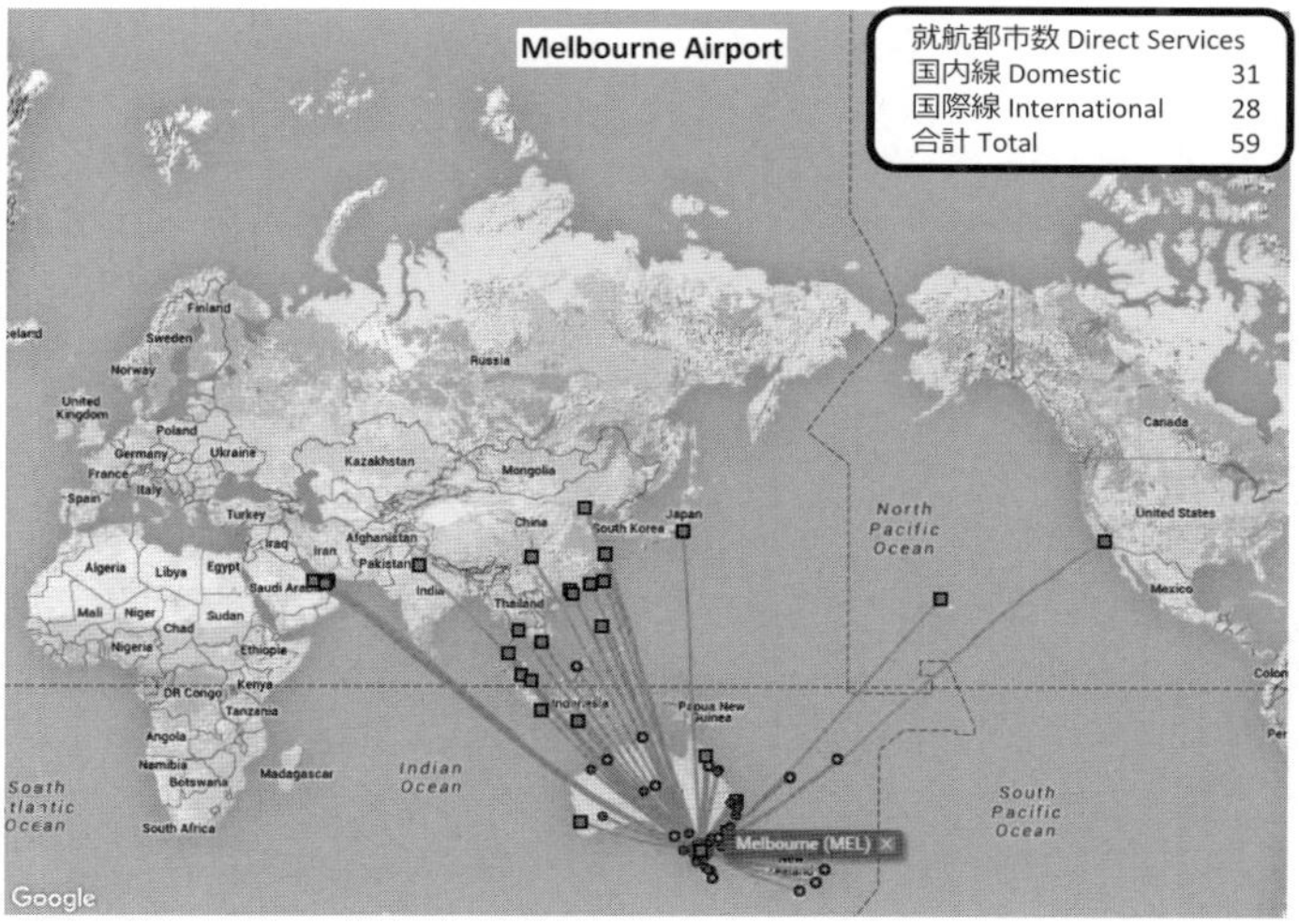

出所：福岡アジア都市研究所（2017b）pp.68-69。

図9-17　6都市の主要国際空港の航空路線ネットワーク

ミュンヘン

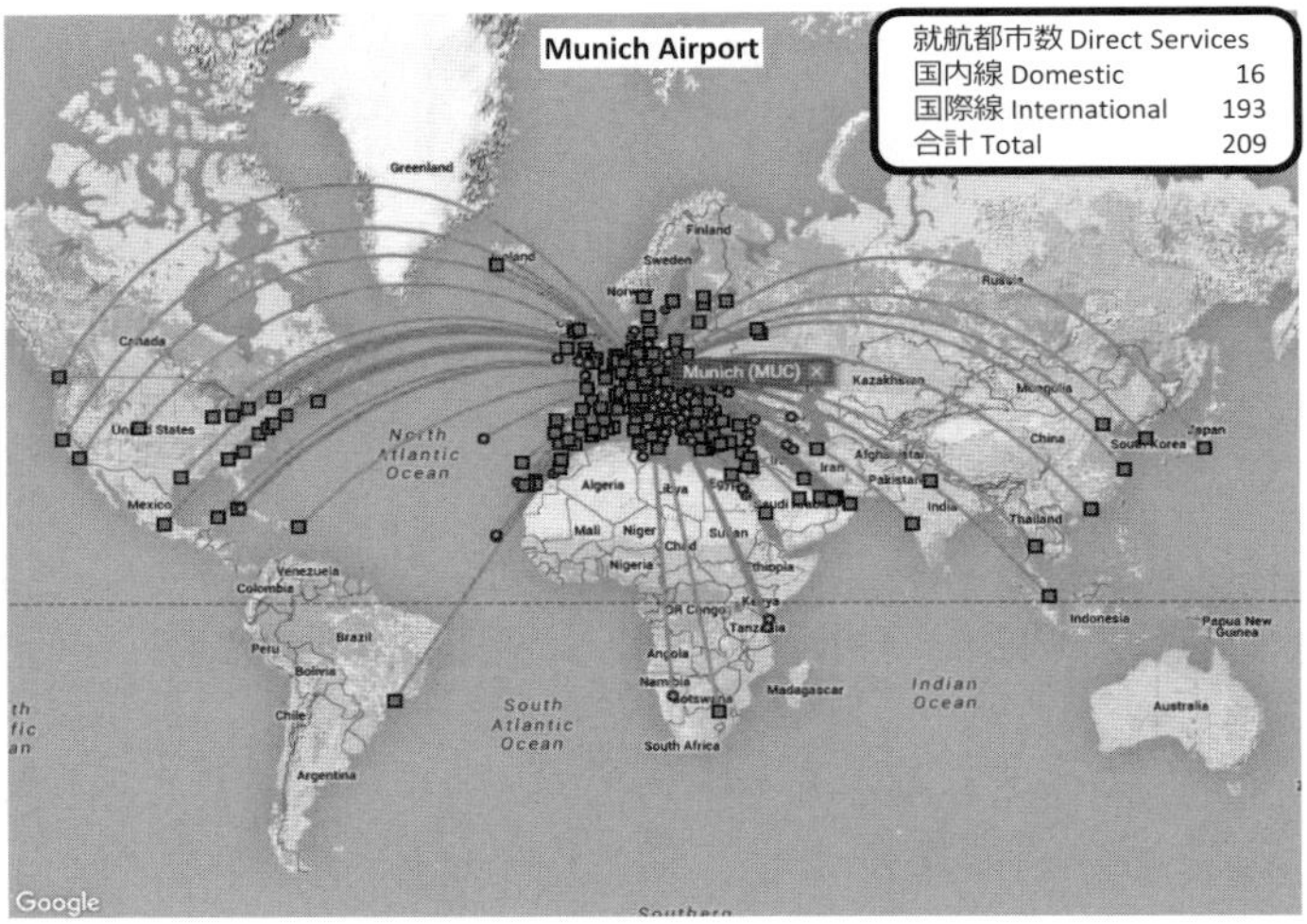

バルセロナ

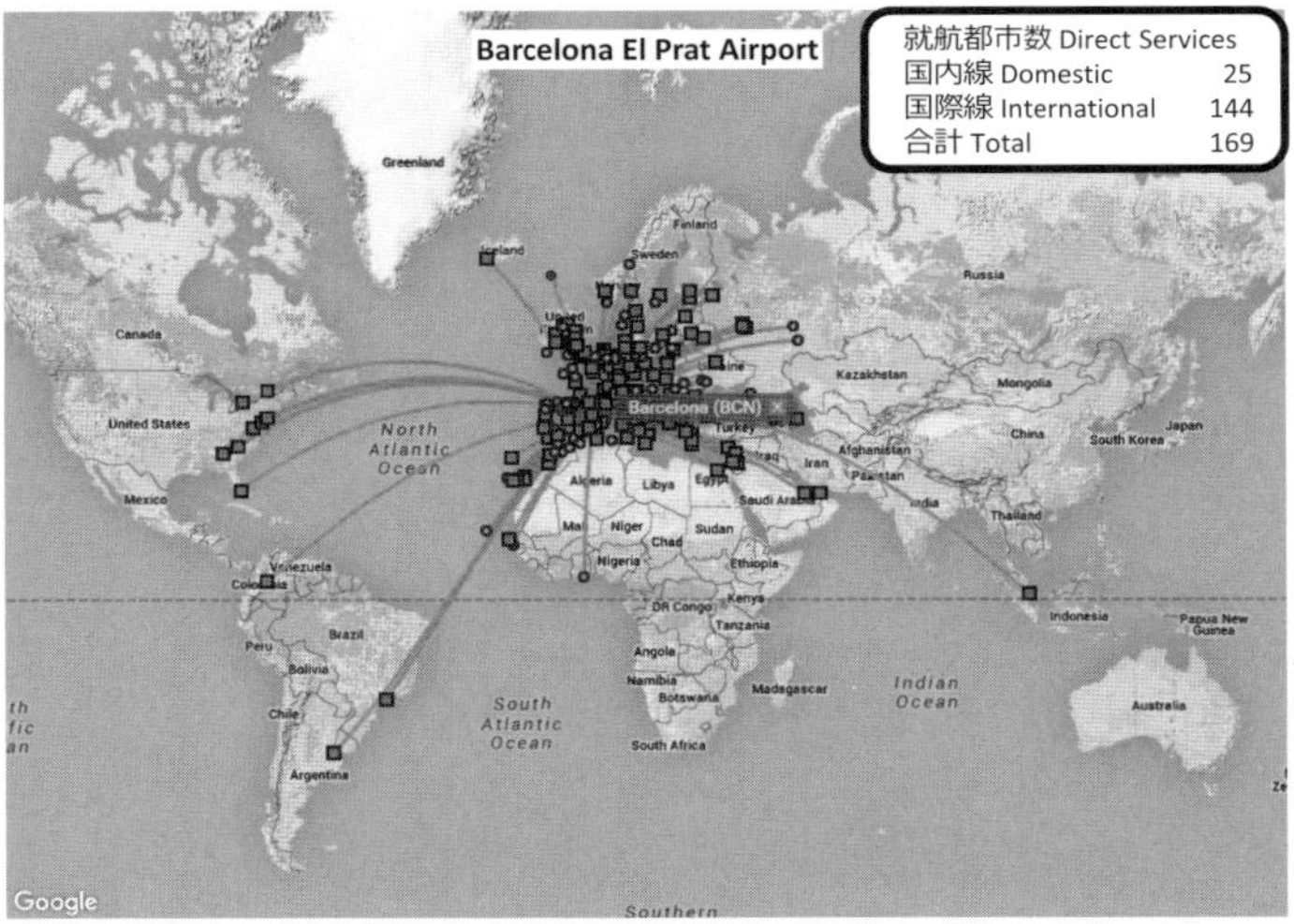

出所：福岡アジア都市研究所（2017b）pp.68-69。

目として「4-E．海外人材の割合」、「4-H．国際空港機能」および「4-D．大学のグローバル評価」を選定する。各都市のビジネス力を測る評価項目として「3-H．企業の売り上げ規模」、「3-I．経済力の強さ」を選定する。各都市のイノベーション力を測るために「4-A．特許申請件数の多さ」、「4-B．スタートアップの多さ」を、各都市の観光力を測るために「3-A．観光資源の充実度」、「3-B．宿泊施設の充実度」、「3-C．芸術鑑賞施設の充実度」をそれぞれ選定する。

グローバル化、ビジネス力、イノベーション力、観光力のそれぞれの評価項目の平均値を合成スコアとして算定したうえで、グローバル化のレベルを縦軸に、ビジネス力、イノベーション力、観光力のそれぞれを横軸においた散布図を作成し、図9-18に示す。

この結果、6都市のグローバル化と、都市の成長要素となる3つの項目において、一定の相関性をみることができる。福岡のグローバル化スコアは最も低く、他都市との間に2倍以上の差が生じている。さらに、3つの項目のすべてにおいても、最も低いスコアとなっている。

福岡よりもグローバル化スコアの高い都市については、項目ごとにそれぞれの強みが異なっている。シアトルとミュンヘンはイノベーション力に、バルセロナは観光力において、スコアがとくに高い。グローバル化スコアの最も高いメルボルンは、3つの項目のすべてで上位に位置している。グローバル化スコアが2番目に高いバンクーバーは、3つの項目で必ずしも上位には位置しないが、いずれの項目においても福岡よりも10ポイント以上高いスコアを獲得している。

福岡についていえば、都市のグローバル化を進展させれば、都市の成長指標は向上する可能性が示

図9-18　グローバル化合成指標とその他の合成指標との散布図

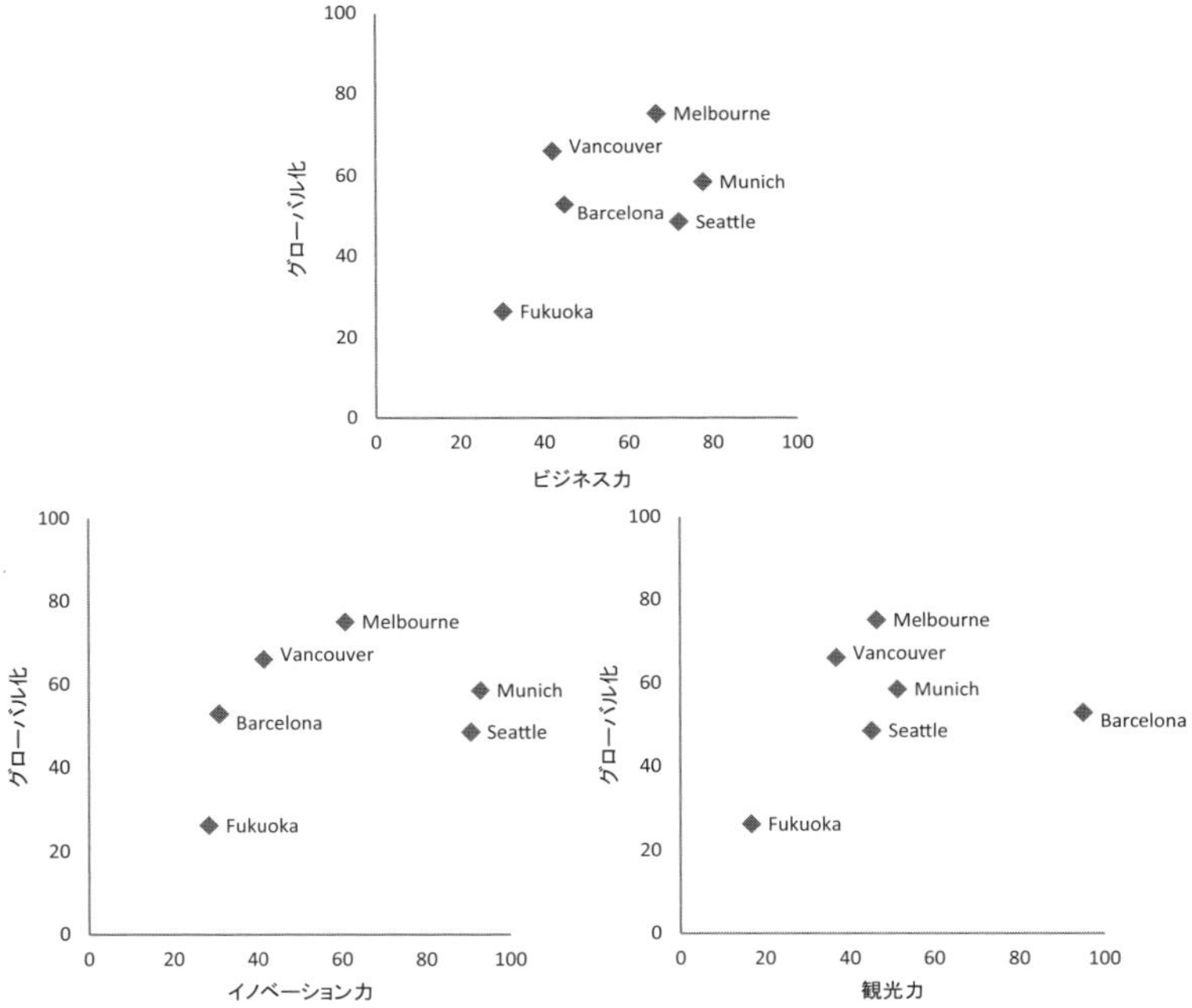

	Fukuoka	Seattle	Vancouver	Melbourne	Munich	Barcelona
グローバル化	26.4	48.5	66.1	75.1	58.5	52.8
ビジネス力	30.2	71.9	42.0	66.7	77.7	44.9
イノベーション力	28.4	90.6	41.5	60.8	92.9	30.8
観光力	16.8	45.1	36.9	46.3	51.2	95.1

出所：筆者作成。

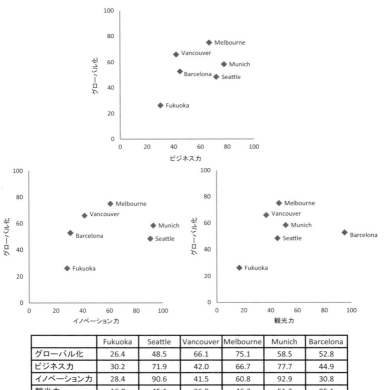

唆される。福岡のさらなるグローバル都市化は、「都市の成長」を加速するための一次的な戦略となりうるであろう。

国際化推進からグローバル化推進へ

福岡市は、全国の地方自治体に先駆けて、１９６１年に基本計画を策定し、およそ5～10年おきに計画を更新しながら、都市づくりを進めてきている（表９-１）。１９８７年に策定した第６次基本計画では、初めて「活力あるアジアの拠点都市」を都市像にかかげ、アジアを主眼とした国際化を政策に取り入れはじめている。

福岡市では、１９８９年にシーサイドももち地区にてアジア太平洋博覧会を開催し、これを契機として、福岡アジア文化賞、アジア太平洋こども会議ｉｎ福岡、福岡アジア太平洋センター、アジアマンス、アジアフォーカス福岡映画祭、福岡アジア美術館、アジア・フィルム・ライブラリー（福岡市図書館に併設）、福岡よかトピア記念国際財団（現：福岡よかトピア国際交流財団）など、アジア絡みのさまざまな事業を矢継ぎ早に実施してきた（山﨑・久保，２０１６）。１９９１年には、ＪＲ九州の高速船ビートルⅡ世（博多港－釜山港）が就航し、これを機に韓国との人の交流は、国内他都市よりも顕著となっている。

２００３年策定の第８次にあたる新・基本計画では、福岡を九州のみならず、アジアのなかで位置

表9-1　福岡市の基本構想・基本計画の変遷

年度	基本構想・基本計画	都市像	特色
1961	第1次福岡市基本計画	・第2次産業と第3次産業のバランスのとれた「総合都市」を目指すため、工業の振興を優先	博多湾東部埋立による臨海工業地帯の形成と工業化の振興が大きな柱の一つに
1966	第2次福岡市基本計画	・生活環境整備の優先 ・都市型産業の強化 ・管理機能都市の充実 ・個性ある市民文化の造形	第1次基本計画の工業偏重を是正し、生活環境整備の優先と、都市型産業の強化、管理都市機能の充実を掲げる
1971	第3次福岡市基本計画	・高福祉都市の創造 ・国際的情報都市機能の充実 ・激動し、高速化する時代への対応	都市形成に関連する基本的な考え方は第2次基本計画と同じ
1976 1977	第1次福岡市基本構想 第4次福岡市基本計画	・心豊かな市民の都市 ・生きた緑の都市 ・制御システムをもつ都市（成長を自律、自制する仕組） ・学び、造る都市	制御システムを持つ都市づくり コンパクトな都市づくりを目指す
1981	第5次福岡市基本計画	第1次基本構想・第4次基本計画を継承	作成までに2年の期間をかけ、市民参加による市民手作りのマスタープランを目指した
1987 1988	第2次福岡市基本構想 第6次福岡市基本計画	・自律し優しさを共有する市民の都市 ・自然を生かす快適な生活の都市 ・海と歴史を抱いた文化の都市 ・活力あるアジアの拠点都市	九州の中枢都市を目指し、自立し優しさを持ちながらも活力ある拠点都市の形成を柱とする
1996	第7次福岡市基本計画	・地域・生活重視の視点 ・市民と行政との協働によるまちづくり	第2次基本構想・第6次基本計画を踏襲
2003	福岡市新・基本計画	・自由かっ達で人輝く自治都市・福岡をめざして ～九州、そしてアジアの中で～	グローバル化への対応を掲げる国際化施策の長期的な計画となる 「福岡市国際化推進計画」を策定
2012	福岡市基本構想 第9次福岡市基本計画	・住みたい、行きたい、働きたい。アジアの交流拠点都市 ・国際競争力を有しアジアのモデル都市となっている ・グローバル人材の育成と活躍の場づくり ・アジアをはじめ世界の人にも暮らしやすいまちづくり	生活の質の向上と都市の成長の好循環を目指す

出所：中村（2015）p.62をもとに筆者作成。

づけている。そして、基本計画の部門別計画として「国際化推進計画」を独自に策定している。政府主導による東京の世界都市化政策が進んできたなかで、福岡ではこれとは異なる地域志向の強い国際都市化政策が展開されてきた。

福岡市（２００３）「国際化推進計画」は、「『協力』と『競争』によりアジアのなかで共生する都市・福岡」を主題として、環境問題などの地球規模で解決するべき課題への対応や、アジア情勢への対応といった国際的な協力を標ぼうしつつも、都市間競争激化への対応としての福岡の国際都市としての能力向上の必要性をかかげている。計画では、国際化にかかわる成果指標を設定し、２０１５年を目標年次としている。

「国際化推進計画」の達成状況を確認すると、ほぼすべての項目において２０１５年の目標値を上回る成果を達成している。留学生数の目標値は３，５００人であったが、２０１４年に７，５００人を超えている。博多港外航旅客者数の目標80万人に対して、２０１４年に86・６万人を達成している。博多港と福岡空港の貿易額の目標は２・65兆円であったが、２０１４年にはすでに４兆円を記録している。外国人延宿泊者数の目標60万人は、２０１３年80・７万人に、国際会議件数は目標２２０件に対して２０１４年に３３６件を達成している。博多港の国際海上コンテナ取扱個数のみ、２０１４年段階では目標の１００万ＴＥＵに届かず、91万ＴＥＵであった。

このように、福岡市は「国際化推進計画」にもとづく国際化政策を、日本の地方都市に先駆けて意識的に進めてきた。これらの取組みは、日本の他の地方都市と比較して、グローバル化を進める動機づけとなったことは確かであろう。その結果福岡は、グローバル都市として、アジアという後背地を形成してきたと考えられる。

福岡では、ベンチマーク都市並みの「都市の成長」の実現に向けて、グローバル・ネットワークのさらなる構築と強化を、今後の戦略に据えるべきであろう。2015年の目標を大幅に上回る「国際化」を達成した福岡市では、新たな目標を定め、「グローバル化」を政策的に推進する段階に来ているといえよう。

福岡の国際競争力向上シミュレーション

次に、本書で構築した、世界都市ランキングの手法にもとづく都市の国際競争力の評価システムを活用しながら、競争戦略を検討する方法を例示する。

はじめに明らかにした個別の弱みを持つ指標について、改善予測した数値を評価システムに入力し、6都市のなかでの相対的なポジションの変化をシミュレーションすることによって、目標数値の効果を測ることが可能となる。以下のように検討を進めてみたい。

まず、福岡における公共インフラ整備の進行とともに、上昇が見込まれる指標を挙げる。

福岡空港では、2本目の滑走路の整備が進んでおり、実現すると発着回数は約2割アップする。増加分をすべて国際線に充てることができれば、国際線旅客数は本評価で採用した数値の2倍を確保できる。これに応じて、国際線就航都市数も2倍になると想定し、海外からの訪問者数も倍増すると想定する。

さらに、福岡市は、近年の国際会議件数の増加への対応として、現存する国際コンベンションセンターの拡張を計画している。これに応じて、ＩＣＣＡ基準の国際会議件数も2倍になると想定する。

上記のインフラ整備に加え。福岡市では、「天神ビッグバン」と称して、天神地区での航空法による高さ規制や容積率規制を緩和して、２０１４年より10年間で７５７，０００㎡におよぶ大規模な建て替えを促進している[5]。このほかにも、九州大学箱崎キャンパスの移転跡地などの都心部の再生プロジェクトが進行中である。これらによって、都心部ではグレードAオフィスに加え、商業施設や文化施設、ホテル、住宅など、多用途な施設供給の進展が予想される。都心部の再生にともない、海外からの投資も増加し、外国人居住者数も増加すると想定する。外国人居住者数の人口に占める割合は、トップ大学の留学生比率である９％を想定するとともに、トップ大学の留学生比率は倍増し、ベンチマーク都市並みになると想定する。海外からの優秀な学生は増加するため、トップ大学のグローバルランキングは半分の順位に上昇し、グローバル５００大学にはさらに2大学がランクインすると想定する。

次に、国家戦略特区として、福岡市で進められている「グローバル創業・雇用創出特区」の政策による指標値上昇を想定する。

福岡市が目標として設定している新規開業率の倍増は達成し、法人税実効税率は１／２に緩和され

表9-2　競争戦略による指標の上昇目標

■インフラ整備による指標の上昇	
〈福岡空港の整備〉	
主要空港滑走路本数	1⇒2
国内・国際線年間発着数	x 1.2倍
国際線年間旅客数	x 2倍
国際線直行便就航都市数	x 2倍
〈国際展示場の整備〉	
ICCA国際会議件数	x 2倍
■特区政策による指標の上昇	
新規開業率	x 2倍 ⇒ 13%
法人税実効税率	37% ⇒ 15%
■連動する指標の上昇	
海外からの訪問者数	x 2倍
外国人居住者数の割合	9%
トップ大学の留学生割合	x 2倍
トップ大学のグローバル評価	x 2倍
QS大学ランキング掲載大学数	1⇒3
特許申請件数	x 1.2倍
Fortune Global 500本社数	0⇒1
観光・文化資源の定性的評価値	x 1.5倍
世界遺産数	0⇒2
ホテル件数	x 2倍
労働力人口の割合	x 1.2倍
従業者1人当たりGDP（労働生産性）	x 1.2倍

出所：筆者作成。

図9-19　シミュレーションスコアにもとづく各都市の位置付け

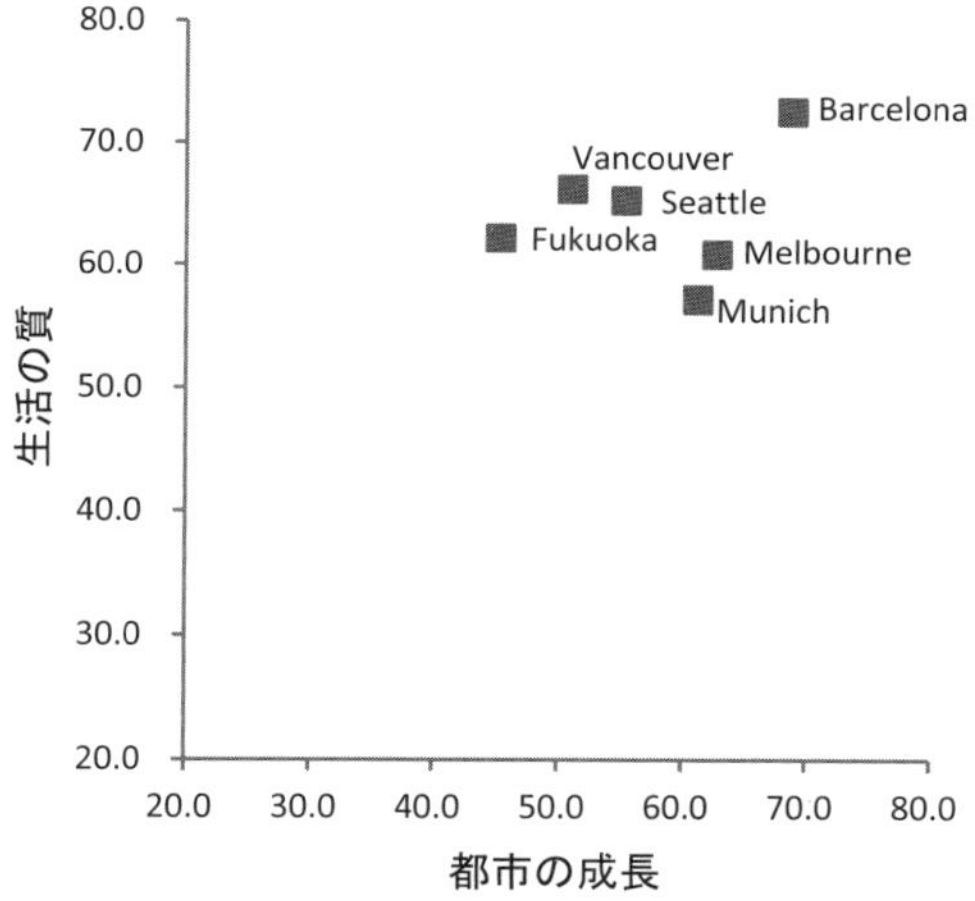

	Fukuoka	Seattle	Vancouver	Melbourne	Munich	Barcelona
生活の質スコア	62.2	65.2	66.2	60.8	57.2	72.5
都市の成長スコア	45.3	55.4	51.1	62.8	61.3	68.9
総合スコア	53.8	60.3	58.6	61.8	59.2	70.7

出所：筆者作成。

ると想定する。この結果、企業活動は活発化するとともに、グローバル化も進み、Fortune Global 500にリストされる企業が登場し、特許申請件数は2割アップすると想定する。

前記に連動して、観光・文化資源の定性的評価は5割上昇し、世界遺産に2件登録されるとともに、ホテル件数は倍増すると想定する。

労働市場に参加する人の割合は2割増え、労働生産性も2割上昇すると想定する。以上をまとめると、表9-2のようになる。

上記にもとづいて、福岡の各指標の数値を入れ替え、各評価項目のスコアを再計算すると、福岡の「都市の成長」の評価軸のスコアは上昇し、図9-19のようになる。福岡はこれでも、「都市の成長」では、他都市にやや劣るものの、ベンチマークする都市のグループの一員として位置づけることは可能となる。

ここに示すシミュレーションは、時間軸を考慮に入れていないため、福岡の指標値が上昇する間、他都市の指標値も上昇する可能性はある。したがって、福岡が目標値を達成したとき、必ずしもここに示すような位置づけになるとは限らない。一方、指標によってはこれ以上、物理的に上昇が不可能なものも存在するであろう。シミュレーションの限界を踏まえたうえで、本システムを活用すれば、競争戦略を検討するためのツールとして有効となるであろう。

国家戦略特区指定後の福岡の成長

前章および本章の前節まで使用しているデータは、２０１４年時点で取得した各都市のデータである。本節では、２０１６年時点に取得したデータ[6]を新たに加え、福岡市が国家戦略特区に指定されてからおよそ2年間での「都市の成長」の検証を試みる。

前章で行ったものと同様の手法にて6都市のデータを再取得しスコア化した結果を、図9-20に2年次ぶんともに示す。

福岡の「都市の成長」のスコアは、２０１４年の30・1から33・9へと約13％伸びている。一方、バルセロナ以外の都市はスコアを落としており、「都市の成長」での福岡の劣位性は2年間で解消してきたといえる。

福岡の成長の原動力となった指標を図9-21のグラフによって確認する。グラフには２０１４年から２０１６年にかけての各指標のスコアの増減を％で示している。これらのなかで、インバウンドにかかわる指標の多くが大幅に伸長したことが明らかとなった。一方、生産力とイノベーションにかかわる指標はさほど伸びておらず、「創業・雇用創出」を主目的とした特区政策は道半ばであることは否めない。インバウンド指標にみるグローバル交流の活発化を経済成長に活かす戦略が、今後の福岡市の特区政策に求められているといえよう。

図9-20　6都市の評価結果（2014年・2016年）

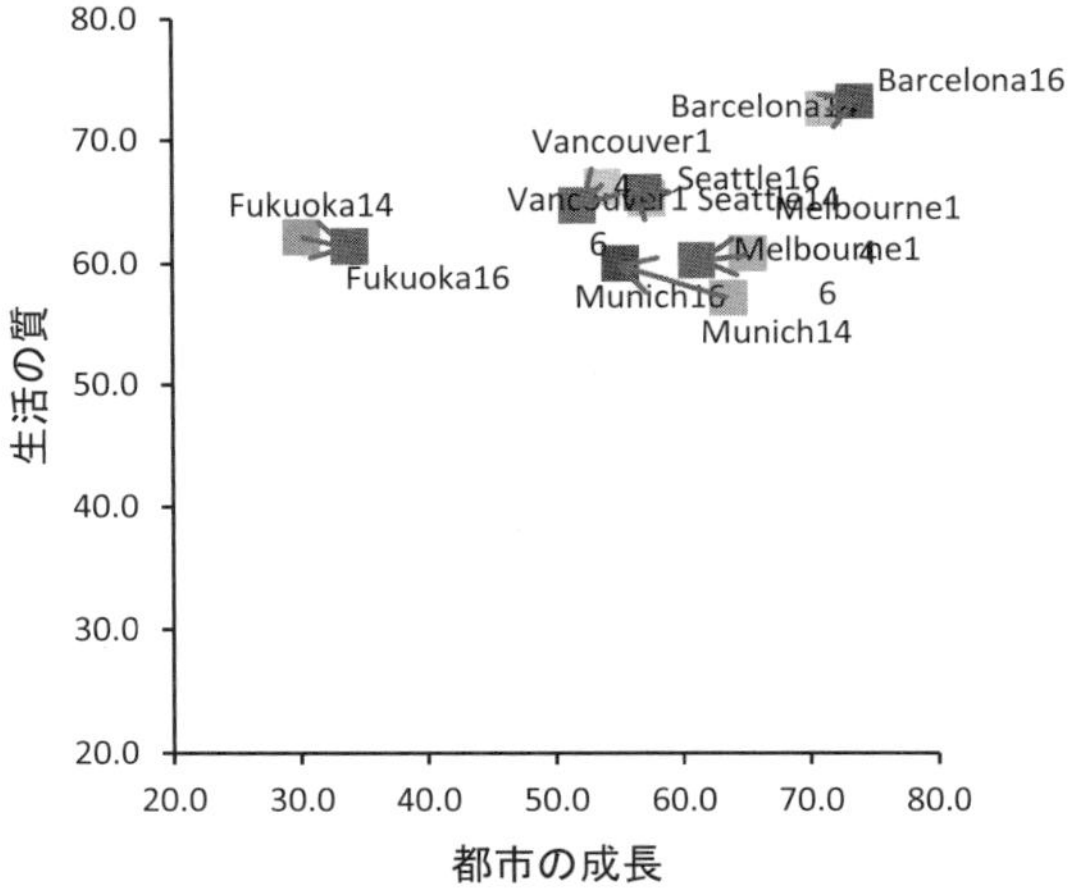

	Fukuoka	Seattle	Vancouver	Melbourne	Munich	Barcelona
生活の質 (2016)	61.4	65.7	64.7	60.2	60.0	73.2
生活の質 (2014)	62.2	65.2	66.2	60.8	57.2	72.5
都市の成長 (2016)	33.9	56.9	51.8	61.1	55.1	73.6
都市の成長 (2014)	30.1	57.2	53.7	65.1	63.6	71.2

出所：筆者作成。
注記：2016年の指標データについては、福岡アジア都市研究所（2017a）pp.114-120を参照。

図9-21　福岡市の「都市の成長」指標値の増減（2014年〜2016年）

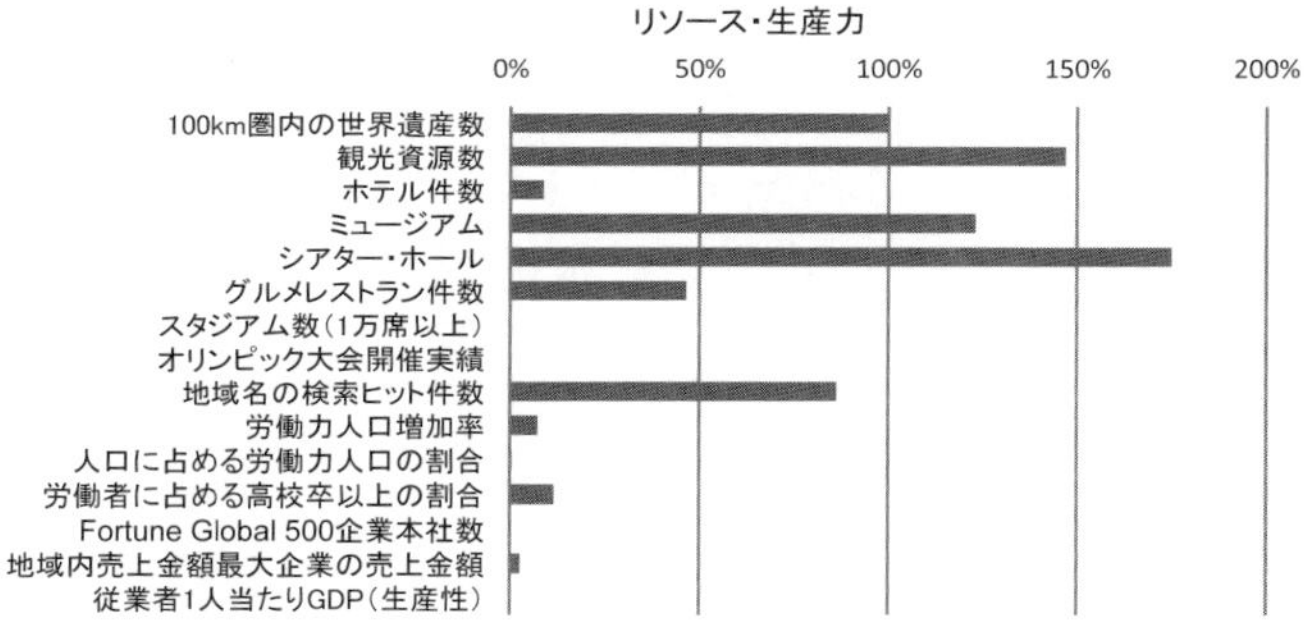

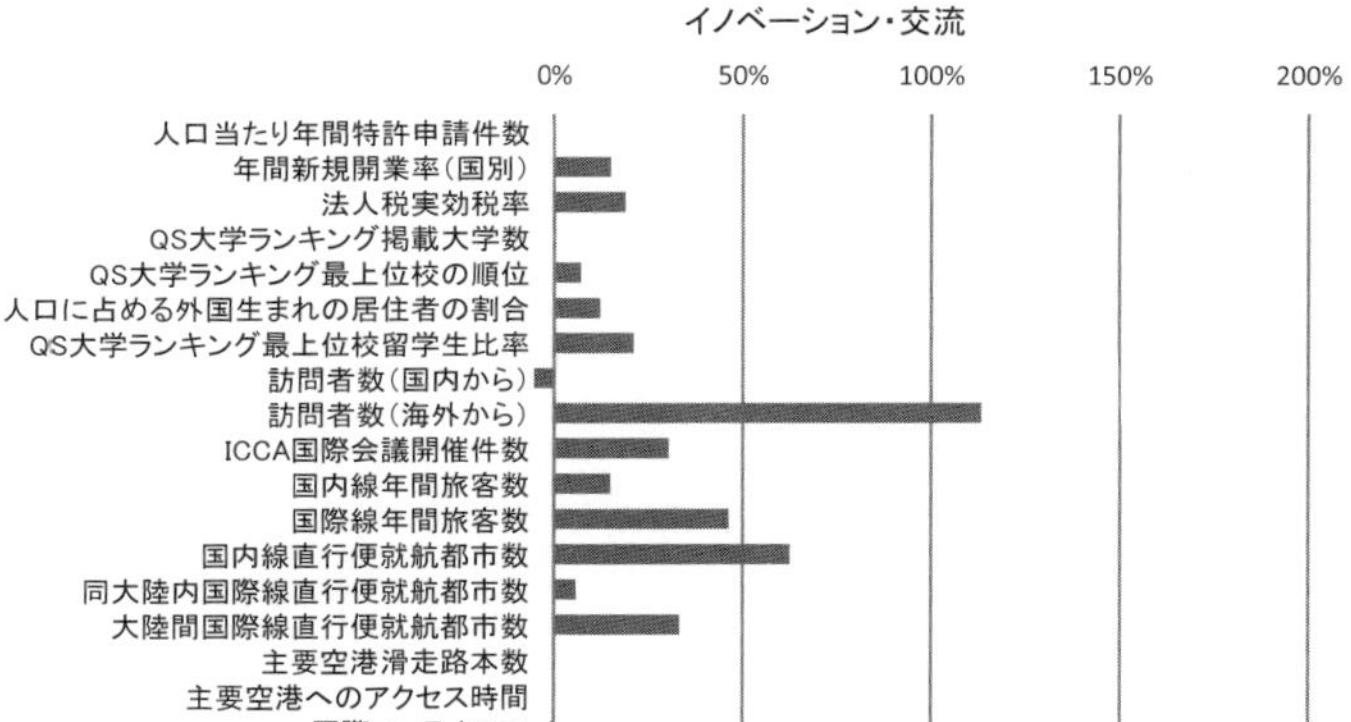

出所：筆者作成。

グローバル競争戦略の検討システムとして

本章では、まず、第8章で得た世界都市ランキングの手法にもとづく福岡の国際競争力の評価結果について、評価項目ごとに分析することによって、項目ごとでの福岡の強みと弱みを把握した。そのうえで、各評価項目のスコアを上昇させるための方針を検討し、提示した。さらに、福岡の「都市の成長」の評価軸を構成する評価項目の多くは、ベンチマーク都市と比較して低いスコアを示しており、これらの評価項目は相関している可能性を見いだした。

そこで、「都市の成長」の評価軸のなかで、都市のグローバル化を測る評価項目を合成し、その他の成長評価項目の合成値と比較したところ、グローバル化の進んでいる都市のほうが、成長評価項目の合成値も一定に高いことが確認できた。

したがって、ベンチマーク都市と比較した場合の福岡の相対的な弱みである「都市の成長」を向上させるためには、福岡のグローバル都市化をさらに進めることが、即効性のある競争戦略となりうる。

福岡市政による、福岡の過去の国際化推進政策をレビューしたところ、政府主導による東京の世界都市化政策とは趣旨の異なる、アジアの交流拠点形成を標ぼうした独自の国際化政策を進めてきており、目標以上の成果を上げていることを把握した。この政策の動機づけにより、福岡は国内の他の地方都市と比較してグローバル化は進み、アジアをベースに後背地を拡大してきた可能性が高い。今後は、より高いグローバル化の目標値を設定しながら、新たなグローバル化推進政策の策定を検討すべきであろう。

産学官、そして住民もがステークホルダーとして、福岡の国際競争力を向上させるためには、目標となる成果指標（ＫＰＩ）についての議論は今後必要であろう。本書で構築した、世界都市ランキングの手法にもとづく都市の国際競争力の評価システムを活用し、成果指標の上昇にともなう国際競争力の変動シミュレーションを例示した。ここで示したシミュレーションは、一つの試算に過ぎないが、競争戦略を描き、政策へと具体化していくうえで、従来にない検討を行うシステムとして、応用が可能となるであろう。

第10章　日本の都市・地域の国際競争力の上昇に向けて

東京を経由しないグローバルな結合の必要性

本書の目的は、都市・地域の国際競争力の評価手法を明らかにしたうえで、日本の地方圏の都市・地域にも適用可能な、グローバルな競争戦略の立案に関する方法論を検討することであった。本章では、本書の検討によって明らかにされたことを、各章において整理しながら総括する。そのうえで、日本の都市・地域の国際競争力の上昇に向けた示唆を提示したい。

第1章・第2章では、日本の都市・地域政策を既存研究に照らし合わせたうえで、日本の都市・地域のグローバルな政策課題について整理した。

第3章では、日本国内の都市システム研究の成果にもとづき、日本の都市の階層・序列の決定要因と、日本の都市の階層・序列について考察した。次に第4章から第5章にかけて、国外で興隆した世界都市研究に焦点をあて、世界都市の決定要因とグローバルな都市の階層・序列について考察した。

ここで明らかになったのは、都市システム研究と世界都市研究は、学術的には異なるコンテクストで進展したにもかかわらず、「中枢管理機能」を都市の階層・序列の主要な決定要因としていたことである。国家空間においても、グローバル空間においても、都市の持つ機能が高次であるか、低次であるかによって、都市の階層・序列は決定されてきた。

次に明らかになったことは、世界都市研究は、「世界都市ランキング（Global City Index）」という名のもと、商業化されることによって進展したということである。

都市システム研究は、世界都市研究と融合し、世界都市システムを解明する役割を担うことは現段階ではできていない。世界都市システムは巨大であり、複雑であり、進化し続けているため、個人の研究者が研究に取り組むことは、不可能だからである。「ＧａＷＣ世界都市一覧」が組織的に作成されたのは、そのためである。

世界都市システムの実証研究を個人の研究者が行うには限界があった。その代替えとして、世界都市ランキングというかたちで、資金力と組織力のある企業や機関がイニシアチブをとるようになったのである。もちろん、企業や機関は、商業的あるいは政治的な動機づけがあるからこそ、世界都市ランキングを作成している。

その象徴として、世界都市ランキングは、公表以降、都市の総合的な順位のみに注目を集めてきた。都市の総合順位は、ランキングの発行主体や、たとえばシンガポールやソウルといった都市の国際的なプロモーション[1]に用いられている。東京でも成長戦略ＫＰＩとはいえ、成長戦略の動機づけに使用されている側面が強い。世界都市ランキングでの上位は、国際都市間競争での優位性を代弁するようになり、マーケティング論の大家P. コトラーさえも注目するようになった。

しかし、世界都市ランキングは、膨大なデータ分析にもとづいて作成されているにもかかわらず、その本質的な価値が利用されていない。世界都市ランキングは、世界都市研究の蓄積のもと、論理的な手法で作成されている。世界都市システムを解明することにも寄与しうるであろう。世界都市ランキングを作成した筆者だからこそ、このように主張するのである。

世界都市システム解明のツールとして、世界都市ランキングは適切であるかどうかは置いておいて、地方都市では、福岡が唯一グローバル都市として、これらランキングから評価されていることを確認した。

そこで、第6章では、筆者が作成に携わった世界都市ランキングを、他の2つのランキングと比較し、これらランキング結果の有効性の確認を行った。ここで明らかになったことは、3つのランキング結果において、ランクづけされた都市の評価スコアには、相関性があることである。いずれのランキングの評価手法を用いても、都市の順位にはばらつきはあるが、都市の位置する階層は概ね一致している。この結果は、世界都市システムの階層性を示しているともいえよう。階層的都市システムにおいて、階層の異なる都市どうしを比較することは、必ずしも適切ではない。世界都市ランキングの評価手法は、近い階層に位置する都市どうしを比較することで、より活かされるのである。

第7章では、福岡を含む4つの地方中枢都市について、国内指標と国際指標にもとづき比較し、それぞれの相対的な競争力にかかわる評価を行った。国内の都市システムにおいては、これら4つの都市は、近い階層に位置することは、第3章ですでに明らかになっている。

都市システム研究では、地方中枢都市は、中枢管理機能の集積にもとづき定義されてきた。これまで地方中枢都市の中枢管理機能を代表する指標は、大企業の支社であった。これは、世界都市研究でJ.フリードマンが定義した第2級世界都市に、多国籍企業の地域統括本部が集積している点と類似している。しかし、世界都市の評価指標は、企業の観点のみならず、従業者や生活者の観点も加えられるようになったと第5章で指摘した。日本の地方中枢都市の定義においても、中枢管理機能の集積以外に加えるべき評価指標はあるはずである。

筆者が第7章で行った「地方中枢都市レベル」の評価においては、福岡に次いで、札幌の評価が仙台と広島を上回った。国内都市システム研究の第一人者である阿部は、大企業支社の集積の多い仙台のほうが、札幌よりも地方中枢都市としての序列は高いと主張している。筆者は、大企業の支社と本社を分離して評価し、さらに、都市圏の人口・経済規模と、空港と港湾での人流と物流を評価指標に加えた。都市にヒト・モノ・カネが集中すると、都市圏の人口・経済規模は大きくなり、ヒト・モノ・カネの動きの活発度は、空港や港湾の指標にみることができるからである。

4都市の「グローバル都市レベル」の評価においては、福岡は最も高く、日本の地方都市を評価対象に加えた世界都市ランキングの結果と一致することを明らかにした。

日本国内の都市のグローバル化は、差はあっても進行している。また、都市に企業や人を集中させる要因は、多様化してきている。国内での都市の階層性・序列であっても、国内での中枢管理機能の集積のみを評価することによって把握することは、いまや十分ではないといえよう。筆者の検討方法が必ずしも適切であるとは限らないが、本章では、日本国内の都市システム研究に対して、課題を提起できたと考える。

第8章では、福岡をケースに、福岡と近い属性を持つ海外の都市をベンチマークするために選定し、世界都市ランキングの手法を応用し、スコアによる評価を行った。「生活の質」と「都市の成長」という福岡市基本計画の2つの主要テーマを評価軸に設定し、都市別にスコアを集計した。その結果、「生活の質」の評価軸でのスコアについては、福岡は他都市と同等にある一方で、「都市の成長」においては格差があることを認めた。

本章で示した手法の意義は、既存の世界都市ランキングと比較して、日本の地方都市としての福岡のグローバルな特性をより克明に示すことができたことである。

繰り返しになるが、福岡は、日本国内では住みやすい都市として高く評価され、国外の雑誌でも住みやすい都市に選出されている。海外で住みやすい都市として評価の高いベンチマーク都市との比較において、福岡は「生活の質」で同等に評価されたのである。一方、「都市の成長」では劣位にあることが示された。福岡市基本計画の2つの主要テーマを評価軸に定めることによって、市政や市民に対してメッセージ性が高く、政策目標の定めやすい評価結果を示すことができた。

第9章では、評価項目ごとに福岡とベンチマーク5都市のスコアの直接比較を行った。福岡市基本計画の2つの主要テーマを構成する個別の政策に対して、グローバルな観点からの課題と戦略の方向

図10-1　福岡空港の定期航空路線・座席数（2016年7月22日から1週間）

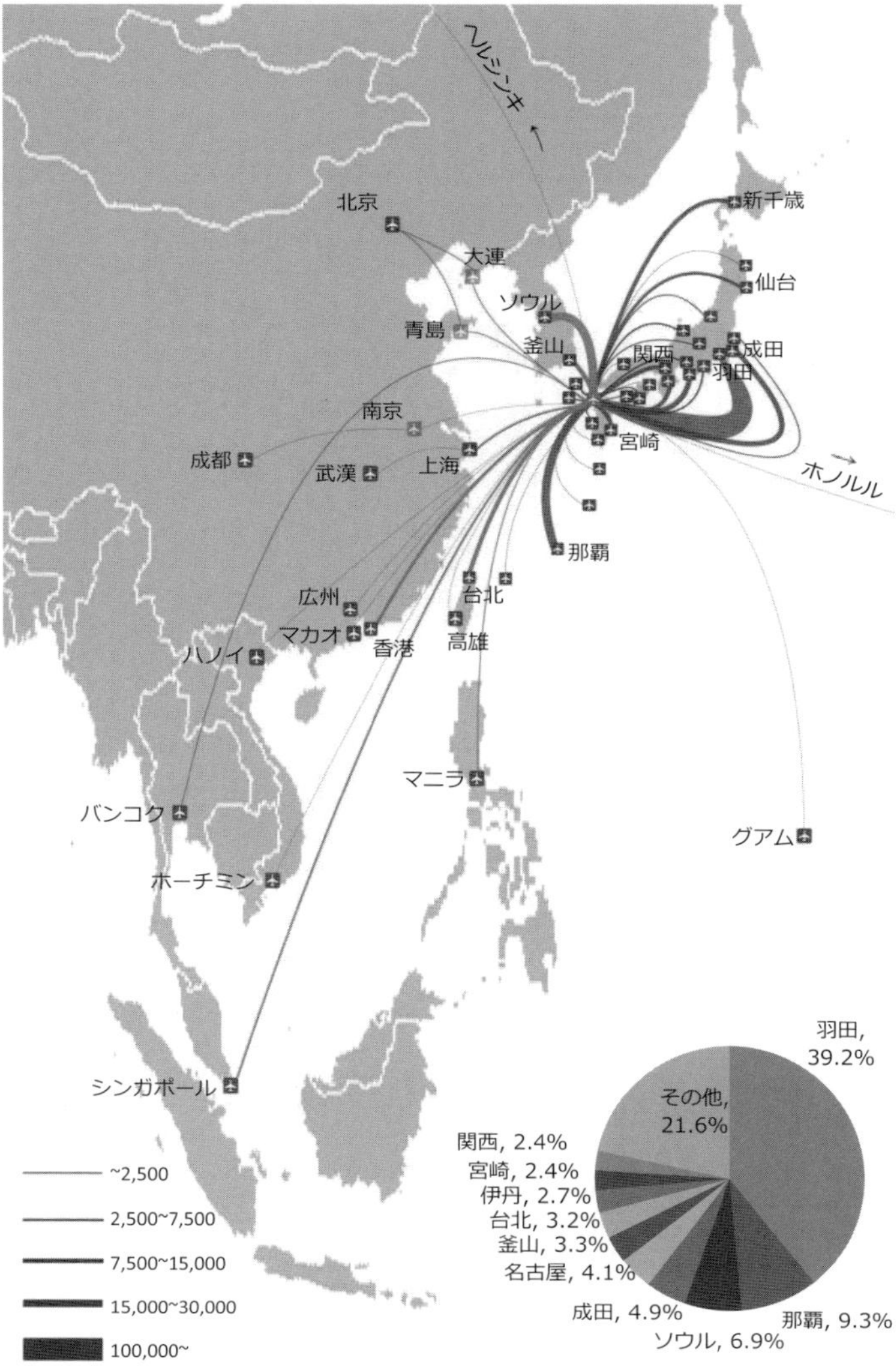

出所：福岡アジア都市研究所（2017b）pp.86-87。

性を示すためである。

さらに、福岡とベンチマーク5都市のグローバル化指標と成長指標を比較することによって、福岡の「都市の成長」の評価軸でのスコアの低さは、グローバル化指標のスコアの低さに起因する可能性を示した。そして、グローバル化指標を中心に指標値を上昇させた場合の「都市の成長」スコアの変動をシミュレーションした。その結果、福岡の「都市の成長」スコアはベンチマーク5都市に接近することを認めた。

福岡は、国内の地方都市のなかではグローバル化の最も進んでいる都市である。にもかかわらず、グローバルな地方都市と比較した場合、グローバル化の水準は、きわめて低いことが明らかになった。ベンチマーク5都市と近い人口規模であるにもかかわらず、福岡の成長指標のスコアが低い理由は、福岡でのグローバルな域外市場が他都市と比較してまだ小さいからだと想定される。その理由は、福岡は九州圏のグローバル経済への結節点としての地位を形成できていないからである。

東京は、日本の国土全域のグローバル経済への結節点として機能してきている。これは、海外進出する日本企業の本社、外資系企業の本社の、東京への一極集中から明らかである。第7章で示したように、福岡空港と新千歳空港の国内線旅客数の半数は、羽田路線であることから、福岡と札幌の東京との結合の強さをみることができる。さらに、福岡空港の国内線・国際線すべての1週間当たりの座席供給数を集計したところ[2]、福岡－羽田・成田路線が全体の44・1%を占めていることが明らかとなった（図10-1）。福岡の国際的な結合は、東京圏との結合と比較して、きわめて小さいことが明白である。福岡の課題は、東京を経由しないグローバルな結合を構築・強化し、グローバルな不動点としての地位を確立し、向上させることである。

転換が迫られる地方自治体の総合計画

第2章でも論じたように、グローバリゼーションのさらなる進展とともに、あらゆるものがグローバルに流動化する時代においては、グローバル空間での高次な不動点となる戦略が求められる。そのためには、イノベイティブで、国際競争力の高い、自律した産業クラスターやハブ（結節点）を形成していかなければならない。これは福岡に限らず、東京に依存している日本の地方都市に、共通する課題である。

この課題に対しては、一次的には、地方自治体が主体となり、地域の企業や大学と連携しつつ、戦略的に取り組んでいくことが必要である。

これまでは、地方自治体の政策を方向づける総合計画は、地方自治法に定められた形式にもとづいて、横並び的に策定されてきた。総合計画には議会の承認が求められ、自治体での短期的な課題に対応する計画、という性格が強かったと思われる。２０１１年、地方自治法は改正され、自治体は任意に計画を策定できるようになった。人口減少局面における地方自治体の総合計画は、従来の国内的課題対応型から、グローバルな未来創造型への転換が求められている。従来の枠組みを超えた計画を策定する自治体は現段階では現れていないが、変化の兆しは出はじめている。

島根県出雲市は、2016年「出雲市多文化共生推進プラン」に、在住外国人の割合に関する数値目標を盛り込んだ。市内に住む外国人（2，440人）のうち、5年後にも住み続けている人数を30％台にする目標を設定し、外国人にも暮らしやすいまちづくりを進めている。

大阪市では、留学生を含む外国人居住者を対象とした起業支援に乗り出すなど、「外国人の地域社会へのソフトランディング」を政策に取り入れる動きが広がりつつある（毛受，2016）。

国と地域による一体的な戦略を

受け容れるか否かにかかわらず、グローバリゼーションは今後、日本でも進展する。地方自治体による住民や企業へのサービス水準について、グローバルな序列づけが否応なしにあてはめられる日も来るであろう。横並びを脱し、グローバルな観点を取り入れながら政策を策定し、実行していかなければならない。

地方都市の国際空港と国際港湾は、地方都市とその広域圏のグローバル経済への主要なハブである。福岡市は、地方中枢都市では唯一、国際空港と国際港湾の双方を市内に立地させている。市政によって、これら国際ハブの機能強化に深く関与することができる。このことは、他の地方中枢都市と比較して、福岡のグローバル化が一歩進んでいる要因でもある。

しかし、札幌では、国際空港は千歳市、国際港湾は苫小牧市に立地しているように、ほとんどの地方都市での国際ハブ機能は中心市外にあるため、中心市の市政では直接コントロールできない。また、産業クラスターについても、市域に限定されず都市圏に形成される性格のものである。札幌に限らず、地方都市では、都市圏レベルでの一体的なガバナンス構造へと転換していかなければならない。

その一方で、地方都市の国際競争力を高める最たる主体は、日本政府である（山﨑・久保，２０１６）。地域の空港・港湾を整備するのは、国である。国管理の空港の着陸料を引き下げて競争力を高めるのも、ＶＩＳＡを緩和して高度外国人人材を誘致するのも、法人税実効税率を引き下げて外国企業を誘致するのも、民泊を許可してインバウンドを促進するのも、国の権限である。広域圏行政を促進し、広域圏に権限を委譲するのも、国の役割である。日本政府の主導する「地方創生」は、国家的ではなく、グローバルな観点から進められなければならない。

都市・地域は、競争力確保のために、自らの立地を変更することはできない。既存の圏域において一体的に、計画的かつ効率的に、グローバル競争戦略を推進できるか否かは、人口減少下での日本の都市・地域の、発展と衰退の岐路となるであろう。

おわりに

本書は、筆者が作成に携わった「世界の都市総合力ランキング」で培った経験の多くにもとづいている。すでに論じたように、世界都市ランキングを作成するためには、世界の異なる国の都市を対象に、多岐にわたる分野の指標データを収集したうえで、データを比較・分析しなければならない。世界都市ランキングは、組織力と資金力のある主体にしか作成できないのである。

本書の研究は、世界都市ランキングの作成手法を活かしつつも、評価対象都市を6都市に絞り込んだため、遂行することができた。しかし、統計上の制約、時間的な制約などによって、指標データの収集では妥協を余儀なくされた。引き続きの検討の余地を認めるとともに、今後のグローバルな都市のビッグデータ、オープンデータの普及にも期待したい。

本書では、静的な指標を主に採用して都市の評価を行った。各種世界都市ランキングでも都市の静的な評価を行っているが、都市のランキング順位やスコアの変動をモニタリングすることによって、動的な評価も行われるようになっている。本書では、本書の基礎となる論文（久保，2014b）にもとづき2014年のデータを使用して評価を行った。これに、2016年のデータ（福岡アジア都市研究所，2017a）を加えることによって、2年間の動的な評価を行うことができた。今後もデータを定期的に更新し、さらなる動的な評価を加えながら、研究の発展に取り組んでいきたい。

本書では、都市のグローバルな競争戦略を導出する方法論を提示できたが、戦略を実行するうえでの課題が浮上した。戦略を政策に落とし込む段階では、地方自治体にもまして国の役割が重要となるのである。本書では、ベンチマーク5都市の地方自治の階層構造までは整理・比較できた。ベンチマーク都市の国と自治体の役割分担にかかわる制度についても、今後の研究課題としたい。

筆者は、久保（２０１４b）および、同論文をベースに作成した報告書（福岡アジア都市研究所，２０１５）を公表してから、大阪市、神戸市、仙台市、愛知県の政策担当部門や研究会、そのほかにも企業や団体からの訪問ヒアリングや講演依頼、執筆依頼を多数受けるようになった。本書で示した、世界都市ランキングの手法にもとづく都市・地域のグローバル競争戦略の立案に関する方法論は、福岡以外の都市や地域での検討に第三者からも今後さらに活用されていくことを期待したい。

本書は、筆者が２０１７年3月に中央大学大学院経済学研究科に提出した博士論文「国際的ベンチマーキングを活用した都市の競争戦略に関する研究」を、一般の方々にも読みやすくするために加筆修正し、新たなデータを加え、『都市・地域のグローバル競争戦略』として再構成したものである。

このたび、筆者が２０１７年10月より教員として勤務する立命館アジア太平洋大学より、２０１８年度学術図書出版助成を受けることによって、本書の出版が実現した。立命館アジア太平洋大学においては、国際的かつ学際的な研究環境に恵まれるばかりでなく、本書の出版に大きなご支援を頂戴したことに感謝を表したい。また、本書の出版にあたっては、時事通信出版局の永田一周氏にご尽力いただいたことに御礼申し上げたい。

本書のベースとなる研究を遂行し、博士論文として取りまとめるにあたり、多くの方々からご支援とご指導を頂いた。

中央大学大学院経済学研究科の山﨑朗教授からは、博士論文指導教授として熱心なご指導を頂いた。当所、山﨑教授はカナダに、筆者は韓国に赴任していたにもかかわらず、ほぼ毎日のようにメールにて学会報告の進め方から学術論文の書き方にわたり、博士論文の基礎となる研究への細かなアドバイスを、励ましのお言葉とともに頂いた。工学系のご出身で、多様なご経歴をお持ちの山﨑教授との出会いがなければ、筆者が中央大学にて従来の専門分野とは異なる経済学の博士号を取得することはなかったであろう。ここに書き尽くすことができないほどお世話になった山﨑教授に、深い感謝の意をささげたい。

博士論文副指導教授の石川利治教授、論文審査副査の薮田雅弘教授からは、経済学の総合的な観点からご指導を頂き、筆者の研究に新たな方向性を加えていただいた。論文審査に外部副査として加わって頂いた東京大学大学院総合文化研究科の松原宏教授からは、多くの論文を引用させていただいた。先生方のご指導に心より感謝申し上げたい。

中央大学大学院からは、3年間にわたり給付型奨学金をいただき、学会報告費用の補助も頂戴した。諸手続きにおいて、大学院事務室から親切なサポートをいただいた。お世話になった中央大学の皆様に感謝を記したい。

筆者の博士論文は、筆者が所属していた福岡アジア都市研究所での研究成果を大きな礎としている。福岡アジア都市研究所にお導きいただき、創造的な研究の遂行をご支援いただいた理事長の安浦寛人九州大学副学長に感謝申し上げる。筆者の研究チームメンバーであった中村由美研究員、山田美里研究員、滝本一馬研究員（当時）、Winy Wong研究員（当時）には特にお世話になった。研究所のその他の多くの皆様からも研究に対して温かいご支援を頂いたことに加え、都市政策資料室から貴重な資料を多く参照させていただいたことにも感謝を記したい。

筆者の博士論文のもう一つの礎は、森記念財団都市戦略研究所在籍時に蓄積した研究成果にもとづいている。都市戦略研究所所長の竹中平蔵慶應義塾大学教授（当時）からは、都市を従来の工学的な分野のみならず、経済・社会的な分野において、グローバルな観点から研究する能力を育成していただいた。経済学分野での博士号の取得を最初に勧めていただいたのも、竹中教授である。都市戦略研究所理事として筆者の直属の上司であった、明治大学専門職大学院長の市川宏雄教授（当時）からは、研究職に転じたばかりの当時の筆者に対し、厳しいながらも今から思えば優しさにあふれたご指導をいただいた。この時期に、お二人の先生との出会いがなければ、現在の筆者は存在しない。研究者への道をお導きいただいた両先生に、心より感謝申し上げたい。

森記念財団都市戦略研究所在籍時よりご縁があった、ロンドン大学バートレット校教授（当時）のピーター・ホール卿からは、博士論文の重要なアイデアを頂いた。２０１４年７月にご逝去される直前に訪問し、頂いた参考資料はホール先生の形見となってしまった。同じく都市戦略研究所での研究でお世話になった、コロンビア大学のサスキア・サッセン教授、ＵＣＬＡのアレン・スコット名誉教授とのその後のやり取りも、私の研究への大きな励みとなった。世界都市研究の権威でもあられる先生方とのご縁とご指導に感謝申し上げたい。

最後に、筆者をささえ続けてくれた家族に感謝を記したい。科学者であり教育者であった父、久保成男は、幼い頃の筆者に、科学とものづくりの面白さを教えてくれた。亡き父は、今でも思い出以上に、筆者に強く影響を与えている。母、恵津子は、父亡きあとも、深い愛情とともに筆者をささえてきてくれた。二人に深い感謝を記したい。

筆者の妻、良江は、筆者の幾度もの挑戦を肯定的にとらえ、長男、理基とともに、筆者を信じてついてきてくれた。ここまでささえてくれたことへの御礼を記すとともに、これからも、探求心を保ちながら、家族を大切に、人生を歩んでいく気持ちをここに記したい。

２０１８年11月　十文字原の紅葉が映えるＡＰＵの研究室にて

久保　隆行

注

第1部

第1章

1　シュペングラー著・村松訳（2001）p.82。

2　本書では、世界都市とグローバル都市は、同義語として扱う。国内外において、世界都市（World City）という表現は、2000年前後を境にグローバル都市（Global City）という表現に変化しており、「世界の都市総合力ランキング」でも評価対象都市をグローバル都市と表記している（第5章に詳述）。

3　第2次安倍政権における成長戦略では、目標達成のKPI（キー・パフォーマンス・インディケーター）の一つに、森記念財団都市戦略研究所「世界の都市総合力ランキング」を採用している。ここでのKPIは、東京の総合順位4位（1位ロンドン、2位ニューヨーク、3位パリ）を、2020年までにパリを抜いて3位に引き上げることである。2016年10月、東京はパリを抜いて3位となった。

4　国が実施した地方自治体の国際化政策についての調査としては、建設省都市局（1984）「国際化対応整備方策調査－外国人アンケート自治体アンケート結果」、国土庁計画調整局特別調整課、地域振興プロジェクト研究会（1988）「国際化情報化プロジェクト（全国自治体地域振興プロジェクト総覧）」、自治大臣官房企画室、自治体国際化戦略研究会（1989）「自治体国際化戦略データファイル」、地域国際化研究会（1995）『地域国際化事例集－自治体の国際交流・国際交流施策』ぎょうせい、などがある。確かに、1980年代後半頃から、地方自治体の国際化政策に対する関心は、国、地方自治体において高まっていたといえるが、当時の自治体国際化政策の中核は、職員の海外研修、姉妹都市提携などの国際交流、および環境や都市問題についての国際貢献であり、戦略的なグローバル化政策とはいえない。

また、国は3大都市圏の主要空港以外は国際空港の名称を冠することを認めていない。ただし、「九州佐賀国際空港」のように愛称として使用することは禁じていない。

5　福岡市は、１９８７年に策定した「第２次福岡市基本構想」において、「活力あるアジアの拠点都市」を目標にかかげ、以降、アジアに視野をおいた国際化政策を進めてきている。

6　「世界の都市総合力ランキング」によると、福岡の順位は２００９年から２０１１年にかけて35都市中28位から30位、２０１２年から２０１５年にかけて、40都市中33位から35位であった。

第2章

1　J．フリードマン（Friedmann, 1986）は、「世界都市仮説とは、新国際分業（New International Division of Labour）の空間組織である」（p.69）とし、労働の分業にともない空間も分業し、そのなかで与えられる重要性の高い役割を担う空間を世界都市として規定している。

2　Friedmann（1989）p.69。

3　町村（２００２ｂ）p.１２２。

4　Friedman, T. (2005) *The World is Flat*. New York: Farrar Straus & Giroux.

5　スパイキー（Spiky）という言葉は、フロリダ（Florida, 2008）によって用いられている。フロリダは、グローバリゼーションによって単純労働による製造業やサービス業といった旧来型の経済機能は世界に分散し、フラット化した一方、イノベーションをともなう付加価値の高い経済機能は、限定された地域に集中し、スパイキー（つんと尖った）な状態になったと指摘している。

6　水野（１９９２，p.82）は、クリスタラー（Christaller, 1933）を引用し、「不動点とは、中心地システムのパターンが生成されるとき、基準点となる地点である」と説明している。

7　松原（２０１４）p.11。

8　世界都市の階層性については、徐々にフラットなネットワークに移行してきているという主張が増えてきており、筆者も同様に考えている。

9　「世界都市仮説」では、主要な金融センター、多国籍企業の本社および地域統括本部、国際機関、急成長している対事業所サービス業、重要な製造拠点、主要な交通結節点、人口規模などを、世界都市の選定基準として掲げているが、具体的な指標データの記載はない。

10　最新の改定は２０１６年である。

11　たとえば、Mastercard（２００７）では、人口２５０万を下回る国の数は58であるのに対して、人口２５０万を超える都市圏の数は１５３であることを指摘し、都市を単位とした市場分析は、グローバル企業の成功の必須条件であると主張している。

12　マスターカード「Worldwide Centers of Commerce Index」、プライスウォーターハウスクーパース「Cities of Opportunity」、City of London「Global Financial Centres Index」の３つのランキングが２００７年に一斉に公表された。

13　「特集：ランク付け・指標化される都市と地域」『地域開発』２０１４年８月号、「特集：都市の評価とランキング」『都市計画』２０１５年2月号など。

14　松原編（２０１４）、山﨑・他（２０１５）など。

15　Beaverstock *et al.*（１９９９）では、１９７２年から１９９９年までの15の世界都市研究において対象とされた都市を集計している。東京は、ロンドン、ニューヨーク、パリとともに、すべての世界都市研究の対象であったが、日本のその他の都市では、大阪が7つの研究で、名古屋と神戸がそれぞれ１つの研究で対象とされたにとどまっている。

第2部
第3章

1　阿部（１９９３）は、都市の階層性とは秩序であり、都市の階層に関する問題は、中心地研究、中心地理論の最大の関心事であったとしている。

2　藤田・他（２０００）p.１８１。

3　経済企画庁地域経済問題調査室（１９６４）『中枢管理機能に関する調査』

4　同様の手法で、海外の国における都市システムについても研究がなされてきた。

5　田辺編（１９８２）では、これら4都市を広域中心都市と定義し、１９６０年頃から管理機能の集中によってそれぞれの地域の中心として、他の県庁所在都市より一層発展したとしている。田辺編では、札幌市は北海道、仙台市は東北地方、広島市は中国地方、福岡市は沖縄を除く九州地方の広域中心都市と定義された。
本書では、特記なき場合は田辺編の定義に倣い、４つの地方中枢都市の広域圏を、北海道、東北地方（青森県、岩手県、宮城県、秋田県、山形県、福島県)、中国地方(鳥取県、島根県、岡山県、広島県、山口県)および、沖縄を除く九州と定義する。

6 宮町によるAA、A、BB、B、Cといった階層の基準については明確にされておらず、恣意的に決定されている。

7 松原(2006)は、「日本のような階層的な都市システムは『クリスタラー型』、アメリカのような非階層的な都市システムは『プレッド型』とよばれている。」(p.203)としている。

8 九州においては、1960年代後半から三菱電機、NEC、ソニー等の大手電機メーカーの半導体工場の立地が相次いだ。その結果、九州は、シリコンアイランドと呼ばれるようになり、全国の約30%の半導体生産額を占めるまでに至った(山﨑・友景, 2001)。

9 松原(1998)p.310。

10 矢田・今村(1991)によれば、九州を中心にし、これに山口・沖縄を加えた広域経済圏である。

11 伊藤(1996)pp.199-200。

12 阿部はテリトリーという用語を使用している。

13 阿部(2014a)p.320。

14 杉浦(2003)pp.139-140。

15 松原(2006)p.288。

16 松原編(2014)p.228。

第4章

1 田辺(1985)p.266。

2 埴淵(2008)p.571。

3 原文:seminal work.

4 原文:the central facet of the world city literature has been to rank cities according to their disproportionate geoeconomic power in the world-system.

5 加茂(2005a)pp.164-165。

6 ハイマー著・宮崎訳(1979)p.371。

7　宮崎義一の邦訳では、グローバル・シティは地球都市と訳されている。
8　ハイマー著・宮崎訳（１９７９）p.３７１。
9　山崎（１９９２）は、７つの仮説の①～④はハイマーによってすでに論じられていたとしている。さらにＪ．フリードマンの仮説は、仮説ではなく、事実の演繹であると指摘している。
10　世界都市研究においてホールが最初に使用した世界都市と、サッセンが使用したグローバル都市の違いについて、加茂（２００５ｂ）は、「世界都市」は、「世界システム」が理念はともかく実体的には完成し切っていない段階において定義されている一方で、「グローバル都市」は、グローバル経済システムの上に成り立ち、そのシステムを作り出す役割を果たしていると説明している。
11　ホール（Hall, １９６６）では世界都市として扱われている。
12　Taylor *et al.*（２００２）p.99。「世界都市度」は筆者訳。
13　たとえば、会計事務所であれば、Arthur AndersenやErnst & Youngといった当時のグローバル・トップ・ファームが該当する。
14　３１６都市のなかで、序列づけされているのは２２７都市のみである。（http://www.lboro.ac.uk/gawc/world2000t.html参照 2016-08-07）
15　Taylor and Derudder（２０１６）pp.１９３‐１９７。
16　５２６都市のなかで、序列づけされているのは３０７都市のみである。（http://www.lboro.ac.uk/gawc/world2012.html参照 2016-08-07）
17　香港とシンガポールは２０００年時点でα＋の階層に位置している。
18　ＧａＷＣは、これらの都市には、グローバル・サービス企業の一定の集積はあるものの、グローバル経済に依存するほどではないと説明している。（http://www.lboro.ac.uk/gawc/gawcworlds.html参照 2016-08-07）
19　３大都市圏からは、東京、横浜、川崎、千葉、大阪、京都、神戸、堺、名古屋が入っている。Taylor and Derudder（２０１６）pp.１９９‐２０２を参照。
20　詳しくは埴淵（２００８）を参照。
21　加茂（２００５ａ）p.１７５。
22　加茂（２００５ａ）p.１７５。

第5章

1 原（2002）p.2。
2 大木（2010）p.12。
3 竹村（2014）p.1。さらに、国際競争力に関する学術的な批判として、クルーグマン（Krugman, 1997）は、そもそも国際競争力という概念は存在しないと指摘したことを掲げている。これに対する反論として、カマーニ（Camagni, 2001）は、都市は競争的行為者であると主張している（田坂，2005）。
4 原（2002）は、「わが国においては、産業の国際競争力に関する定性的な評価は行われていたが、国際競争力に関する理論的研究はほとんどなかったし、国の環境要件についても、産業政策、通商政策を越えた議論はこれまで行われていなかったと言って良い。」（p.3）と指摘している。
5 ポーター著・竹内訳（1999）p.70。
6 「第4次全国総合開発計画」p.5。
7 しかし、報告書は、「国際金融センターばかりが世界都市ではないという点で、これまでのわが国の東京論とは趣を異にしている。」（まえがき p.2）という内容であり、東京都の目論見とは異なる結論が示されている。
8 経済企画庁総合計画局（1989）p.7。
9 1998年に策定された第5次全国総合開発計画に相当する「21世紀の国土のグランドデザイン」では、「地域の自立の促進と美しい国土の創造」を主題にかかげ、東京の世界都市化政策はとくに明記されていない。
10 宮町（1998）p.58。
11 http://www.mlit.go.jp/hakusyo/transport/heisei08/pt2/828101.html参照: 2016-06-03
12 2009年に2，500mに延伸。
13 1999年「第5次首都圏基本計画」では、①首都圏の果たすべき役割として、「国際的競争力を維持し、我が国の活力創出に資する地域の形成」と記されている。この時点ではまだ、政府文書には「国際競争力」という統一的な表現は使用されていなかった。
14 本書では、2007年以降に世界の一定数の都市を評価・ランクづけして公表されたレポートや記事のことを、「世界都市ランキング（Global City Index）」と呼称する。本書で検討した都市ランキングの多くは、評価対象都市を「グローバル都市（Global City）」と呼称し、「ランキング」は「Index」と呼称している。

15 マスターカードのほか、プライスウォーターハウスクーパース、A．T．カーニー、ナイトフランク、シティバンクが該当している。

16 ２０１６年にパリを抜いて3位となっている。

17 マスターカード、A．T．カーニー、森記念財団都市戦略研究所による。

第6章

1 Long Finance (2013) *The Global Financial Centres Index 15*, pp.50－55を参照。

2 これらのランキングの作成のもととなる個別指標のデータについては、ＧＰＣＩで一部公開されているものを除き、公開されていない。

3 A.T. Kearneyによって２００８年に初めて発行されたThe 2008 Global Cities Indexにおいて60都市が選定された際の選定方法である。

4 森記念財団都市戦略研究所によって２００８年に初めて発行された『世界の都市総合力ランキング２００８』において30都市が選定された際の選定方法である。

5 「世界の都市総合力ランキング」には、ウェイトに関する説明は記載されていない。

第3部
第7章

1 １９８０年以降、仙台市は、１９８７年に宮城郡宮城町（人口２９，０４３）、１９８８年に泉市（人口１３７，４１３）および名取郡秋保町（人口５，０５１）を編入している。広島市は、１９８５年に佐伯郡五日市町（人口９６，４４１）、２００５年に佐伯郡湯来町（人口７，４２２）を編入している。札幌市と福岡市は、１９８０年以降、周辺市町村を編入していない。

2 第３章注５を参照。

3　金本・徳岡（２００２）にて提唱された、中心市への通勤率が10％以上の周辺市町村を含む都市圏である。東京大学空間情報科学研究センター（http://www.csis.u-tokyo.ac.jp 参照:2016-07-18）にて１９８０年、１９９０年、１９９５年、２０００年、２００５年、２０１０年の都市圏人口が公開されており、本論文で使用している。２０１５年の都市圏人口は、２０１０年の都市圏設定基準にもとづき２０１５年国勢調査データを使用して週刊ダイヤモンド編集部（２０１６）が作成した数値を使用している。

4　国勢調査による就業者が従業している地区における就業者数であり、本章では事業所・企業統計調査および経済センサスによる従業者数と同義のデータとして取り扱う。

5　日本経済新聞社『会社年鑑』に掲載されている株式会社の本社と支所。１９９５年以降については、ダイヤモンド社『会社職員録』に掲載されている企業も含まれる。

6　阿部（２００８）p.51。

7　阿部（２００８）p.52。阿部はさらに、「東京・名古屋・大阪（つまり、東海道）を中心とする1大圏と東北日本、西南日本の３大圏という構造になっていく可能性が大きい。」としている。

8　札幌都市圏近傍の港湾としては、重要港湾に指定されている小樽港、石狩湾新港もある。

9　かつては「特定重要港湾」と称されていた。国際拠点港湾よりも上位の港湾として位置づけられているのは、国際戦略港湾（京浜港・阪神港）である。

10　本項では、『海外進出企業総覧２０１５』のなかで、海外現地法人の所在地および設立年度のリストが掲載されている２，９７７社を対象に分析を行った。

11　福岡市からの出国者数が増加し、福岡市を除く福岡県からの出国者数がそれを上回る人数で減少している可能性もある。

12　国土交通省九州地方整備局九州運輸局平成28年3月10日プレスリリース「九州管内における外航クルーズの動向について（２０１５年速報値）」に以下のように記載。「出入国管理及び難民認定法」第14条の2（船舶観光上陸の許可）による上陸者数である。（一般上陸許可による上陸者は含めない。外国から最初に入港する国内の港（ファーストポート）での上陸者のみ計上する。）２０１５年1月1日施行。

13　東洋経済新報社『海外進出企業総覧２０１５』（pp.１９２９－１９３３）の集計によれば、海外現地法人に10％以上出資している日本企業数は４，９２５社（本編に掲載されている４，７７６社以外の企業も含まれる数値）である。これら企業を本社所在地別にみると、東京都2，267社（46%）、大阪府668社（13・6%）、愛知県384社（7・8%）であるのに対して、北海道15社（0・3%）、宮城県19社（0・39%）、広島県77社（1・6%）、福岡県59社（1・2%）となっている。

14 たとえば、文部科学省により2013年に開始された留学促進キャンペーン「トビタテ！留学JAPAN」では、毎年1，000名を定員に国内の日本人学生に対して、渡航先に応じて毎月10万円から20万円、学費は最大60万円、渡航費は最大20万、2年間で最高560万円を給付支援している。

15 筆者はこのランキングの企画は行ったが、作成には携わっていない。

第8章

1 シアトル市を中心とした都市圏域であるピュージェット・サウンド地域において官民によって運営されるピュージェット・サウンド地域協議会（Puget Sound Regional Council）およびグレーターシアトル貿易開発協議会（Trade Development Alliance of Greater Seattle）がIRBC事務局を運営している。IRBCの発足にあたってはマイクロソフトとボーイングにより資金援助がなされた（Luis, 2009）。

2 2010年に福岡市は第3回目の国際会議を「国際知識経済都市会議」というテーマで開催した。本会議を契機に、ピュージェット・サウンド地域協議会をモデルとした産学官連携組織である福岡地域戦略協議会が設立され、以降福岡地域の成長戦略の一翼を担っている（山下，2015）。2016年ストックホルム会議を最後に、IRBCはその使命を終えたとして2018年に発展的解散をとげた。

3 『BRUTUS』マガジン・ハウス社、2010年3月15日号。「魅力ある地方都市ランキング50」と題し、編集部によって各都市の魅力あるスポットをピックアップし点数化し、著名人らからなる審査員による加点によって、50都市を順位づけしている。

4 『ASIAWEEK』Asiaweek Limited、各年12月号。平均余命、人口当たり病院ベッド数、人口当たりの教育への政府支出額、大気汚染、犯罪件数といった生活の質にかかわる24指標（1999年）～27指標（2000年）を都市別に定量的に評価し、スコアに換算してランクづけしている。

5 『Monocle』Winkontent Ltd、各年7・8月号。都市の安全性、環境、公共交通、寛容性、ビジネス環境などの指標についての定性的な評価にもとづきランキングを作成・公表している。

6　サッセン（Sassen, 1991）は、『グローバル・シティ』において、フランクフルトをニューヨーク、ロンドン、東京とともに世界の金融システムをコントロールしうる「グローバル都市」に位置づけている。

7　２０１４年4月9日に福岡市に来訪したBill Stafford氏へのインタビューコメント。

8　名古屋都市センター（２００５）p.11。

9　指定都市市長会（２０１０）p.22。

10　City of Melbourne H.P. "Melbourne in numbers"（http://www.melbourne.vic.gov.au/AboutMelbourne/Statistics/Pages/MelbourneSnapshot.aspx参照2014-06-21）

11　公益財団法人滋賀県産業支援プラザH.P.「ドイツ・バイエルン経済情報提供サイト」。（http://www.shigaplaza.or.jp/windoe/bayern/gaiyou.html参照2014-07-05）

12　指定都市市長会（２０１０）p.8。

13　RPV München Online.（http://www.region-muenchen.com/themen/info_en/info_en.htm参照2014-07-05）

14　岡部（２００５）p.１２１。

15　国土交通省国土計画局（２００９）p.58。

16　福岡については、「平成22年国勢調査」より取得した福岡市の２０１０年数値。シアトルは、United States Census Bureau（http://www.census.gov）より取得したシアトル都市圏の２００８－２０１２年数値。バンクーバーは、Statistics Canada（www.statcan.gc.ca）より取得したバンクーバー都市圏の２０１１年数値。メルボルンは、Australian Bureau of Statistics（http://www.abs.gov.au）より取得したメルボルン都市圏の２０１１年数値。ミュンヘンは、Bayerische Landesamt für Statistik und Datenverarbeitung（https://www.statistik.bayern.de）より取得したミュンヘン市の２０１２年数値。バルセロナは、Instituto Nacional de Estadistica（http://www.ine.es）より取得したバルセロナ県の２０１３年数値。（参照2014-07-15）

17　OECD Stats Extracts（http://stats.oecd.org/Index.aspx）Data by Theme / Regions and Cities / Large Regions（TL2）/ Demographic Statistics / Population by gender and broad age groupings / Population, Total, Old（65+), persons における各Regionの２０１３年数値から同Demographic Statistics / Population by gender / Population, Total, all ages, persons における各Regionの２０１３年数値を除した数値。（参照2014-07-17）

18　OECD Stats Extracts（http://stats.oecd.org/Index.aspx）Data by Theme / Regions and Cities / Metropolitan Areas / Total Population metro areas（persons）における各Metropolitan Areasの２０００年から２０１０年の各年の人口増加率の平均値（メルボルンを除く）。メルボルンについては、Australian Bureau of Statistics（http://www.abs.gov.au）Regional Population Growth, Australia, 2012-13におけるGREATER MELBOURNEの２００３年から２０１０年の各年の人口増加率の平均値。（参照２０１４－07－20）

19　World Bank Data（http://data.worldbank.org）Fertility rate, total（births per woman）における各国の２０１３年の数値。（参照２０１４－07－20）

20　OECD Stats Extracts（http://stats.oecd.org/Index.aspx）Data by Theme / Labour / Labour Force Statistics / Average annual hours actually worked per worker / Total employment における各国の２０１３年数値。（参照2014-07-22）

21　OECD Stats Extracts（http://stats.oecd.org/Index.aspx）Data by Theme / Regions and Cities / Large Regions（TL2）/ Regional accounts / Regional household income / Disposable Household Income / Per capita, US$ constant ppp, constant（real）prices（year 2005）における各Regionの２０１１年数値。（参照2014-07-22）

22　The Brookings Institution "Global Metro Monitor（2012）"（http://www.brookings.edu/research/interactives/global-metro-monitor-3）における各Metropolitan AreaのGDP per capita（2012）数値。（参照2014-07-25）

23　NUMBEO（http://www.numbeo.com/cost-of-living）にて公開されている世界のCost of Living情報のなかで、Select Cityにおいて各都市名を選択して取得したRent Index、Groceries Index、およびRestaurants Indexの数値。各数値はNew Yorkを基準とした指数値である。（参照2014-07-25）

24　山田英二「諸外国における寄附の状況と税制の役割　平成20年5月12日」（http://www.tax.metro.tokyo.jp/report/tzc20_4/05.pdf参照2014-06-15）p.3記載のJohns Hopkins Comparative Nonprofit Sector Projectの調査結果およびＯＥＣＤデータを用いた分析による各国の寄附金額の対ＧＤＰ比の各国の数値。各数値は１９９５年から２００２年の間のデータであり、国別に異なる。スペインのみ宗教団体への寄附金額が総額に算入されていない。

25　福岡については、福岡市「福岡市安全・安心ネットワーク」にて公開されている「福岡市における重要犯罪認知件数推移」（http://www.city.fukuoka.lg.jp/seian/tokei/zyuyo.html）における２０１０年および２０１１年の殺人件数の平均値を市域人口10万人当たりに換算した数値。シアトルについては、ＦＢＩにて公開されている“Crime in the United States 2012”（http://www.fbi.gov/about-us/cjis/ucr/crime-in-the-u.s/2012）における２０１１年および２０１２年のMurder件数の平均値を市域人口10万人当たりに換算した数値。バンクーバーについては、Vancouver Police Departmentにて公開されている“Statistical Reports by Districts and Cities Total”（http://vancouver.ca/police/organization/planning-research-audit/district-statistics.html）における２０１２年および２０１３年のCulpable Homicide件数の平均値を市域人口10万人当たりに換算した数値。メルボルンについては、Victoria Policeにて公開されている“Crime Statistics”（http://www.police.vic.gov.au/content.asp?Document_ID=782）における２０１１年および２０１２年の人口10万人当たりのHomicide件数の平均値。ミュンヘンについては、ミュンヘン市にて公開されている“Security Archives”（http://www.muenchen.de/rathaus/Stadtinfos/Statistik/Sipo/archiv.html）における２０１１年のMord（Murder）件数を人口10万人当たりに換算した数値。バルセロナについては、バルセロナ市にて公開されている“Statistical yearbooks of Barcelona city > Year 2011 > Safety and protection”（http://www.bcn.cat/estadistica/angles/dades/anuaris/anuari11/cap08/C0803030.htm）における２００９年および２０１０年のdel homicidio y sus formas（the homicide and forms）件数の平均値を人口10万人当たりに換算した数値。（参照2014-07-30）

26 Center for International Earth Science Information Network（CIESIN）, The Earth Institute at Columbia Universityによって公開されているWorld Data Center for Human Interactions in the Environment（http://sedac.ciesin.columbia.edu/wdc/index.jsp）におけるGlobal Earthquake Hazard Frequency and Distribution（1976-2002）、Global Flood Hazard Frequency and Distribution（1985-2003）およびGlobal Cyclone Hazard Frequency and Distribution（1980-2000）の３つの災害発生頻度の３段階の世界分布図のなかで、各都市圏が位置する場所の危険度をもとに災害発生頻度０を１点、頻度１－４を２点、頻度５－７を３点、頻度８－10を４点として換算した数値。（参照2014-09-01）

27 OECD Stats Extracts（http://stats.oecd.org/Index.aspx）Data by Theme / Regions and Cities / Regional Well-Being（TL2）/ Regional Well-Being / Number of physicians per 1000 populationにおける各Regionの２０１０年数値。（参照2014-09-02）

28 OECD Stats Extracts（http://stats.oecd.org/Index.aspx）Data by Theme / Regions and Cities / Regional Well-Being（TL2）/ Regional Well-Being / Life expectancy at birth（years）における各Regionの２０１３年数値。（参照2014-09-02）

29 OECD Stats Extracts（http://stats.oecd.org/Index.aspx）Data by Theme / Regions and Cities / Metropolitan Areas /

Environment／CO2 emissions per capita（tonnes per inhabitant）における各Metropolitan Areasの２００８年数値（メルボルンを除く）。メルボルンについては、同Regions and Cities／Social indicators TL2／Environmental indicators／CO2 emissions per capita（tonnes per inhabitant）におけるビクトリア州の数値。（参照：2014-09-02）

30 OECD Stats Extracts（http://stats.oecd.org/Index.aspx）Data by Theme／Regions and Cities／Metropolitan Areas／Environment／population exposure to air pollution PM2.5（μg/m³, annual average）における各Metropolitan Areasの２００５年数値（メルボルンを除く）。メルボルンについては、同Regions and Cities／Small Regions（TL3）／Environment／population exposure to air pollution PM2.5（μg/m³, annual average）におけるにおけるビクトリア州の数値。（参照：2014-09-02）

31 World Weather Information Service（http://www.worldweather.org/index.htm）にて提供されている各地域の過去30年間の月別最高・最低平均気温の記録をもとに算出した数値。福岡、シアトル、メルボルンは、１９８１年〜２０１０年の記録、バンクーバー、ミュンヘン、バルセロナは、１９７１年〜２０００年の記録である。（参照：2014-09-08）

32 上記にて同様に提供される過去30年間の月別平均雨天日数を都市別に集計した数値。（参照：2014-09-08）

33 ＥＳＲＩ提供のTopographic Mapを使用し、各都市の中心市の市庁舎を中心に半径10㎞の円を描き、この範囲内に占める大規模な連続する緑地および水面の範囲の合計の割合を示す数値。

34 各都市によって規定されている都市圏域および市域の人口密度を採用。これら圏域の広さは都市によって異なるが、人口は比較的近い数値であるため、人口密度が高い地域ほど多くの人が集まって活動していると想定。

35 各都市の中心市域における鉄道駅の数を市域人口10万人当たりに換算した数値（メルボルンを除く）。メルボルンについては市域がきわめて狭いため、都市圏中心部に位置するメルボルン市を含む20の市（人口約２１５万）にて算定。

36 ２０１４年末時点でUNESCO World Heritageのリスト（http://whc.unesco.org/en/list/）に掲載されている各都市の中心市から概ね１００㎞以内に位置する世界遺産の数。（参照：2014-09-08）

37 Tripadvisor（http://www.tripadvisor.com）にて公開されている各都市の中心市および周辺の観光情報においてAttractionsに属するCultural、Landmarks、およびOutdoorsの各件数。（参照：2014-09-08）

38 Hotels.comおよびExpedia.comにて各都市の中心市において２０１４年10月29日チェックイン30日チェックアウトを条件に検索した結果をもとに、予約可能件数の多いほうの予約サイトの数値。（参照：2014-09-05）

39 Tripadvisor（http://www.tripadvisor.com）にて公開されている各都市の中心市および周辺の観光情報においてAttractionsに属するMuseumsおよびPerformancesの各件数。（参照2014-09-09）

40 Tripadvisor（http://www.tripadvisor.com）にて公開されている各都市の中心市および周辺の観光情報におけるRestaurantsの各件数。（参照2014-09-09）

41 World Stadiums（http://www.worldstadiums.com）に掲載されている国別のスタジアムリストにおいて、各都市に該当するCity別に得た情報のなかで、Seatsがall-seaterでありかつCapacityが１０，０００以上のスタジアムの数。（参照2014-09-10）

42 Olympic.orgのAll games since 1896に記載のある２０１４年までの夏季および冬季の大会開催件数。

43 Google.com（米国）、Google.ca（カナダ）、Google.au（オーストラリア）、Google.de（ドイツ）、Google.es（スペイン）、Google.co.jp（日本）にて各都市名を各検索サイトの言語による呼称にて入力・検索し、ヒットした検索数の合計値。（参照2014-09-11）

44 OECD Stats Extracts（http://stats.oecd.org/Index.aspx）Data by Theme／Regions and Cities／Metropolitan Areas／Labour market／Annual average labour force growth（period 2000-10）における各Metropolitan Areasの数値（メルボルンを除く）。メルボルンについては、同Regions and Cities／Small Regions（TL3）／Regional Labour Market TL3／Labour Forceにおけるメルボルン都市圏の２０００年から２０１０年の平均増加率を算定した数値。（参照2014-09-18）

45 OECD Stats Extracts（http://stats.oecd.org/Index.aspx）Data by Theme／Regions and Cities／Metropolitan Areas／Labour market／Labour forceにおける各Metropolitan Areasの２０１０年数値が各都市圏人口に占める割合（メルボルンを除く）。メルボルンについては、同Regions and Cities／Small Regions（TL3）／Regional Labour Market TL3／Labour Forceにおけるメルボルン都市圏の２０１０年数値が都市圏人口に占める割合。（参照2014-09-18）

46 OECD Stats Extracts（http://stats.oecd.org/Index.aspx）Data by Theme／Regions and Cities／Regional Well-Being（TL2）／Regional Well-Being／Share of labour force with at least secondary educationにおける各Regionの２０１３年数値。（参照2014-09-18）

47 Fortune Global 500（http://fortune.com/global500）の２０１４年版売上ランキングに掲載されている企業本社の各都市圏に立地する件数。（参照2014-09-19）

48 上記のランキングにおける各都市圏内で最上位の企業の売上金額。同ランキングに該当する企業がない福岡は、九州電力、バンクーバーについては、Telus Corporationの売上金額をそれぞれ２０１３年12月末の為替レートにてＵＳ＄に換算した数値。

49 The Brookings Institution “Global Metro Monitor（2012）”（http://www.brookings.edu/research/interactives/global-metro-monitor-3）における各Metropolitan AreaのGDP（2012）をEmploymentで除した数値。（参照2014-09-25）

50 OECD Stats Extracts（http://stats.oecd.org/Index.aspx）Data by Theme / Regions and Cities / Metropolitan Areas / Labour market / GDP annual average growth rate（period 2000-10）における各Metropolitan Areasの数値（メルボルンを除く）。メルボルンについては、同Regions and Cities / Large Regions / Regional accounts / Regional GDP / US$ constant ppp. constant（real）prices（year 2005）ビクトリア州の２０００年から２０１０年の平均増加率を算定した数値。（参照2014-09-25）

51 OECD Stats Extracts（http://stats.oecd.org/Index.aspx）Data by Theme / Regions and Cities / Metropolitan Areas / Patent activity / PCT patents applications per 1,000,000 inhabitantsにおける各Metropolitan Areasの２００８年数値（メルボルンを除く）。メルボルンについては、同Regions and Cities / Small Regions（TL3）/ Innovation Indicators TL3 / PCT patents applications per 1,000,000 inhabitantsにおけるにおけるメルボルン都市圏の数値。（参照2014-09-25）

52 厚生労働省『平成25年版 労働経済の分析』p.１０１「開業率の国際比較」グラフに記載された各国の２００７年の数値。（参照2014-09-23）

53 KPMG “Tax rates online”（https://www.kpmg.com/global/en/services/tax/tax-tools-and-resources/pages/tax-rates-online.aspx）における各国のCorporate tax rateの数値。（参照2014-09-20）

54 QS World Universities（http://www.topuniversities.com/qs-world-university-rankings）の２０１４年ランキングにおいて７０１＋以内にランクインしている大学の各都市圏に立地する件数。（参照2014-09-16）

55 上記のランキングに記載された各都市圏での最上位校の順位。

56 福岡については、「平成25年在留外国人統計」より取得した福岡市の２０１３年数値。シアトルについては、United States Census Bureau（http://www.census.gov）より取得したシアトル都市圏の２００８－２０１２年数値。バンクーバーについては、Statistics Canada（www.statcan.gc.ca）より取得したバンクーバー都市圏の２０１１年数値。メルボルンは、Australian Bureau of Statistics（http://www.abs.gov.au）より取得したメルボルン都市圏の２０１１年数値。ミュンヘンは、Bayerische Landesamt für Statistik und Datenverarbeitung（https://www.statistik.bayern.de）より取得したミュンヘン市の２０１２年数値。バルセロナは、Instituto

Nacional de Estadística（http://www.ine.es）より取得したバルセロナ県の２０１３年数値。（参照2014-09-28）

57 各大学のホームページ掲載情報にもとづく各大学の２０１２年または２０１３年数値。（参照2014-09-25）

58 福岡については、福岡市観光戦略課「平成24年 福岡市観光統計」（http://www.city.fukuoka.lg.jp/keizai/kankou-s/shisei/hesei24nennhukuokasikankoutoukei.html）における２０１２年宿泊客数および外国人延宿泊数より算出した数値。シアトルについては、Visit Seattle（http://www.visitseattle.org/Home.aspx）における２００８年観光客数およびUS Department of Commerce, ITA, Office of Travel and Tourism Industries（http://travel.trade.gov/）"2013 US Travel and Tourism Statistics（Inbound）: Top States, Cities, and Regions Visited"におけるOverseas Visitors２０１３年数値より算出した数値。バンクーバーについては、Tourism Vancouver Media Relations: Marketing Research "Market Origin of Overnight Visitors to Greater Vancouver 2013 Year To Date"（http://www.tourismvancouver.com）におけるTotal CanadaおよびTotal Visitors２０１３年数値より算出した数値。メルボルンについては、Tourism Victoria "Domestic / International Visitor Estimates to Victoria Year ending March 2000-2014"（http://www.tourism.vic.gov.au/）におけるDomestic Overnight Visitors EstimatesおよびInternational Overnight Visitors Estimates ２０１４年数値より算出した数値。ミュンヘンについては、City of Munich "Facts about the tourism destination Munich 2013"（http://www.muenchen.de/rathaus/home_en/Tourist-Office）におけるTotal International ArrivalsおよびTotal Arrivals２０１３年数値より算出した数値。バルセロナについては、Instituto Nacional de Estadistica "Hotel Occupancy Survey: Annual results 2013"（http://www.ine.es/en/welcome_en.htm）におけるBarcelonaのGuests, overnight stays and average stay, Total Number of guestsおよびResidents abroad２０１３年数値より算出した数値。（参照2014-09-29）

59 ICCA（International Congress and Convention Association）Statistics Report 2012（http://www.iccaworld.com/cdps/cditem.cfm?nid=4036）における各Cityでの国際会議開催件数。（参照2014-09-13）

60 定期的、かつ少なくとも3か国以上のローテーションで開催され、1回当たりの参加者が50人以上の会議。

61 福岡については、福岡空港の旅客数を国土交通省「平成24年空港管理状況調書」より取得した国内線旅客数の２０１２年数値。シアトルについては、Seattle-Tacoma International Airportの旅客数をPort of Seattle（http://www.portseattle.org/Sea-Tac/Pages/default.aspx）"Airport Statistics, 2013 Activity Report"より取得した２０１２年数値。バンクーバーについては、Vancouver International Airport、メルボルンについては、Melbourne Airport、ミュンヘンについては、Munich Airport、バルセロナについてい

ては、Barcelona-El Prat Airportの旅客数を一般財団法人日本航空協会『航空統計要覧（２０１３年版）』より取得した２０１２年数値。（参照2014-09-30）

62 右記の方法で取得した情報にもとづいた各空港の国際線旅客数の２０１２年数値。

63 ＯＡＧフライトスケジュール検索（http://www.oag.com/Travel-Tools/Where-Can-Fly-Direct）による２０１４年9月15～21日の各都市を出発地とした国内線の直行便の就航都市数。都市圏内の主要空港以外の空港の出発地名がその都市名であるフライトも含まれる。（参照2014-09-14）

64 右記の方法で取得した情報にもとづき、国際線就航都市を各都市が立地する大陸の内外の都市に分類し、集計を行った数値。大陸の定義は、北アメリカ大陸、南アメリカ大陸、アフリカ大陸、ヨーロッパ大陸、アジア大陸、オーストラリア大陸、南極大陸の７つの大陸の分類方法に従った。

65 同右。

66 各都市圏の主要空港の滑走路本数を各空港公開情報より取得した数値。

67 福岡は、福岡市営地下鉄空港線、シアトルは、LINK、バンクーバーは、SKY TRAIN、ミュンヘンは、S Bahn ８号線、バルセロナは、RENFEを利用した場合の最短所要時間。メルボルンのみ主要空港への鉄道によるアクセス手段がないため、Southern Cross Stationから発着している空港バスを利用した場合の所要時間とした。

68 各都市圏の主要港湾公開情報より取得した数値。福岡は、福岡市港湾局「平成25年博多港統計年報」（２０１３）、シアトルは、SEATTLE HARBOR 10 Year History of Cargo Volumes Handled : 2004 - 2013（２０１３）、バンクーバーは、Port Metro Vancouver Statistics Overview 2014（２０１４）、メルボルンは、Port of Melbourne Historical trends for Containers（TEUs）for the past 10 financial years（２０１４）、ミュンヘンは、港湾なし、バルセロナは、Port of Barcelona traffic statistics Accumulated data December 2014（２０１４）。（参照2014-10-03）

69 各都市圏の主要港湾のクルーズ船乗降人員数。福岡は、福岡市港湾局「博多港 平成26年の物流・人流」（２０１４）、シアトルは、Port of Seattle Cruise Seattle 2015 Fact Sheet（２０１４）、バンクーバーは、Port Metro Vancouver Statistics Overview 2014（２０１３）、メルボルンは、Port of Melbourne Historical trends for Containers（TEUs）for the past 10 financial years（２０１３）、ミュンヘンは、港湾なし、バルセロナは、Port of Barcelona traffic statistics Accumulated data December 2014（２０１４）。（参

照2014-10-03)

第9章

1　福岡市高島市長のリーダーシップのもと、被災地のニーズを的確に把握し、救援物資を限定して仕分けの手間を省きながら効率的に避難所に届ける方法がとられた。東洋経済ONLINE（http://toyokeizai.net）「福岡市の被災地支援は『自律』を徹底していた」2016年05月19日付を参照。（参照2016-09-01）

2　COMOTION. University of Washington. (http://depts.washington.edu/uwc4c/wp-content/uploads/2014/08/C4C-Dashboard-public-FY14Q4-Rev2.pdf 参照2015-12-15)

3　グレイザー著・山形訳（2012）『都市は人類最高の発明である』エヌティティ出版、pp.37-44.「シリコンバレーの台頭」を参照。

4　福岡市（2014）「国家戦略特別区域計画」。

5　九州に「九州国際空港」を設置する検討は、１９９０年頃より進められてきたが、実現性は低いとされている。

6　福岡市「天神ビッグバン」Ｗｅｂサイトを参照。http://www.city.fukuoka.lg.jp/soki/kikaku/shisei/20150226.html（参照2016-09-15)

7　福岡アジア都市研究所（２０１７ａ）『「第３極」の都市 plus ３』福岡アジア都市研究所を参照。

第10章

1　シンガポール経済開発庁（Economic Development Board）は、企業や投資家に向けたＷｅｂサイト（www.edb.gov.sg）を英語、日本語、中国語、ドイツ語で作成し、"Facts and Rankings"と題し、各種ランキングにおけるシンガポールの優位性をＰＲしている。ソウル市も、英語によるInvest in Seoul（www.investseoul.com）において、シンガポールと同様のＰＲを行っている。

2　２０１６年７月22日に福岡空港にて公表された路線にもとづき各航空会社の情報をもとに集計。

初出一覧

全　編　久保隆行（2017）博士論文「国際的ベンチマーキングを活用した都市の競争戦略に関する研究」（中央大学大学院経済学研究科提出）をもとに加筆修正

第1章　書き下ろし

第2章　書き下ろし

第3章　久保隆行・山﨑朗（2017）「階層的都市システム研究における日本の都市のグローバルな位置づけ：都市地理学・世界都市論・都市ランキングの系譜から」『都市地理学』12、pp.50‐56をもとに加筆修正

第4章　久保隆行・山﨑朗（2017）「階層的都市システム研究における日本の都市のグローバルな位置づけ：都市地理学・世界都市論・都市ランキングの系譜から」『都市地理学』12、pp.56‐61をもとに加筆修正

第5章　久保隆行・山﨑朗（2017）「階層的都市システム研究における日本の都市のグローバルな位置づけ：都市地理学・世界都市論・都市ランキングの系譜から」『都市地理学』12、pp.61‐67をもとに加筆修正

第6章　久保隆行（2015）「世界の都市の総合的なランク付け手法の構造と特性」『日本都市学会年報』48、pp.135‐142をもとに加筆修正

第7章　久保隆行（２０１７）「地方中枢都市のグローバル都市化：『札仙広福』35年間の軌跡と展望」『都市政策研究』18、pp.71－96をもとに加筆修正

第8章　久保隆行（２０１４）「国際的ベンチマーキングからみた福岡都市圏の特性と課題」『都市政策研究』16、pp.11、福岡アジア都市研究所（２０１５）『「第3極」の都市』福岡アジア都市研究所、pp.11－81をもとに加筆修正

第9章　久保隆行（２０１４）「国際的ベンチマーキングからみた福岡都市圏の特性と課題」『都市政策研究』16、pp.23－32、福岡アジア都市研究所（２０１５）『「第3極」の都市』福岡アジア都市研究所、pp.84－99、久保隆行（２０１５）「『グローバル創業都市・福岡』を目指して」山﨑朗編『地域創生のデザイン』中央経済社、pp.56－64、久保隆行（２０１６）「福岡のグローバル評価と政策課題－世界の類似都市との都市力比較による考察」『九州経済調査月報』８５２、pp.17－25、福岡アジア都市研究所（２０１７）『「第3極」の都市 plus 3』福岡アジア都市研究所、１０２－１０３をもとに加筆修正

第10章　書き下ろし

参考文献

阿部和俊（1975）「経済的中枢管理機能による日本主要都市の管理領域の変遷」『地理学評論』48、pp.108‐127.
阿部和俊（1991）『日本の都市体系研究』地人書房
阿部和俊（1993）「日本の都市の階層性について」『人文地理』45‐5、pp.534‐545.
阿部和俊（2004）「都市の盛衰と都市システムの変容」阿部和俊・山﨑朗『変貌する日本のすがた』古今書院、pp.53‐113.
阿部和俊（2008）「日本の都市システムと地域構造」『地方再生へのシナリオ‐人口減少への政策対応』総合研究開発機構、pp.45‐62.
阿部和俊（2014a）「東京の地位‐世界都市との比較において」『地学雑誌』123‐2、pp.315‐322.
阿部和俊（2014b）「わが国の経済的中枢管理機能の立地と都市システム」『地理科学』69、pp.114‐126.
阿部和俊（2015）『世界の都市体系研究』古今書院
阿部和俊・山﨑朗（2004）『変貌する日本のすがた』古今書院
安藤万寿男・伊藤喜栄編（1996）『現代世界の地域システム』大明堂
生田真人（1999）「カナダにおける大都市圏政府の形成について」『立命館地理学』11、pp.1‐13.
池口小太郎（1967）『日本の地域構造‐地域開発と楕円構造の再建』東洋経済新報社
石川利治（2003）『空間経済学の基礎理論』中央大学出版部
石倉洋子・藤田昌久・前田昇・金井一頼・山﨑朗（2003）『日本の産業クラスター戦略』有斐閣
磯村英一（1969）『日本のメガロポリス』日本経済新聞社
市川宏雄（2007）『文化としての都市空間』千倉書房
市川宏雄（2012）「大都市の国際競争力」『新都市』66‐8、pp.15‐27.

市川宏雄・久保隆行（2012）『東京の未来戦略』東洋経済新報社
伊藤滋（2007）「巨大都市の都市再生」『新都市』61‐1、pp.9‐16.
伊藤喜栄（1996）「地域相互のシステム化」安藤万寿男・伊藤喜栄編『現代世界の地域システム』大明堂、pp.189‐216.
伊豫谷登士翁（1993）『変貌する世界都市』有斐閣
伊豫谷登士翁（2002）『グローバリゼーションとは何か』平凡社
植田和弘・他編（2005）『都市のガバナンス』岩波書店
植田和弘・他編（2005）『グローバル化時代の都市』岩波書店
エコノミスト（2016）「『21世紀の豊かさ』測る工夫」『日本経済新聞』2016年5月3日朝刊
大井慈郎（2014）「途上国都市化論における東南アジア」『社会学年報』43、pp.83‐94.
大木健一（2010）「都市の競争力と大都市圏戦略」『アーバンスタディ』51、pp.54‐71.
大住荘四郎（1999）『ニュー・パブリックマネジメント』日本評論社
大住荘四郎（2003）「行政評価におけるベンチマーキングの目的と意義」総合研究開発機構『NIRA研究報告書：ベンチマーキング手法の地方自治体への導入』200300025、pp.13‐22.
大友篤（1982）『地域分析入門』東洋経済新報社
大前研一（2004）「グローバル経済から地域に繁栄を呼び寄せるには」スコット，A.J.編『グローバル・シティ・リージョンズ』ダイヤモンド社、pp.34‐49.
大前研一（2016）『大前研一ビジネスジャーナル No.11日本の地方は世界を見よ！イタリア&世界に学ぶ地方創生』グーテンブック
岡田知弘（2005）「グローバル化時代の都市と農村」植田和弘・他編『グローバル化時代の都市』岩波書店、pp.45‐69.
岡部明子（2005）「都市再生『バルセロナ・モデル』の検証」福川裕一・矢作弘・岡部明子『持続可能な都市』岩波書店、pp.121‐177.
小野達也（2011）「自治体ベンチマーキングと指標の比較可能性」『日本評価研究』11‐2、pp.13‐30.
金本良嗣・徳岡一幸（2002）「日本の都市圏設定基準」『応用地域学研究』7、pp.1‐15.

亀谷淳平・他（２０１５）「都市の評価とランキングのレビュー」『都市計画』64－1、pp.４－9.
加茂利男（２００５ａ）「変貌する世界都市と都市ガバナンス」植田和弘・他編『都市のガバナンス』岩波書店、pp.１５９－１８７.
加茂利男（２００５ｂ）『世界都市』有斐閣
川久保俊・伊香賀俊治・村上周三（２０１０）「持続可能な都市の形成に向けた海外の評価ツールに関する調査研究」『日本建築学会技術報告集』16－33、pp.６０１－６０４.
岸幹夫・入山泰郎（２００９）「都市の国際競争力を考える：都市の独自性を基に、国の枠を超えたポジショニングを」『地方行政』１００８５、pp.２－６.
北川建次（１９９５）「地方中枢都市（福岡市・広島市）」経済地理学会西南支部編『西南日本の経済地域』ミネルヴァ書房、pp.46－57.
北九州都市協会編（２００４）『住みよい都市』共同通信社
北脇保之（２００２）「『技術と文化の世界都市・浜松』を目指して」『調和』86、pp.46－49.
九州経済調査協会（１９９９）『都市再編と地域の変容』九州経済調査協会
九州経済調査協会（２０１３ａ）『データ九州』１１４６、九州経済調査協会
九州経済調査協会（２０１３ｂ）『九州経済白書２０１３年版』九州経済調査協会
久保隆行（２０１３）「福岡の国際競争力」『都市政策研究』15、pp.１－16.
久保隆行（２０１４ａ）「グローバル都市の競争戦略」『ガバナンス研究』10、pp.２１７－２４９.
久保隆行（２０１４ｂ）「国際的ベンチマーキングからみた福岡都市圏の特性と課題」『都市政策研究』16、pp.11－32.
久保隆行（２０１４ｃ）「世界のゲートウェイ都市と福岡」『九州経済調査月報』８１９、pp.10－15.
久保隆行（２０１５ａ）「『グローバル創業都市・福岡』を目指して」山﨑朗編『地域創生のデザイン』中央経済社、pp.45－65.
久保隆行（２０１５ｂ）「世界の都市の総合的なランク付け手法の構造と特性」『日本都市学会年報』48、pp.１３５－１４２.
久保隆行（２０１５ｃ）「福岡市の産業特性とポテンシャル」『都市政策研究』17、pp.11－32.
久保隆行（２０１５ｄ）「福岡の国際競争力の『現在』と『未来』」『福岡の近未来：フォーラム福岡特別号』海鳥社、pp.１４４－１５３.
久保隆行（２０１６ａ）「福岡市への『移住』について考える」『Fukuoka Growth 2016』福岡アジア都市研究所、pp.24－25.
久保隆行（２０１６ｂ）「福岡のグローバル評価と政策課題－世界の類似都市との都市力比較による考察」『九州経済調査月報』８５２、

pp.14－27.
久保隆行（２０１７）「地方中枢都市のグローバル都市化：『札仙広福』35年間の軌跡と展望」『都市政策研究』18、pp.71－96.
久保隆行・山﨑朗（２０１４）「地方都市のグローバリゼーション」『日本都市学会年報』47、pp.73－80.
久保隆行・山﨑朗（２０１５）「世界都市・ＮＡＧＯＹＡのポジション」中部都市学会編『中部の都市を探る―その軌跡と明日へのまなざし』風媒社、pp.89－１０２.
久保隆行・山﨑朗（２０１７）「階層的都市システム研究における日本の都市のグローバルな位置づけ：都市地理学・世界都市論・都市ランキングの系譜から」『都市地理学』12、pp.50－71.
熊倉浩靖（２０１１）「都市行政評価ネットワーク会議：自治体業務改善のためのベンチマーキング」『日本評価研究』11－2、pp.31－44.
熊田俊郎（２０１１）「中国都市の『世界都市化』をめぐる一考察」『法学研究』84－6、pp.３３３－３５９.
桑原進（２０１４）「ＯＥＣＤにおける幸福度研究の経緯と日本のかかわり」『計画行政』37－2、pp.5－10.
経済企画庁総合計画局（１９８９）『東京の世界都市化と地域の活性化』大蔵省印刷局
経済地理学会西南支部編（１９９５）『西南日本の経済地域』ミネルヴァ書房
五石敬路編（２００６）『東アジア大都市のグローバル化と二極分化』国際書院
河野博丈（１９８５）「社会指標の現状と理論的諸問題」『季刊社会保障研究』21－1、pp.72－80.
国土交通省国土計画局（２００９）『平成20年度 諸外国の首都問題等国土政策分析調査 スペインの国土政策事情』国土交通省
国土庁計画・調整局監修（１９９０）『データパック 世界都市日本』東洋経済新報社
国土庁地方振興局編（１９９２）『地方都市の世界都市化戦略』大蔵省印刷局
小林潔司・山﨑朗・朝倉康夫編（２００５）『これからの都市・地域政策』中央経済社
小針泰介（２０１３）「国際競争力ランキングから見た我が国と主要国の強みと弱み」『レファレンス』63－1、pp.１０９－１３２.
小森正彦（２００８）『アジアの都市間競争』日本評論社
坂口光一・丸屋豊二郎編（１９９６）『国際交流の時代－九州アジア化戦略』大明堂
佐々木雅幸（２００１）『創造都市への挑戦』岩波書店

佐々木雅幸・総合研究開発機構編（２００７）『創造都市への展望』学芸出版社
佐藤由利子（２０１２）「留学生受入れによる地域活性化の取組みと課題」日本学生支援機構ウェブマガジン「留学交流」２０１２年６月号 http://www.jasso.go.jp/ryugaku/related/kouryu/2012/_icsFiles/afieldfile/2015/11/19/satoyuriko.pdf（参照2016-08-23）
佐貫利雄（１９８３）『成長する都市　衰退する都市』時事通信社
指定都市市長会（２０１０）『諸外国の大都市制度に関する調査』指定都市市長会
清水昌博（２０１４）「都市再生による国際競争力の強化」『工業技術：東洋大学工業技術研究所報告』36、pp.４-８.
週刊ダイヤモンド編集部（２０１６）「公的統計でここまでわかる」『週刊ダイヤモンド　２０１６年３／26号』ダイヤモンド社、pp.42-50.
シュペングラー，O.著・村松正敏訳（２００１）『西洋の没落 第2巻』五月書房
杉浦章介（２００３）『都市経済論』岩波書店
鈴木洋太郎（２００５）「東アジア諸都市の競争優位構造」田坂敏雄編『東アジア都市論の構想』御茶の水書房、pp.１８３-２０７.
総合研究開発機構（１９８９）『世界都市東京の創造』ＮＩＲＡ研究叢書８８００３１
総合研究開発機構（２００３）『ベンチマーキング手法の地方自治体への導入』総合研究開発機構
高田創（２０１５）「日本の格差に関する現状」（政府税制調査会２０１５年８月28日資料）http://www.cao.go.jp/zei-cho/gijiroku/zeicho/2015/_icsFiles/afieldfile/2015/08/27/27zen17kai7.pdf（参照2016-09-30）
高橋孝明（２０１２）『都市経済学』有斐閣
竹中平蔵編（２０１６）『バブル後25年の検証』東京書籍
竹村敏彦（２０１４）「日本の国際競争力強化に向けた戦略と課題」総務省情報通信政策研究所『情報通信政策レビュー』４、pp.25-40.
田坂敏雄（２００５）「東アジア都市間競争の枠組み」田坂敏雄編『東アジア都市論の構想』御茶の水書房、pp.３-36.
田坂敏雄編（２００５）『東アジア都市論の構想』御茶の水書房
建元正弘・渡部経彦・立花明正（１９６６）『日本の国際競争力』講談社
田中啓（２０１１）「自治体評価におけるベンチマーキングの可能性」『日本評価研究』11-２、pp.３-12.
田辺健一（１９８５）「世界の都市システム」山口岳志編『世界の都市システム』古今書院、pp.２６５-２６７.

田辺健一編（1982）『日本の都市システム』古今書院
樗木武（2010）「新幹線時代における九州の地域戦略と福岡の役割」『都市政策研究』11、pp.1-12.
千田俊樹編（2012）『住民幸福度に基づく都市の実力評価』時事通信社
寺島実郎監修（2014）『全47都道府県幸福度ランキング』東洋経済新報社
中村剛治郎（2002）「グローバリゼーション時代の地方都市の発展戦略：金沢市の金沢世界都市戦略への提言」『横浜国際社会科学研究』6-5、pp.507-541.
中村剛治郎（2005）「都市主義を超えて」植田和弘・他編『都市のガバナンス』岩波書店、pp.189-224.
中村剛治郎（2010）「グローバリゼーション・アジア新興国の時代と日本の地域政策・大都市政策」『エコノミア』61-2、pp.67-73.
中村由美（2015）「アジアの人材を活かした福岡市のまちづくり」『都市政策研究』17、pp.61-70.
中村良平（2014）『まちづくり構造改革』日本加除出版
名古屋都市センター（2005）『米国各都市における国際交流都市づくりに関する調査』名古屋都市センター
成田孝三（1992）「世界都市の概念」関西空港調査会編『世界都市・関西の構図』白地社、pp.12-31.
西崎文平・藤田哲雄（2015）「『国際競争力』ランキングから何を学ぶか」『日本総研Research Focus』2015-014、pp.1-10.
日本都市センター（2004）『行政評価の新展開』日本都市センター
朴倧玄（1995）「航空旅客の流動からみた国際的都市システム」『経済地理学年報』41-2、pp.135-144.
八田達夫（2007）「国土政策をめぐる4つの神話」『新都市』61-1、pp.17-20.
八田達夫編（2006）『都心回帰の経済学』日本経済新聞社
埴淵知哉（2008）「GaWCによる世界都市システム研究の成果と課題」『地理学評論』81-7、pp.571-590.
林聖子（2000）「大都市におけるインターネット産業の集積」『産業立地』39-6、pp.11-20.
原陽一郎（2002）「国際競争とは何か」『長岡大学紀要』1、pp.1-22.
原田泰（2002）「都市間競争と都市の再生」『新都市』56-8、pp.47-53.
日野正輝（2002）「地方中枢都市における情報サービス業の比較」『統計』53-6、pp.20-25.

日野正輝（2003）「地方中枢都市研究の成果と課題」高橋伸夫編『21世紀の人文地理学展望』古今書院、pp.305-317.
福岡アジア都市研究所（2010）『福岡地域における知識創造と知識経済に関する基礎調査研究報告』福岡アジア都市研究所
福岡アジア都市研究所（2014）『Fukuoka Growth 2013-2014』福岡アジア都市研究所
福岡アジア都市研究所（2015）『「第3極」の都市』福岡アジア都市研究所
福岡アジア都市研究所（2016）『発展する都市／衰退する都市』福岡アジア都市研究所
福岡アジア都市研究所（2017a）『「第3極」の都市 plus 3』福岡アジア都市研究所
福岡アジア都市研究所（2017b）『福岡のグローバル・ネットワーク』福岡アジア都市研究所
福岡市（1988）『福岡市基本構想　第6次福岡市基本計画』
福岡市（2003）『福岡市国際化推進計画』
福岡市（2012）『福岡市基本構想　第9次福岡市基本計画』
福岡市（2013）『第9次福岡市基本計画第1次実施計画　政策推進プラン』
福岡市（2014）『グローバル創業都市・福岡のビジョン』
福川伸次・市川宏雄（2008）『グローバルフロント東京』都市出版
藤田昌久・クルーグマン，P．・ベナブルズ，A．（2000）『空間経済学』東洋経済新報社
藤原直樹・鈴木洋太郎（2013）「地方自治体の海外拠点の立地に関する一考察」『経営研究』63-4、pp.29-44.
ポーター，M.E.（2006）『国の競争力』ファーストプレス
細川昌彦（2008）『メガ・リージョンズの攻防』東洋経済新報社
町村敬志（1994）『「世界都市」東京の構造転換』東京大学出版会
町村敬志（1995）「グローバル化と都市変動」『経済地理学年報』41-4、pp.281-292.
町村敬志（2002a）「『世界都市』を都市・地域社会学に埋め戻す」『日本都市社会学会年報』20、pp.27-43.
町村敬志（2002b）「世界都市からグローバルシティへ」梶田孝道・宮島喬編『国際化する日本社会』東京大学出版会、pp.97-128.
町村敬志（2016）「メガシティ東京の過去・現在・未来」『学術の動向』21-1、pp.12-17.
松原宏（1995）「資本の国際移動と世界都市東京」『経済地理学年報』41-4、pp.293-307.

松原宏（1998）「都市システム政策と地方都市の課題」松原宏編『アジアの都市システム』九州大学出版会、pp.299-311.
松原宏（2006）『経済地理学：立地・地域・都市の理論』東京大学出版会
松原宏（2012）「日本におけるクラスター政策の空間構造：東北・仙台地域と九州・福岡地域の比較」『中央大学経済研究所年報』43、pp.737-756.
松原宏（2014）「地域経済の基礎理論」松原宏編『地域経済論入門』古今書院、pp.2-15.
松原宏編（1998）『アジアの都市システム』九州大学出版会
松原宏編（2014）『地域経済論入門』古今書院
水野勲（1992）「クリスタラーの中心地理論と『差異』の問題」『理論地理学ノート』8、pp.77-91.
宮町良広（1998）「アジアにおける国際的都市システムの形成」松原宏編『アジアの都市システム』九州大学出版会、pp.17-62.
宮町良広（2008）「『グローカル化』時代におけるグローバル都市のネットワーク」『経済地理学年報』54-4、pp.269-284.
毛受敏浩（2016）『自治体がひらく日本の移民政策』明石書店
森川洋（1998）『日本の都市化と都市システム』大明堂
森記念財団都市戦略研究所（2008）『世界の都市総合力ランキング2008』森記念財団
森記念財団都市戦略研究所（2009）『世界の都市総合力ランキング2009』森記念財団
森記念財団都市戦略研究所（2010）『世界の都市総合力ランキング2010』森記念財団
森記念財団都市戦略研究所（2011）『世界の都市総合力ランキング2011』森記念財団
森記念財団都市戦略研究所（2011）『世界の都心総合力インデックス2010』森記念財団
森記念財団都市戦略研究所（2012）『世界の都市総合力ランキングYEARBOOK2011』森記念財団
森記念財団都市戦略研究所（2013）『世界の都市総合力ランキングYEARBOOK2012』森記念財団
森記念財団都市戦略研究所（2014）『世界の都市総合力ランキングYEARBOOK2013』森記念財団
安浦寛人（2012）「Smart Mobility City を目指して」『都市政策研究』13、pp.1-9.
矢田俊文（1995）「日本の国土構造と西南日本」経済地理学会西南支部編『西南日本の経済地域』ミネルヴァ書房、pp.2-15.
矢田俊文・今村昭夫（1991）『西南経済圏分析』ミネルヴァ書房

矢田俊文・松原宏編（2000）『現代経済地理学』ミネルヴァ書房
矢田俊文編（1990）『地域構造の理論』ミネルヴァ書房
山内直人（2014）「地域を指標化する意義と課題」『地域開発』599、pp.2-6.
山縣宏之（2010）『ハイテク産業都市シアトルの軌跡』ミネルヴァ書房
山口岳志編（1985）『世界の都市システム』古今書院
山﨑朗（1989）「階層的空間分業の進展・世界都市化・産業配置の再編成」『産業学会研究年報』5、pp.18-36.
山﨑朗（1990）「多国籍企業と世界都市システム」矢田俊文編『地域構造の理論』ミネルヴァ書房、pp.255-266.
山﨑朗（1992）『ネットワーク型配置と分散政策』大明堂
山﨑朗（1998）『日本の国土計画と地域開発』東洋経済新報社
山﨑朗（1999）『産業集積と立地分析』大明堂
山﨑朗（2001）「支店都市福岡の未来」『都市科学』47、pp.12-17.
山﨑朗（2003）「地域産業政策と地域・企業・産業の競争力」『福岡県市町村研究所研究年報』2、pp.1-11.
山﨑朗（2004）「福岡－アジアの拠点都市への飛躍」『市政研究』142、pp.58-65.
山﨑朗（2006）「アジア時代における九州の物流・産業への将来展望『国土政策研究』64、pp.31-44.
山﨑朗（2009）「メガ・リージョン時代の北部九州と福岡」『フォーラム福岡』25、p.1.
山﨑朗（2011）「グローバル・リンケージと都市」『都市政策研究』12、pp.1-9.
山﨑朗・九州経済調査協会・国際東アジア研究センター（2008）『半導体クラスターのイノベーション』中央経済社
山﨑朗・久保隆行（2015）『インバウンド地方創生』ディスカヴァー・トゥエンティワン
山﨑朗・久保隆行（2016）『東京飛ばしの地方創生』時事通信社
山﨑朗・友景肇（2001）『半導体クラスターへのシナリオ：シリコンアイランド九州の過去と未来』西日本新聞社
山﨑朗・他（2016）『地域政策』中央経済社
山﨑朗編（2002）『クラスター戦略』有斐閣
山﨑朗編（2015）『地域創生のデザイン』中央経済社

山﨑朗・玉田洋編（２０００）『ＩＴ革命とモバイルの経済学』東洋経済新報社
山崎治（２０１０）「都市の評価指標にみる政策課題」『レファレンス』７１７、pp.73－92.
山下永子（２００８）『地方の国際政策』成文堂
山下永子（２０１５）「国際都市ネットワーク活用の有用性と課題の考察」『日本都市学会年報』48、pp.１９３－２０２.
吉本光宏（２００９）「創造都市の潮流２：特性が際立つ政令指定都市」『ニッセイ基礎研ＲＥＰＯＲＴ』２００９年８月号、pp.40－47.

A.T. Kearney（2010）*Urban Elite: The A.T. Kearney Global Cities Index 2010*. A.T. Kearney.
A.T. Kearney（2014）*2014 Global Cities Index and Emerging Cities Outlook*. A.T. Kearney.
Beaverstock, J. V., Smith, R. G., and Taylor, P. J.（1999）"A roster of world cities," *Cities* 16-6, pp.445-458.
Beaverstock, J. V., Smith, R. G., and Taylor, P. J.（2000）"World City Network: A New Metageography?," *Annals of the Association of American Geographers* 90-1, pp.123-134.
Bourne, L. S.（1975）*Urban Systems: Strategies for Regulation*. Oxford: Clarendon Press.
Brenner, N. and Keil, R. eds.（2005）*The Global Cities Reader*. New York: Routledge.
Camagni, R.（2001）"The Economic Role and Spatial Contradictions of Global City-Regions: the Functional, Cognitive and Evolutionary Context," Scott, A. J. ed. *Global City-Regions*. Oxford: Oxford University Press, pp.96-118.（坂本秀和訳（2004）「グローバル都市地域の経済的役割と空間的矛盾：機能・認識・進化の側面から」スコット，A. J. 編『グローバル・シティ・リージョンズ』ダイヤモンド社，pp.112-136.）
Christaller, W.（1933）*Die zentralen Orte in Süddeutschland*. Jena: Gustav Fischer.
City of London（2007）*The Global Financial Centres Index 1*. City of London.
Clark, G.（2012）*The Honor Chapman Report – London 1991-2021: The Building of a World City*. Jones Lang LaSalle, Land Securities, Grosvenor, Great Portland Estates plc, London Communications Angeny.
Economist Intelligence Unit（2012）*Hot Spots: Benchmarking Global City Competitiveness*. The Economist.
Economist Intelligence Unit ed.（2012）*Mega Change: The World in 2050*. New York: John Wiley & Sons Inc.（英エコノミスト編集部

（2012）『２０５０年の世界』文芸春秋）

Engel, J. and del-Palacio, I.（2009）“Global Networks of Clusters of Innovation: Accelerating the Innovation Process,” *Business Horizons* 52-5, pp.493-503.

Florida, R.（2002）*The Rise of the Creative Class*. New York: Basic Books.（井口典夫訳（2008）『クリエイティブ資本論』ダイヤモンド社）

Florida, R.（2005a） *Cities and The Creative Class*. New York: Routledge.（小長谷一之訳（2010）『クリエイティブ都市経済論』日本評論社）

Florida, R.（2005b）*The Flight of the Creative Class*. New York: Harper Business.（井口典夫訳（2007）『クリエイティブ・クラスの世紀』ダイヤモンド社）

Florida, R.（2008）*Who's your city?* New York: Basic Books.（井口典夫訳（2009）『クリエイティブ都市論』ダイヤモンド社）

Florida, R.（2012）*The Rise of the Creative Class, Revisited*. New York: Basic Books.（井口典夫訳（2014）『新 クリエイティブ資本論』ダイヤモンド社）

Foreign Policy, A.T. Kearney, and The Chicago Council on Global Affairs（2008）*The 2008 Global Cities Index*. Foreign Policy, A.T. Kearney, and The Chicago Council on Global Affairs.

Friedman, T.（2005）*The World is Flat*. New York: Farrar Straus & Giroux.（伏見威蕃訳（2006）『フラット化する世界 上・下』日本経済新聞社）

Friedmann, J.（1986）“The World City Hypothesis,” *Development and Change* 17, pp.69-83.（藤田直晴・他訳（1997）「世界都市仮説」ノックス，P. L.・テイラー，P. J. 編『世界都市の論理』鹿島出版会，pp.191-201.）

Friedmann, J.（1995）“Where We Stand: a Decade of World City Research,” Knox, P. L. and Taylor, P. J. eds. *World Cities in a World-System*. Cambridge: Cambridge University Press, pp.21-47.（藤田直晴・他訳（1997）「世界都市研究の到達点：この10年間の展望」ノックス，P. L.・テイラー，P. J. 編『世界都市の論理』鹿島出版会，pp.23-47.）

Friedmann, J.（2001）“Inter City Networks in a Globalizing Era,” Scott, A. J. ed. *Global City-Regions*. Oxford: Oxford University Press, pp.119-138.（坂本秀和訳（2004）「グローバル化時代における都市間ネットワーク」スコット，A. J. 編『グローバル・シティ・リ

ージョンズ』ダイヤモンド社、pp.137-156.）

Friedmann, J.（2005）*China's Urban Transition*. Minneapolis: University of Minnesota Press.（谷村光浩訳（2008）『中国　都市への変貌』鹿島出版会）

Friedmann, J. and Wolff, G.（1982）"World City Formation: An Agenda for Research and Action," *International Journal of Urban and Regional Research* 6-3, pp.309-344.

Glaeser, E.（2011）*Triumph of the City*. New York: Penguin Press.（山形浩生訳（2012）『都市は人類最高の発明である』エヌティティ出版）

Glaeser, E., Ponzetto, G., and Zou, Y.（2016）"Urban Networks: Connecting Markets, People, and Ideas," *Papers in Regional Science* 95-1, pp.17-59.

Gottmann, J.（1989）"What are Cities becoming the Center of ?," R. Knight and G. Gappert eds. *Cities in a Global Society*. Newbury Park: Sage, pp.58-67.

Hall, P.（1966）*The World Cities*. London: Weidenfeld and Nicolson.

Hall, P.（2001a）"Christaller for a Global Age: Redrawing the Urban Hierarchy," *GaWC Research Bulletin* 59.（http://www.lboro.ac.uk/gawc/rb/rb59.html）accessed 30 July 2016.

Hall, P.（2001b）"Global City-Regions in the Twenty-first Century," Scott, A. J. ed. *Global City-Regions*. Oxford: Oxford University Press, pp.59-77.（坂本秀和訳（2004）「21世紀のグローバル都市地域」スコット，A．J．編『グローバル・シティ・リージョンズ』ダイヤモンド社、pp.70-87.）

Hall, P.（2005）"The Metropolitan Explosion," Brenner, N. and Keil, R. eds. *The Global Cities Reader*. New York: Routledge, pp.23-24.

Hymer, S.（1976）*The International Operations of National Firms: A Study of Direct Foreign Investment*. Cambridge: MIT Press.（宮崎義一訳（1979）『多国籍企業論』岩波書店）

Jacobs, J.（1961）*The Death and Live of Great American Cities*. New York: Random House.（山形浩生訳（2010）『アメリカ大都市の死と生』鹿島出版会）

Jacobs, J.（1984）*Cities and The Wealth of Nations: Principles of Economic Life*. New York: Random House.（中村達也訳（2012）『発

展する地域　衰退する地域』筑摩書房）

Knight Frank（2013）*The Wealth Report 2013*. Knight Frank.

Knight Frank and Citi Private Bank（2009）*The Wealth Report 2009*. Knight Frank and Citi Private Bank.

Knight Frank and Citi Private Bank（2010）*The Wealth Report 2010*. Knight Frank and Citi Private Bank.

Knox, P. L. and Taylor, P. J. eds.（1995）*World Cities in a World-System*. Cambridge: Cambridge University Press.（藤田直晴・他訳（1997）『世界都市の論理』鹿島出版会）

Kotkin, J.（2005）*The City*. London: Weidenfeld and Nicolson.（庭田よう子訳（2007）『都市から見る世界史』ランダムハウス講談社）

Kotler, P. and Kotler, M.（2014）*Wining Global Markets*. New York: John Wiley & Sons Inc.（竹村正明訳（2015）『コトラー 世界都市間競争』碩学舎）

Krugman, P.（1991）*Geography and Trade*. Cambridge: MIT Press.（北村行伸訳（1994）『脱「国境」の経済学』東洋経済新報社）

Krugman, P.（1997）*Pop Internationalism*. Cambridge: MIT Press.（山岡洋一訳（2000）『良い経済学 悪い経済学』日本経済新聞社）

Kubo, T.（2011）"Urban Risk and Well-being in Tokyo," *Cities Health and Well-being*, London School of Economics and Political Science, p.15.

Kubo, T.（2012a）"National Policies for Japanese Cities," *Urban Intelligence* 8, MIPIM, pp.9-11.

Kubo, T.（2012b）"The Re-Making of Tokyo: Lessons for Asian Megacities," *Urban Intelligence* 4, MIPIM, pp.16-17.

Kubo, T.（2013）"The Global Competitiveness of Fukuoka," *Urban Policy Studies* 7, pp.1-19.

Kubo, T.（2014）"Risk Management Policies for Mega-Cities – Lessons from Tokyo on March 11, 2011," *Journal of Governance Studies* 2, Meiji University, pp.69-84.

Kupke, V.（2006）"The Creative Paradigm: A Benchmark for Economic Growth," *Pacific Rim Property Research Journal* 12-2, pp.133-145.

Landry, C.（2000）*The Creative City*. New York: Routledge.（後藤和子・他訳（2003）『創造的都市』日本評論社）

Long Finance（2013）*The Global Financial Centres Index 14*. Long Finance.

Luis, M.（2009）"A Tale of Ten Cities: Attracting and Retaining Talent," Paper Prepared for the 2nd Annual Meeting of the

International Regions Benchmarking Consortium, Barcelona, Spain, November 2009.（http://www.psrc.org/assets/5585/IRBC2-Talent1109.pdf）accessed 27 August 2016.

Mastercard（2007）*Worldwide Centers of Commerce Index 2007*. Mastercard.

Mastercard（2008）*Worldwide Centers of Commerce Index 2008*. Mastercard.

McCann, P.（2001）*Urban and Regional Economics*. Oxford: Oxford University Press.（黒田達朗・他訳（2008）『都市・地域の経済学』日本評論社）

Moretty, E.（2013）*The New Geography of Jobs*. New York: Mariner Books.（池村千秋訳（2014）『年収は「住むところ」で決まる：雇用とイノベーションの都市経済学』プレジデント社）

OECD（2006）*OECD Territorial Reviews: Competitive Cities in the Global Economy*. Paris: OECD Publishing.

OECD（2011）*How's Life? Measuring Well-being*. Paris: OECD Publishing.（徳永優子・他訳（2012）『ＯＥＣＤ幸福度白書』明石書店）

OECD（2013）*Compact City Policies: A Comparative Assessment*. Paris: OECD Publishing.

Parkinson, M. *et al.*（2013）*Second Tier Cities in Territorial Development in Europe: Performance, Policies and Prospects*. ESPON & European Institute of Urban Affairs, Liverpool John Moores University.

Parkinson, M. *et al.*（2014）*UK city-regions in growth and recession: How are they performing at home and abroad?* Liverpool John Moores University.

Porter, M. E.（1990）*The Competitive Advantage of Nations*. New York: Free Press.（土岐坤・他訳（1992）『国の競争優位〈上〉〈下〉』ダイヤモンド社）

Porter, M. E.（1998）*On Competition*. Boston: Harvard Business School Press.（竹内弘高訳（1999）『競争戦略論Ⅱ』ダイヤモンド社）

Porter, M. E.（2001）"Regions and the New Economics of Competition," Scott, A. J. ed. *Global City-Regions*. Oxford: Oxford University Press, pp.139-157.（坂本秀和訳（2004）「地域、そして競争の新しい経済学」スコット，A. J. 編『グローバル・シティ・リージョンズ』ダイヤモンド社，pp.160-182.）

PricewaterhouseCoopers and The Partnership for New York City（2007）*Cities of Opportunity 2007*. PricewaterhouseCoopers and The Partnership for New York City.

PricewaterhouseCoopers and The Partnership for New York City（2008）*Cities of Opportunity 2008*. PricewaterhouseCoopers and The Partnership for New York City.

Rimmer, P. J.（1996）"International Transport and Communications Interactions between Pacific Asia's Emerging World Cities," Lo, F. C. and Yeung, Y. M. eds. *Emerging World Cities in Pacific Asia*. Tokyo: United Nations University Press, pp.48-97.

Sassen, S.（1991）*The Global City: New York, London, Tokyo*. Princeton: Princeton University Press.

Sassen, S.（1995）"On Concentration and Centrality in the Global City," Knox, P. L. and Taylor, P. J. eds. *World Cities in a World-System*. Cambridge: Cambridge University Press, pp.63-75.（藤田直晴・他訳（1997）「世界都市における集中と中心性について」ノックス，P. L.・テイラー，P. J. 編『世界都市の論理』鹿島出版会，pp.59-68.）

Sassen, S.（1998）*Globalization and Its Discontents*. New York: The New Press.（田淵太一・他訳（2004）『グローバル空間の政治経済学』岩波書店）

Sassen, S.（2001a）"Global Cities and Global City-Regions: A Comparison," Scott, A. J. ed. *Global City-Regions*. Oxford: Oxford University Press, pp.78-95.（坂本秀和訳（2004）「グローバル都市とグローバル都市地域：その比較」スコット，A. J. 編『グローバル・シティ・リージョンズ』ダイヤモンド社，pp.91-111.）

Sassen, S.（2001b）*The Global City: New York, London, Tokyo*. Second Edition. Princeton: Princeton University Press.（伊豫谷登士翁・他訳（2008）『グローバル・シティ：ニューヨーク・ロンドン・東京から世界を読む』筑摩書房）

Sassen, S. ed.（2002）*Global Networks, Linked Cities*. New York: Routledge.

Scott, A. J. ed.（2001）*Global City-Regions: Trends, Theory, Policy*. Oxford: Oxford University Press.（坂本秀和訳（2004）『グローバル・シティ・リージョンズ：グローバル都市地域への理論と政策』ダイヤモンド社）

Smith, D. and Timberlake, M.（2002）"Hierarchies of Dominance among World Cities: A Network Approach," Sassen, S. ed. *Global Networks, Linked Cities*. New York: Routledge, pp.117-141.

Stiglitz, J. E., Sen, A., and Fitoussi, J.（2010）*Mismeasuring Our Lives: Why GDP Doesn't Add Up*. New York: The New Press.（福島清彦訳（2012）『暮らしの質を測る』金融財政事情研究会）

Taylor, P. J.（2001）"Specification of the World City Network," *Geographical Analysis* 33, pp.181-194.

Taylor, P. J. (2013) "The Remarkable Legacy of Peter Hall's (1966) The World Cities," *GaWC Research Bulletin* 423. (http://www.lboro.ac.uk/gawc/rb/rb423.html) accessed 30 August 2014.

Taylor, P. J. and Aranya, R. (2008) "A Global 'Urban Roller Coaster'? Connectivity Changes in the World City Network, 2000-04," *Regional Studies* 42-1, pp.1-16.

Taylor, P. J., Catalano, G., and Walker, D. R. F. (2002) "Measurement of the World City Network," *Urban Studies* 39-13, pp.2367-2376.

Taylor, P. J. and Derudder, B. (2016) *World City Network: A Global Urban Analysis*. London: Routledge.

Taylor, P. J., Hoyler, M., Pain, K., and Vinciguerra, S. (2014) "Extensive and Intensive Globalizations: Explicating the Low Connectivity Puzzle of US Cities Using a City-Dyad Analysis," *Journal of Urban Affairs* 36-5, pp.876-890.

Taylor, P. J., Walker, D. R. F., and Beaverstock, J. V. (2002) "Firms and Their Global Service Networks," Sassen, S. ed. *Global Networks, Linked Cities*. New York: Routledge, pp.93-115.

Throsby, D. (2001) *Economics and Culture*. Cambridge: Cambridge University Press.（中谷武雄・他訳（2002）『文化経済学入門』日本経済新聞社）

UN HABITAT (2011) *The State of Asian Cities 2010/2011*. UN HABITAT.

UN HABITAT (2012) *State of the World's Cities 2012/2013, Prosperity of Cities*. UN HABITAT.

Urban Land Institute (2010) *Ten Principles for a Sustainable Approach to New Development*. Urban Land Institute.

【著者紹介】

久保隆行（くぼ・たかゆき）

立命館アジア太平洋大学アジア太平洋学部准教授。

1966年年生まれ。京都市出身。コーネル大学大学院修士課程修了（修士・建築学）、中央大学大学院博士後期課程修了（博士・経済学）。
アール・アイ・エー、RTKL Associatesワシントン DC支社、佐藤総合計画等の設計事務所に勤務後、森ビルにて都市開発に従事。上海環球金融中心有限公司に出向し帰国後、森記念財団都市戦略研究所主任研究員として都市戦略研究に従事。サムスン物産都市開発本部部長としてソウルに駐在後、福岡アジア都市研究所上席主任研究員・情報戦略室長として福岡市での研究活動を経て2017年より現職。
一級建築士。明治大学公共政策大学院兼任講師、福岡アジア都市研究所フェローを兼職。専門は都市・地域計画、都市・地域政策、都市・地域経済。
著書（共著）に『東京の未来戦略』（東洋経済新報社）、『東京飛ばしの地方創生』（時事通信社）、『インバウンド地方創生』（ディスカヴァー21）など。

都市《とし》・地域《ちいき》のグローバル競争戦略《きょうそうせんりゃく》
——日本各地《にほんかくち》の国際競争力《こくさいきょうそうりょく》を評価《ひょうか》し競争戦略《きょうそうせんりゃく》を構想《こうそう》するために

2019年1月11日　初版発行

著　者：久保隆行
発行者：松永努
発行所：株式会社時事通信出版局
発　売：株式会社時事通信社
〒104-8178 東京都中央区銀座5-15-8
電話 03(5565)2155　https://bookpub.jiji.com/

本文デザイン/DTP　株式会社明昌堂
装幀　出口城
印刷/製本　株式会社太平印刷社

ISBN978-4-7887-1596-7 C0031 Printed in Japan